田岡嶺雲論集成

西田勝【著】

法政大学出版局

田岡嶺雲論集成／目次

プロローグ

嶺雲と現代

本年（二〇〇〇年）一一月二一日は嶺雲生誕一三〇年に当たる。それを記念して、生まれ故郷の高知では県立文学館で最初の本格的な企画展（一二月三日まで）が開かれ、また一一月一一日には同所で中米露の研究者を招いてシンポジウム《田岡嶺雲と現代》が催される。

嶺雲は樋口一葉や泉鏡花、さらには夏目漱石の才能を時代に先駆けて認めた文芸批評家として、後には近代文明を根底から批判して主要な著作集を四冊も発禁に処せられた思想家として、生前はよく知られ、一九一二年九月、四一歳で亡くなった時には、『読売新聞』が二頁にわたる追悼特集を組んだほどである。

しかし、その時から、嶺雲にとっての「暗黒期」が始まった。主要な作品が自由に読めなかったのと、その論説のほとんどが取っつきにくい漢文読み下し体の文章で綴られていたからだ。だが、それから四〇年後、戦後民主主義の空気の中で民主主義及び近代文明批判の先駆者として復活する。とはいえ、彼の名前はまだ「知る人ぞ知る」で、十分に復活したとは言えない。

今、生誕一三〇年、没後八八年に当たって、彼の生涯と仕事を振り返って見ると、新たに現代に呼びかけてくるものがある。そのいくつかを、ここに挙げてみると、一八九八年、彼は政党は政府に「悪を遂げしむる幇間《ほうかん》」だとして無党派の青年連合を提唱するが、挫折している。だが、あれから一〇二年、ようやく無党派のボランティアが政治を動かそうとしている。

彼がその文明批判において何よりも問題にしたのは、自分の快楽や利潤のためには他者あるいは世界が滅びたって構わないとする近代人の内面的荒廃（拝金主義）と、そこから生まれてくる貧富の格差の拡大や環境破壊だった。多発する少年犯罪や保険金目当ての殺人事件など、今や拝金主義は暴風のように日本社会に荒れ狂っていると言えよう。もちろん、依然として進まない核軍縮や原発の増殖も拝金主義の所産以外ではない。貧富の格差の拡大も今や地球的な規模で進んでいる。

環境破壊については、嶺雲は、例えば汽車による騒音を問題にし、軍事に投入されている膨大な人的物的資源を、その解決に投入すれば、「無響の汽車」の実現も夢ではないと述べている。

彼は日露戦争当時、航空機や無線電信などの交通・通信手段の飛躍的発展によって、共通の切手と通貨と言語を持つ地球共同体――「人類共和のコミューン」が到来するのを夢見ていた。

一九一〇年、「女子解放は男子解放也」として女性の根源的な解放を求め、女男が対等・平等の関係で協同し合う社会の必要を説いた。つい最近、彼の生誕一三〇年を記念して法政大学出版局から、その主張を戦後に集めた『女子解放論』が再版を見た。

「文学はアフリカの飢えた民衆にとって何の価値があるのか」と叫んだサルトルから半世紀以上も前に、嶺雲は文学や哲学が人生の真実や帰趨を「朧げにうつ」したからと言って、いま飢寒に苦しむ人類にとって、どれほどの価値があるのかと書き込んでいる。

（『東京新聞』二〇〇〇年一一月九日付夕刊）

北村透谷の発展者としての田岡嶺雲

（一九九四年五月）

はじめに

透谷の発展者といえば、『破戒』の作者である島崎藤村の名を挙げるのが普通であり、それはそれで充分の根拠を持っていますが、今日は、そういう習わしをちょっと破りまして、あまり名前を知られていない、田岡嶺雲という批評家をとりあげまして、この人の中に透谷の仕事がどういうふうに受け継がれていって、どういうふうに発展させられていったかということを皆さんと一緒に考えて、透谷没後八〇周年を記念するよすがにしたいと思います。

ところで嶺雲が透谷の発展者であるというと、二人は年齢も大分違っていて少なくとも一世代つまり十歳くらい違うのではないかとの印象を受けるかもしれませんが、年齢的にはそれほど離れているわけではないのです。透谷は一八六八年の一二月二九日生まれ、嶺雲は一八七〇年の一一月二一日生まれですから、ほぼ二つ違いでありまして、これはもう全く同世代の批評家と言っていいわけです。

しかし、この二人の批評家の間には透谷と藤村の場合のような実生活上の深い関係はありません。藤村は透谷と同じ『文学界』の同人で、実生活上にも親しいつき合いがありました。例えば藤村の自伝小説『春』を皆さんがお読みになれば、透谷と藤村がどんなに親しい先輩・後輩の関係の中にあったかということがわかるわけですけれども、嶺雲と透谷の場合には、そういうことが全くなく、二人がただ単に顔を合わせたという事実すら、私がいろいろ調べていますけれどもないような次第です。

しかし、こういうことはあります。透谷に嶺雲について触れた文章は一つもありませんが、嶺雲は透谷の死後、彼について触れた論説を二つほど発表している。あとでそれらの論説についてはやや詳しく扱うつもりですが、文字通り彼について触れた文章で、透谷を真正面から論じたという性質の作品ではないのですが、それらを見ると、透谷の仕事の意味を嶺雲が鋭くつかんでいて、結果の論として嶺雲が透谷の仕事の継承者であることを示していますが、それはどこまでも結果の論としていえることで、そこのところが藤村の場合と非常に違います。よく知られていますように、藤村の場合は透谷の残した仕事の継承者・発展者として自分でもはっきり自覚し、他人にも語り、そうして自分の仕事を実際、多少の屈折があったものの、そういう方向に進めていったのですが、嶺雲の場合にはそういうことが全くありませんでした。そういう意味では嶺雲を透谷の発展者であるというのはちょっと意外の感をあたえるかも知れませんが、今、近代日本文学史を遠くふり返ってみると、田岡嶺雲の仕事が客観的にみて、透谷の思想の発展になっている。しかも、その発展は藤村の場合とくらべてより積極的である。このように考えるところから、こういう表題を掲げて、客観的に見て透谷の思想の積極的な発展者である田岡嶺雲という批評家の光を反対の方から当てていけば、北村透谷の仕事の意味も、よりはっきりしてくるのではないか、ということで、こういう題目での透谷の記念を思い立った次第です。

では嶺雲は透谷の仕事をどのように積極的に発展させていったのか。それを具体的に見るために、最初に透谷という人は、近代日本の文学史の中で、あるいは近代日本の思想史の中で、一体どういう仕事をした人なのか、それをいくつかの点に絞って皆さんの前に簡単に紹介したあと、それぞれの点について、嶺雲がそれをどういうふうに受け継ぎ、発展させていったか、こういうふうに見ていって結論に達したいと思います。

透谷は何をしたか

まず、透谷は近代日本の文学史、あるいは思想史上でどういうことをやったのか。今日は時間が限られていますから、そのすべてに触れることができるかどうか、わかりませんけれども、時間の許す限りで具体的に検討していってみたいと思います。

結論を先にいいますと、透谷が近代日本の文学史あるいは思想史上でやった主な仕事は、次の六点につきるのではないかと思います。

第一は「粋」——あれはスイな女であるとか、あれはイキな男であるとかいう場合のあの「粋」で、その「粋」という言葉で透谷は恋愛の近世的理想を表そうとしたのですが、その「粋」を根底から批判して近代的恋愛の内容を理論的に明らかにしたことです。なんのために透谷がこういうことをしたのかというと、当時の文壇の支配的な潮流であった硯友社文学を批判し、真の近代文学を確立させるためでした。この仕事の中味がどういうものであるかということについては、あとでやや詳しく述べますが、それとからめて「俠」——「俠」というのは、あの「任俠」の「俠」で、「粋」の場合と同様、この言葉に社会正義の近世的理想を託し、それを鋭く批判し、近代的正義の観念を提示します。これが第二点で、第一の場合と同じように硯友社文学を批判するために、そして真の近代文学の基礎を固めるために、それを行なったのです。

第三点は皆さんもよく御存知の透谷のあの有名な「人生に相渉るとは何の謂《いひ》ぞ」（一八九三年二月）というエッセイで始まった山路愛山との論争を通してやったこと——一口にいえば民友社の文学観念を批判して、あの時点で改めて文学の独自性というものを確認したということです。それから第四点は最近、色川大吉さんをはじめ歴史家が大いに取り上げるようになっていることですが、透谷の民主主義的な姿勢です。第五点は虐げられた貧しい民衆に対する同情です。これも最近、透谷のナショナルな姿勢と同じように大いに研究されるようになっています。最後に第六点としては透谷の反戦平和の主張があります。

これらの六つの歴史的な意義が、現在それぞれどういう今日的意味をもっているものなのか、ということについては、あとで「透谷の現代的意義」と題して話される小田切（秀雄）さんに譲って私は省略したいと思います。

「粋」と「侠」の歴史的性格

では各論に入ることにして、第一点の「粋」の批判から取り上げますと、さっきもちょっと触れましたが、現代でも或る男を見てはイキな男であるとか、或る女を見てはスイな女であるとかいうことを、われわれが何気なくいい、それで少しの抵抗もなく通じ合っているとすれば、われわれはそういう意味では依然として近世的な見方・感じ方あるいは近世的な文学観念の影響の下にあるということができるでしょう。それなら透谷は、その「粋」というものをどのようにとらえていたのでしょうか。例えば透谷は「粋を論じて『伽羅枕《きゃらまくら》』に及ぶ」（一八九二年三月）という文章の中で、「粋」の遠い祖先は平安時代の文学であり、近い親は戯曲と遊廓であったと、その歴史的起源と発生の母胎を述べたあと、「粋」の性格というものを「侠」とからめて、こんなふうに説明しています。「……粋は愛情の公然ならぬより其《その》障子外に発生せしもの、侠は武士道の軟弱になりしより其《その》屏風外に発達せしもの、此《この》二者物異《ものこと》なれども其《その》原因は同様にして、姉と弟との関係あり。然るが故に粋は侠を待つて益々粋に、侠は粋を頼みて益《ますく》侠に、この二者、隠然、宗教及び道教以外に一教門を形成したるが如し」と。ただ、こんなふうに透谷の文章を棒読みにしただけではわかりにくいと思いますので、現代風に翻訳すれば、透谷は次のようなことをいっているのです。

まず「侠」の方から見ていきますと、皆さんも御存知のように古代社会から封建社会が生まれてくるためには封建革命が必要です。その革命を担ったのは誰でしょうか。武士です。武士道というのは、その武士の実践倫理で、「武士に二言はない」とか、「身は一代、名は末代」とか、そういう言葉を使えば社会正義の中世的形態でありました。しかし、やがて鎌倉期から徳川時代に入って封建制度が完成され、ついで武士道というものも完成すると、武士道そのものにも腐敗が生じてきて、もともと弱い者を憐んで強い者に刃向かっていくというところに理想があるのに、自分の前をただ町人が通りすぎたというだけで、無礼な振舞だとしてその町人の首をはねてしまうというふうにまで堕ちてくる。そうすると、それに対して町人や百姓の中から幡随院長兵衛とか国定忠治とかいうような俠客というものが現われてきて、このすたれた武士道の理想を、こんどは町人階級が担って、任俠の道というものが生まれてきます。

次に「粋」の方ですが、江戸時代は、さきにも言いましたように封建制度の完成期ですから、たとえば「男女七歳にして席を同じうせず」という言葉があるように、そこでは男女の愛情の交換が公然と許されていない。しかし、これは自然なことではありませんから、治外法権的な遊廓の制度というものが江戸時代において特に隆盛を見て、その中で条件付きながら愛情の自由な交換が実現される。そのことは皆さんが直接に近世文学をお読みになって、その当時の遊廓の大夫《たゆう》たちがどういうふうに暮して客に対していたかを知って下さるとわかりやすいと思いますが、大夫——大夫というのは遊女の中の最上位の者ですが、彼女らも結局はお金で買われた女にすぎませんから絶対の自由というものは持っていないのですが、かなりの程度に女の方からもお客を選択することができた。ですから仮に田舎から——都会からでもいいのですが——大変な成金が出て来まして、そうして札束で、いや昔は札束がなかったから小判を積んで、大夫をなびかせようとしても、大夫はただそれだけによっては屈しない、という気風を当初には示していたわけです。そこでは男の側からは言わずもがな、女の側からも或る程度、自分の好き嫌いや趣味によって相手を選択するということが行なわれていたのです。つまり、このような近世の遊廓の中から生まれた男女間の気風を透谷は「粋」と呼んだのですが、もとを正せば恋愛というものも男女間の正義以外ではありませんから、透谷がいみじくも喝破していますように、「粋は侠を待つて益々粋に、侠は粋を頼みて益侠《ますく》に」、二者は両々あいまって近世社会に次第に根づいていったのです。

こういうふうに、われわれの言葉でいうところのエロスの近世的形態である「粋」と社会的正義の近世的形態である「侠」とを透谷はまさにそういうものとしてとらえたのですが、この「粋」と「侠」とを近代あるいは近代文学の立場からどのように見ていたかといいますと、彼はそれらを日本における市民的精神の最初の発露だと見ていました。たとえば、彼は「徳川氏時代の平民的理想」（一八九二年七月）という注目すべき文章の中で「侠」と「粋」とに最初の文学的表現をもたらした元禄文学について次のように述べているのです。「人は元禄文学を卑下して、日本文学の恥辱是《これ》より甚しきはなしと言ふ者多し。われも亦元禄文学に対して常に遺憾を抱く者なれど、彼をもつて始めて、我邦《わがくに》に挙げられたる平民の声なりと観ずる時に余は無量の悦喜をもつて、彼等に対するの情あり」と。そうならば透谷はなぜこのような「無量の悦喜」をもって対するとした「侠」や「粋」の批判をしようとしたのか、ということですが、それはさきにも申し上げましたように、どうしても透谷が日本の近代文学を真の近代文学として確立させるためには、それらを批判せざるをえないと考えたからです。というのは、それらはたしかに日本における市民的精神の最初の発露に違いないが、それを真の市民精神、真の近代ヒューマニズムの現われとするにはなお距離がある、そこには一種の卑しい調子が執拗につきまとっていると見ていたからなのです。もちろん、透谷以前に「俠」と「粋」とについて、はっきりとした根底的な批判が行なわれ、それが実を結んでいたら、透谷が改めてそれをする必要がなかったのですが、そういうことが、それまでほとんどなく、それどころか当時の文学界は尾崎紅葉を中心とする硯友社がその支配的潮流で、幸田露伴なども含めてその作品は外観こそ江戸時代といくらか違っているけれども、その内容は本質的に少しも変わらず「粋」と「俠」でした。そこで透谷は硯友社を撃って日本の近代文学を真の近代文学として確立させるために「粋」や「俠」の検討と批判に立ち向かって行ったのです。

「厭世詩家と女性」の意義

「俠」批判の方の具体的な紹介は後廻しにして、「粋」批判の方に戻ると、透谷は単に「粋」批判を敢行しただけでなく、真の近代文学が自ずから取り上げるべき近代的な恋愛の内容を具体的に、そして鮮やかに提示してみせました。「厭世詩家と女性」（一八九二年二月）というあの有名な評論が、それです。そこで透谷は日本文学の歴史の上で理論の言葉で初めて近代的な恋愛とは、あるいは真の恋愛とは一体どういうものであるかということを解明したのです。理論の言葉で解明した、と今言いましたけれども、すでに近代文学の歴史においては、透谷のこの評論から二年前に森鷗外が「舞姫」という、これも余りに有名な小説を書き、小説の言葉では近代的な恋愛の姿というものが実に生き生きと描写されていたからです。鷗外のこの小説は最近ではもっぱら近代日本文学における転向小説第一号として論じられていますが、それはそれで深い根拠がありますが、そのような視点からだけでは、この小説の全体が解けないのではないかと思います。「舞姫」は近代日本文学における最初の転向小説であるとともに、日本文学最初の近代的恋愛小説でもあります。単にそこに近代的恋愛の一局面が描かれているという程度の恋愛小説ではなく、近代的恋愛がどのように発生し、展開し、死滅していくかを、その全過程において、叙情的で簡潔な表現ながら、おさえるべきところをおさえて写し出している全円的な恋愛小説なのです。この点、評論と小説の違いこそあれ、透谷の「厭世詩家と女性」も同様で、この有名な評論は一般には近代的恋愛の意義を明らかにしただけの文章として扱われていますが、ただそれだけのものではなく、近代的恋愛の生成・展開・破滅の全過程を考察しているエッセイなのです。

したがって、次のようにいうことができるでしょう。透谷の「厭世詩家と女性」は、二年前に鷗外が「舞姫」で小説の言葉で語った事柄を、こんどは理論の言葉で解明したものにほかならない、と。ただし鷗外の場合が海外留学生活の産物であるのに対して、透谷の場合、日本の現実の真只中から出てきたものであることが注目されるでしょう。つまり透谷は日本の現実の只中から批評あるいは理論の言葉をもってエロスの近世的な形態を明らかにするとともに、それに対してエロスの近代的な容姿をはっきり示すことによって近代日本の文学に大きなものを残したのです。小説といえば男女の恋愛が描かれていなかったら魅力の過半が失われるくらいですから、透谷の残したものの大きさがどれほどのものだったか、改めていうまでもないことでしょう。透谷が文学史の上で第二点の「俠」批判、第三点の文学の独自性の再認識という仕事とあいまって近代日本文学の主体の建設者の一人である、あるいは近代日本文学観念の確立者の一人である、といわれている理由です。

「粋」と近代的恋愛の違い

では「粋」と近代的恋愛とは一体どこが違うのか。ここでは煩瑣になるので、近代的恋愛のことを簡単に恋愛ということにして話を進めると、透谷はそれについて、こういうふうにいっています。恋愛と「粋」が違う第一の点は恋愛は盲目だけれども「粋」には幾分かさめているところがある、と。たとえば、さきにも触れた「粋を論じて『伽羅枕』に及ぶ」という文章の中で――「伽羅枕」というのは紅葉の小説の題名ですが――透谷はそこのところを次のように解説しています。「恋愛に溺れ惑ふ者を見て、粋は之を笑ふ、総じて迷はざるを以て粋の本旨となすが如し。粋は智に近し、即ち迷道に智を用ゆる者。粋は徳に近し、即ち不道に道を立つる者。粋は仁に邇《ちか》し、即ち魔境に他を慈《いつく》しむ者。粋は義に近し、粋は信に邇し、仮偽界に信義を守る者。乃ち迷へる内に迷はぬを重んじ、不徳界に君子たる可きことを以て粋道の極意とはするならし」と。つまり恋愛は盲目だが、「粋」には遂に俗世間を出ないところがあるといっているのです。もし皆さんが相手の外観だけを見て、この女性は俺の理想のタイプであるとか、あるいはこの男はエリート会社のサラリーマンだから将来食いはぐれがないだろうという好みや打算がそこにはたらいて恋愛をはじめ、そしてその好みや打算と現実が違ってくれば、それで恋愛をやめる、或いはやめることができるというようなことがあれば、それは頭による恋愛をしているのであって、そのような恋愛はすべて「粋」に通ずるところがあると透谷は主張しているのです。恋愛が盲目だというのは一面では恋愛が俗世間の打算に盲目だということです。

では恋愛がどうして俗世間の打算に盲目なのかといいますと、「厭世詩家と女性」の中で透谷も書いていますように、恋愛は「透明にして美の真を貫く」ものだからです。つまり真の恋愛を貫ぬいている法則は美的な精神だというのです。美的ということは芸術的ということですが、男女がお互いに相手を芸術的に見るとは一体どういうことなのか、といいますと、たとえば樋口一葉が「にごりえ」という作品で主人公の娼婦のお力《りき》を描いたようなやり方、あるいはドストエフスキーが『罪と罰』でソーニャを扱ったような扱い方です。そこには一切の俗世間的な打算がない。俗世間の眼から見れば、お力だってソーニャだって一個の淫売婦にすぎず、結婚は愚か交際の対象にもならないでしょう。もし現在のお力やソーニャが今、われわれの眼の前に、まさにそういう人間として現われたなら、目のやり場に困るでしょう。ところが芸術的な見方というのは、そういう俗世間の眼にとらわれず、むしろ俗世間の価値観からいえば大いに問題のある女性をとりあげて、彼女らのうちにも美しい人間的良心があると認めて、彼女らも人の子である、いや人の子以上であると見ていくのです。場合によっては一般の人のする判断と芸術家のする判断とが正反対の結果になることも生じてきます。皆さん、ソーニャを単なる一個の売春婦にすぎないと見る俗世間の判断と、一個の売春婦に違いないが同時に一個の天使でもあると見るドストエフスキーの見方と、どちらが人生の真相を深くついていると思いますか。もしドストエフスキーの見方だとするなら、芸術的な見方こそ人生を、人間を本当に視る見方といえましょう。とすれば、恋愛が盲目だというのは、もちろん、その中には恋をすると生理的にも興奮して物がさだかには見えなくなるというような単純な笑劇《ファロス》的な事実の認識もこめられていますが、そのことを含めて、どこまでも俗世間の眼から見て盲目であるというのに過ぎない。本当に盲目なのは俗世間の眼であって、人はむしろ恋愛によって、芸術によってと同様に人生の真相に深く入っていくことができるのだ、ということができるでしょう。透谷が「厭世詩家と女性」という文章の冒頭で「恋愛は人生の秘鑰《ひやく》なり、恋愛ありて後人生あり、恋愛を抽《ひ》き去りたらむには人生何の色味かあらむ」といっているのは、そういう意味です。

それから第二の違いとして透谷は、恋愛は「双愛的」であるのに対して「粋」の方は一方通行的であるということを挙げています。そしてそれをさらに説明して、こんなふうにも言っています。「粋」は「迷はずして恋するを旨とする者」であるから、「他を迷はすとも自らは迷はぬを法と」しているのではないかとも考えられる、と。つまり第二の違いは第一の違いを関係の面から考察したものです。

最後に恋愛と「粋」が違う第三の点は、これは第一と第二の違いの当然の結果として出てくるのですが、それは「粋」が本質的に好色的なところを免れず、生命感に乏しく、虚無的であるということだと透谷は言っています。どうして「粋」が本質的に好色的なところを免れていないのかといいますと、これまで見てきましたように「粋」が本質的に頭の仕事だからであります。魂が眠ってるからです。魂が働いていないから、人は官能にのめりこまざるをえない。したがって好色的にならざるをえない。そういう意味では恋愛と「粋」の違いは真の芸術と通俗芸術の違いと似ているといえるでしょう。「粋」も通俗芸術も本質的に俗世間的な打算の仕事だから好色的を免れない。したがって生命感に乏しく、虚無的たらざるをえない。さきに紹介したことですが、透谷が「俠」とともに「粋」を挙げて、そこには一種の卑しい調子が執拗につきまとっていると述べたのはこういうことなので、この違いをはっきりさせるために透谷は或る所では「粋道は恋愛道に対する蹠石《しせき》ならんかし」（前掲「粋を論じて『伽羅枕』に及ぶ」）と書き、また或る所では「生理上にて男性なるが故に女性を慕ひ、女性なるが故に男性を慕ふのみとするは、人間の価格を禽獣の位置に遷《うつ》す者なり。春心の勃発すると同時に恋愛を生ずると言ふは、古来、似非《えせ》小説家の人生を卑しみて己れの卑陋なる理想の中に縮小したる毒弊なり」（「厭世詩家と女性」）と怒りを爆発させています。しかし、あとの方の主張はどうしても言い過ぎで、やはり男女があるからこそ恋愛がある。透谷はその点、一個の観念論者としてわれわれの前に現われてくるのですが、古来からすぐれた観念論というものは一種の精神の貴族主義とでも云うべきもので、俗悪な現実あるいは俗悪低劣な唯物論に対する反発として存在している場合が多い。透谷の場合もそういう観念論で、それだけに透谷の当時の俗悪な現実——当然、文学の世界も含んだ——に対する怒りが強かったと見るべきではないかと思います。だから真の恋愛は、いうまでもないことですが、「粋」の反対で、魂の仕事、透谷の言葉で言えば「内部生命」の仕事であって、霊感の産物なのです。したがって本質的に好色的ではありえず、生命感に溢れ、虚無的でもありえない。

透谷はこんなふうに真の恋愛と「粋」を比較することによって「粋」を批判し、近代的恋愛の性格を明らかにしました。この批評家がこの分野でした仕事は今まで見たことだけで尽きませんが、これくらいにして前に進みたいと思います。

真の近代人とは

では嶺雲はこの分野での透谷の仕事をどのように受け継ぎ、発展させていったのかということですが、まず最初にどういうふうに受け継いでいったのかということを見ていきたいと思います。たとえば、樋口一葉という近代日本のすぐれた女性作家に「たけくらべ」という小説がある。これは当時の吉原遊廓を背景に、勝気で美しい美登利《みどり》という少女をヒロインにして少年と少女の間の幼い恋愛の姿を実に美しい叙情的な言葉で描いた小説で、近代日本文学の傑作の一つですが、透谷をはじめとする『文学界』同人らの強い影響のなかから生まれたものであるといっていい作品でした。そして、それだけではなく、この作品は透谷の死後ですが、ほかならぬその『文学界』に連載されたものでもあります。だから、そういう意味では樋口一葉の「たけくらべ」を最初に認めた者――「たけくらべ」は実質上、この女性作家の処女作でしたから、一葉の才能を最初に認めたのは『文学界』同人ということになるのですが、『文学界』に発表されはじめた「たけくらべ」を最初に高く評価したのは誰かというと田岡嶺雲なのです。一般の文学史をみると、鷗外が最初に一葉の天才を認め、それによってこの女性作家の文壇的地位が定まったように書かれていますが、実際は嶺雲の方がずっと早く一葉を評価しているのです。次いで「にごりえ」が出た時には、この批評家にとって異例の長文の批評を書いて一葉の天才を絶賛しています。鷗外が『めさまし草』巻之四に、例の「われは縦令世《たとひ》の人に一葉崇拝の嘲《あざけり》を受けんまでも、此人《このひと》にまことの詩人といふ称をおくることを惜まざるなり」という言葉をのせたのは、それから半年程たってからのことです。

また同時代に泉鏡花という作家がいますが、彼も一葉と同じく日清戦争後の文壇に「夜行巡査」とか「外科室」とかいう作品をもって登場してきた作家ですが、これらのうち「外科室」は、いや「夜行巡査」もまた「たけくらべ」と同様、恋愛至上を高く掲げた小説で、これらの作品を最初に認めて鏡花を新しい時代の代表選手の一人として強く文壇におしだしたのは、やはりこの田岡嶺雲です。これらの点からでも、嶺雲がこの分野での透谷の仕事の継承者であるということがはっきりしてくるのではないかと思いますが、時間もあまりありませんので、嶺雲がこの分野で透谷の仕事をどのように発展させていったかという問題に移り、その問題を見ていくなかで、元来、継承のない発展なんていうものはありませんから、その中で受け継ぎの問題も一層明らかにしたいと思います。

さきほども言いましたように、透谷の「厭世詩家と女性」という文章は単に近代的恋愛の性格を指し示したというようなものではなく、それを生成・展開・破滅の全過程において明らかにした評論でした。「厭世詩家」というのは厭世詩人のことです。もっと嚙みくだいていえば、真の自我にめざめた近代インテリゲンチャ、もっと普遍化していえば、真の近代人ということです。真の近代人とは一体なんであるかということを一応定義づけておかないと誤解を招きそうなので言っておきますと、かりにチョン髷《まげ》をつけず、袴をはかず、ミニスカートをつけ、ジーパンをはいていても、ただそれだけでは真の近代人とは言えない。また口に民主主義を唱え、マルクス主義を説き、ウーマン・リヴを叫んでいても、ただそれだけでは真の近代人とはいえない。ミニスカートもジーパンも民主主義もマルクス主義もウーマン・リヴもたしかに近代の産物です。だから近代的ですが、しかし服装や思想がいくら近代的になっても真の近代化とはいえない。それはまだ外部の近代化にすぎず、内部の近代化が行なわれていないからです。外的自我にめざめただけでは足りず、内的自我つまり真の自我にめざめていなければ真の近代人とはいえないのです。例えば、鷗外の「舞姫」の主人公の太田豊太郎がドイツに留学中、自由な大学の風に触れて、自分がこれまで受動的な人間で、内面的にも他人の操り人形でしかないことを知って愕然とするというくだりがありますが、そういう体験をまだくぐっていない場合は真の自我、内的なわれにめざめたとはいえないのです。もっとつっこんでいうと、或る人が或る判断にもとづいて或る行為を自分の自由意志でするとする。たしかにその行為は他人の意志でされるのより、より主体的で、より近代的である。しかし、その行為の出発点である判断が本質的に他人の借り物で自分のものでない時は、その行為は本当に自由である、主体的であるといえるかどうか。いえないと思います。

では本質的に自由な判断とは一体なんでしょうか。それは、あらゆる権威を去って、つまりあらゆる先入観を払って無私の眼で対象を観察し、その観察にもとづいて、ここでも先入の論理に囚われず、無私の態度で最後まで自力で考えぬかれたことによって生まれてくる判断以外ではないと思います。だから、そこに自由な意志あるいは自由な判断があるだけでは、まだ真の近代人たるための十分な条件ではない。自由な意志あるいは自由な判断の次元にとどまる者はまだ外部的近代人にすぎない。そこからさらに進んで囚われぬ観察と思考の次元に入って、人ははじめて真の近代人となるのです。もちろん、この転換は容易ではなく一種の革命とさえいえる。というのは、それまでやってきたような、いい加減な生活態度が許されなくなるからです。しかし苦痛ばかりがあるわけでなく、新生の喜びも深く強く、そういう意味でも、この転換は一種の革命といえるでしょう。

恋愛破綻の原因

だいぶ脱線して真の近代人の定義に手間取りましたが、本題にもどると「厭世詩家と女性」は一般化していえば真の近代人がはじめ恋愛に活路を開くが結婚するに及んで暗黒を感じるようになるといういきさつ、つまり近代的恋愛の生成と展開と破滅の全過程を明らかにしたものですが、透谷がその破綻の原因を何と見ていたのかといいますと――今日は女性の皆さんも多く言いづらいのですが、それを透谷は女性の中に見ていました。もっというと、女性の消極性の中に見ていました。たとえば、透谷は「厭世詩家と女性」の中でこんなふうに言っています。「女性は感情の動物なれば、愛するよりも、愛せらるゝが故に愛すること多きなり」と。どうして女性の消極性は恋愛の破産をもたらすのでしょうか。それは簡単な事柄です。この社会で消極的に生きるということは俗世間的に生きるという以外ではありません。さきにも見ましたように、恋愛の本質は美的精神ですから、それは魂の仕事、霊感の仕事であって、俗世間的打算の仕事ではありません。したがって女性がいわゆる女性らしく消極的に生きようとすれば恋愛はその美を失い、破産に至らざるをえない。そしてその時、真に生きんとする男にとって女性が醜悪そのものに見えてくるのは必然の成り行きでしょう。だから透谷は「厭世詩家と女性」の終りの方のところでこんなふうな言葉を書きつけています。「嗚呼不幸なるは女性かな、厭世詩家の前に優美高妙を代表すると同時に、醜穢《しゅうわい》なる俗界の通弁となりて其嘲罵する所となり、其冷遇する所となり、終生涙を飲んで、寝《い》ねての夢、覚めての夢に、郎を思ひ郎を恨んで、遂に其愁殺するところとなるぞうたてけれ」と。言うまでもなく、これらの言葉は透谷自身の痛切な体験からもきています。

ところで消極的ということを透谷はどう考えていたのでしょうか。その解答はやはり透谷の評論として有名な「内部生命論」の中にあります。透谷はその中でこういうふうにいっています。「人間の内部の生命なるものは、吾人之れを如何に考ふるとも、人間の自造的のものならざることを信ぜずんばあらざるなり、人間のヒューマニチー即ち人性人情なるものが、他の動物の固有性と異なる所以の源は、即ち爰《ここ》に存在するものなるを信ぜずんばあらざるなり」と。この「自造的」を「自《みづか》ら造《つく》る」と読んで、そのためにこの文章を透谷が人間の能動性を否定したものだと解釈し、そこからさらに「内部生命論」そのものを晩年の透谷の思考の衰弱の現われであると論ずる人が最近いますが、これは間違いです。「自造」は正確には「自《おのづか》ら造《いた》る」と読むべきで、意味はですから反対になります。透谷は今読み上げました文章の中で結局人間というのは他の動物と違って自然発生的な存在ではない、本質的に積極的・能動的な存在なんだ、と言っているのです。つまり人間というのは単に環境に左右されるだけではなく、それを変革する存在であると主張しているのです。こういう点も透谷のすばらしいところで、だから消極的であるということは透谷にとっては動物的であるという以外ではない。さきほどの透谷の文章のはじめに「女性は感情の動物なれば」という言葉のあったのも、このような意味合いからです。

それなら透谷は、この女性の消極的というものをどういうふうにとらえていたのかと申しますと、いまの「女性は感情の動物なれば」という言葉からも知られますように、どうにもならない宿命的な性格のものと考えていたといっていいと思います。もし女性の消極性というものを人為的あるいは後天的な産物であると考えていたら、当然、透谷の著作になんらかの形で女性解放あるいは結婚制度否定の思想というものが反映していてもいいのですが、そういうものは見当りません。透谷は結婚というものを疑うべからざる大前提であると見ていたのではないかと思います。

つまり、そこのところが嶺雲とちょっと違っているのです。嶺雲は女性の消極性というものを先天的なものであると考えず、後天的な結婚の産物であると見ていたのです。そしてまさにそこから嶺雲は女性解放と結婚否定を唱えるようになり、そのことによって透谷の仕事というものを発展させ超えていくのですが、そこに入るまえに、一体嶺雲が恋愛というものをどういうふうに観ていたか少しばかり辿っておきたいと思います。

嶺雲の恋愛観

嶺雲も透谷と同じように真の恋愛を霊感の仕事であると考えていました。その点は全く同じですが、さきほども紹介しましたように、透谷は「生理上にて男性なるが故に女性を慕ひ、女性なるが故に男性を慕ふのみとするは、人間の価値を禽獣の位置に還す者なり」と考えていて観念論的立場をとっていますが、嶺雲はもうそんなことは言っていません。そういう意味では嶺雲は徹底した唯物論者で、たとえば、一九〇五年二月から三月にかけけて『天鼓』という雑誌に発表した「近松物に現はれたる心中」という評論の中で、こんなふうにいっています。「人既《すで》に生あり、飢餓の情は現身《インディヴィヂュアル》の生存する所以也、恋愛の情は後昆《ゼネレーション》の生殖の為め也、故に食色は性《インスチンクト》にして、而して色は食に比して更に根本的に、更に深奥なる本然の必要《ニード》なり」と。つまり嶺雲は生殖の必要のために恋愛というものがある、透谷の言葉でいえば「生理上にて男性なるが故に女性を慕ひ、女性なるが故に男性を慕ふ」ものなんだといっているのです。だからといって恋愛を霊感の仕事ではないと主張しているのではなく、その反対で、少し立ち入って言いますと、嶺雲によれば生殖に二種類の生殖がある。一つは恋愛によらない不完全な生殖であり、もう一つは恋愛による完全な生殖です。どうして恋愛によらない生殖行為が不完全となり、それに反して恋愛による生殖行為が完全となるかといいますと――その問題に入る前に、どうして同じ「恋愛の情」に発しながら或る生殖行為が恋愛ならざるもの、つまり好色や暴行となり、他が恋愛となるかという問題を片付けておきますと、それは嶺雲の考えによれば社会環境の問題で、「恋愛の情」というものが、この文明社会の現実では常に純粋に現われてくるとは限らない。というよりも、むしろ俗世間的な打算によって汚されている場合の方が圧倒的に多いからなのです。

ついでに言っておきますと、嶺雲はこの二つの場合を区別して純粋な汚されていないままの「恋愛の情」の方を「性の本能」と呼び、反対の俗世間の打算によって汚された方のものを「性欲」と定義しています。繰り返していいますと、嶺雲の考えでは真の恋愛とは「性の本能」の世間知にとらわれない純粋の発現であり、そうでない好色とか暴行は純粋ならざる「性欲」の産物にすぎません。恋愛のこのようなとらえ方――恋愛を二つの極に分けて観る見方において透谷と嶺雲では何の違いもないのです。

さて恋愛による生殖行為がどうして完全で、恋愛によらない生殖行為がどうして不完全なのかという問題に移りますと、それには過程と結果の問題があります。まず過程の方から見ていきますと、真の恋愛による生殖行為、つまり性行為には、それが霊感の仕事であるがゆえに限りない喜びと充実が約束される。嶺雲の言葉を使いますと、真の「愉悦《ラプチュア》と歓喜《エクスタシー》」が約束される。それに対して恋愛によらない性行為においては人は「肉欲の奴隷」となって「真の愉悦《ラプチュア》と歓喜《エクスタシー》」を失い、「禽獣の自《おのずか》ら時あるだにも及《し》かざる荒淫」を敢えてするようになる。その結果は、もちろん、暗黒と虚無である。これが過程の問題で、ここも透谷とどれほども違っていません。次に結果の問題ですが、嶺雲によれば恋愛によって生まれた子供は、そうでない行為によって生まれた子供に比べてはるかに良質だというのです。その証拠に、かのキリストも孔子もマホメットも野合の子、私生児ではなかったかと嶺雲は主張しているのですが、これはむずかしい問題で、いくら嶺雲びいきの私でもにわかに賛成というわけにはゆきません。しかし嶺雲が敢えてこのような事実というより信仰に近いことを立言するほどに恋愛というものに――本質的に魂の仕事である恋愛というものに重きを置いていたということは明らかだと思います。

これまで見てきましたように嶺雲も透谷も恋愛というものを魂の仕事、霊感の仕事であるとする点は同じですが、ただ恋愛が男女の性の違いからくるか、それとも他のところからくるかという問題では天と地の差がある。そういう意味では、この領域での嶺雲は唯物論者となった透谷だったといえるのではないかと思います。

ここで少しばかり脱線するのを許してもらえば、恋愛というものを性本能の純粋な発露と見、そこにはじめて人生の限りない喜びと充実の一つがあると考えた田岡嶺雲の恋愛観から、あの『チャタレイ夫人の恋人』という注目すべき小説の中で男女の性のありのままなる受容による人間性の回復を唱えたロレンスの主張までの間に、どれほどの違いがあるといえるのでしょうか。基本的に何の違いもなかったように思います。このように細かく見ていけば、嶺雲は恋愛観においても透谷の仕事の継承者であるとともに発展者でもあったのです。

嶺雲の女性解放論

しかし、何といっても嶺雲が透谷の仕事を発展させ、それを超えているところは、さきほども述べましたように、女性観と結婚観においてです。嶺雲は結婚というものを不正、人間性に対する犯罪であると考えるようになっています。嶺雲の説があまりにも新しくて私が捏造しているのではないかと思われては困るので、ちょっと読み上げますと、嶺雲は、こんなふうに書いております。「恋愛なる者は人情の自然なり、天理の命ずる所也、而して人、天理の命ずる所に随つて此自然の情を遂げんとすれば、社会は即ち之を遮欄《しやらん》して曰く、結婚によらざる両性の結合は敗徳なり、背倫なり、不義なりと、敢て之を干犯すれば、乃《すなは》ち卑《いやし》めあり、罵りあり、而して又罰ある也、然らば即ち結婚なる者は何ぞ、人為の制のみ、虚偽の形式のみ、人為の制を以て恋愛の自然を矯《た》むる者也、虚偽の形式を以て恋愛の自由を束縛する者也、結婚は夫婦の名の下にする異性の私有なり、愛情の壟断《ろうだん》なり、男女を配偶して此に畢生の伉儷《かうれい》を強ひ、恋愛の永続を強ふる者也、巹《きん》を合し華燭を熬《や》く空儀の下に其心を欺き、神壇に誓ひ祖廟に祝する虚礼の下に其情を詐《いつは》らしむる者也、愛情の結合に仮托して淫慾の貪婪《どんらん》を蔵《かく》し、生殖の神聖を口実として嫉妬の鄙吝《ひりん》を蔽《おほ》ふ者也、結婚は財産の私有制と同じく人間我欲の上に立てる習俗の因襲のみ」と。もっと読み上げて嶺雲が実際に結婚制度というものをどういうふうに論じていたかということを皆さんに紹介したいのですが、時間の余裕がありませんので簡単に要約していいますと、嶺雲は結婚というものは決して永遠の制度でなく一個の歴史的虚構であり、夫婦の名の下に異性の私有を行ない、恋愛の自然を束縛しているものなのだということを主張しているのです。

順序を立って申しますと、嶺雲もまた透谷と同じように、はじめは恋愛の破産の原因である女性の消極性というものを問題にし、女性を痛罵しています。たとえば「予が女子観」という文章では――この文章は一九〇三年か四年頃に発表されたのではないかと推定されますが、そこでは女性の欠点というものが次から次へと列挙され、なかには例の女嫌いの哲学者のショーペンハウアーの言葉まで引き合いに出して、女は脚が短く腰が大きく、歩く姿があひるのようだから到底男の端正さにはかなわないというような出放題にひとしい悪罵もありまして、思わず苦笑を誘われるようなところもあるのですが、結論としては女性は本質的に自主的で独立した人格ではないから、つまり消極的な存在にすぎないから、独立を要求したり男女同権を主張したりするのは大変な間違いであり、男に頼り男に従って家庭を守るのが女の天職であるということを強調したもので、最後を次のような非常に刺激的な言葉で結んでいます。

「一言以て蔽《おほ》へば女は男子に服従すべきものである。其《その》生理上、心理上より観て、決して男子と並び立つべき権利がない、其理想は唯良妻賢母たるにあるべきである、此が其天職であり、其天分である、女にして此以上望まば、仰いで天を恨むべきである」と。もちろん、これは皮肉で、透谷にせよ嶺雲にせよ女性を痛く罵っているのは、それだけ女性に期待するところが大きかったからなのです。

感情的、ヒステリー、浅薄、饒舌、小細工、猜疑、嫉妬、心の狭さ、軽心、虚栄、依頼心などというように一般に女の欠点とされているものを数えあげていけば、男の欠点とされているものと同様に切りがありませんが、それらの欠点を一つ一つ細かく調べていけば、結局は、それらが女性の人生に対する消極性、受身の態度からきていることがわかるわけですが、それを透谷は先天的なもの、宿命的なものと考えていたのに対して、嶺雲は後天的なもの、人為的なものと考えるようになって行く。つまり女性の消極性というものは、人類の歴史の上に私有財産制が生まれると同時に生まれてきた結婚という、女性の男性に対する隷従の制度のなかで長い間かかって養われてきた、後天的な習性なんだ、そういう意味では女性の歴史的に形成された奴隷根性なんだと考えるようになるのです。そしてそこから嶺雲の結婚否定の主張と女性解放論が生まれてくるのです。結婚否定の主張については、さきほどいくらか触れましたので一応あれで満足すると致しまして、もう少し女性解放論の方について言葉を加えますと、嶺雲は女性解放を社会主義の実現と同じように一個の歴史的必然であると信じていました。たとえば、一九〇九年三月の『中央公論』に発表された「芸陽に復す」という文章では、こんなふうに言っています。かつてルッターによる宗教改革があってはじめて精神の解放があった、そしてやがてフランス革命があって人類の政治的解放があった、次に来たるべきものは性の解放である、と。

もちろん、嶺雲の女性解放論は、か弱き虐げられた性である女性に対する彼のやさしい同情からもきていますが、これまで見てきましたように、何よりも男としての彼自身の自由と幸福にかかわるものでした。だから嶺雲にとって女性解放論は何よりも男性解放論、実際、嶺雲にそのままずばりの「女子解放は男子解放也」という表題のエッセイがあります。一九一〇年三月に『読売新聞』紙上に発表したものですが、皮肉のきいた、今読んでも面白い文章なので、ちょっとその内容を紹介してみましょう。あの時代の言いまわしなどがあって、わかりにくいかと思いますので、現代風に翻訳してみますと、たしかに男は結婚することによって妻という名の一種の家庭奴隷を手に入れることができたように見えるが、実際はとても厄介な重荷を背負い込むことになる。というのは第一にこの家庭奴隷は生きた人間だから、それ相応に食べさせ、着させ、住まわせなければならぬ。男一人なら何をしても暮せるが、結婚すればそんなわけにもいかず、いやな勤めに出て、生存競争の戦場のなかで悪戦苦闘をせざるをえない。ところが女の方はいわゆる三食昼寝付で、亭主のいる間こそいそいそと働いて見せているが、亭主が会社に出てしまえば妻君の極楽で、新聞の拾い読みやテレビのよろめきドラマにうつつをぬかし、夜になって亭主が疲れて帰ってくると、あそこの家では夫婦でハワイ旅行にいったとかいかないとか、或いはどこそこのスーパーの方が大根がいくら安いとか安くないとかいうような話しかしなくなる。つまり結婚というものは男が女を支配して自分に奉仕させる男の楽園であるかのように見えて、実は奴隷であるがゆえに低俗な女性によって支配される男の牢獄に過ぎない。だとすれば男の真の解放は女性を奴隷から解放する以外にはない筈だ。世間には女性解放を単に女性の解放にすぎないと見ている人が多いが、それは間違いで、何よりも男性解放なんだ。こういうふうに嶺雲はそこで主張したのです。

今でこそ、こういうことはウーマン・リヴの登場によって一個の常識になっていますが、今から五〇数年も昔に、そして、あの大逆事件が起ころうとしていた時期に嶺雲は、このような主張をしていたのです。つまり嶺雲はこのような主張を行なうことによって、この分野での透谷の仕事を根底から受けとめ、発展させて行ったのです。

天皇制批判の継承

今日はさきほどの六つの点を取り上げて一つ一つについてやや細かく検討するつもりであったのですけれども、第一点にだけ大分時間をとり、余裕がなくなりましたので、あとの方は急行で簡単に要点を述べるだけで勘弁していただきたいと思います。では第二点について言うと、透谷はやがて社会正義の近世的形態である「俠」の確認と批判を通じて社会正義の近代的形態つまり近代民主主義の原理を明らかにし、遂にはそれと根本的に対立する天皇制を批判するところまで進みますが、そこで透谷は筆を絶っています。具体的にいいますと、「明治文学管見」という文章の末尾は、こんなふうに書かれているのです。「吾人は他日、日本文学と国体との関係を言ふ時に於て、此事《このこと》を詳論すべし、今は唯だ日本の政治的組織は、一人の自由を許すと雖《いへども》、衆人の自由を認めず、而して日本の宗教的組織は主観的に精神の自由を許すと雖、社会と関係なき人生に於て此自由を享有するを得るのみにして、公共の自由なるものは、此上に成立することなかりしといふ事を断り置くのみ」と。「此事」というのは東洋には厳密な意味において、そのはじめからこれまで政治上の自由、つまり民主主義というものがなかった、ということです。要約していえば、わが国では天皇一人だけの自由があって、それ以外の多数の人間の自由がないんだという、こういう強烈な天皇制批判を透谷はあの時代にしているのですが、彼はそれを詳論することなく、このエッセイは中絶しているのです。

ところで嶺雲ははじめは、むしろ敬虔な忠君愛国主義者でしたが、一八九九年に中国に渡ったのが転機となって反天皇制主義者に変わり、強烈な天皇制批判をしていくようになります。その天皇制批判ぶりを具体的に紹介できればいいんですが、時間の余裕がないので省略する以外にはないのですが、一言でいえば透谷の天皇制批判を序文だとすれば、嶺雲はその本論あるいは各論を身をもって書いて行ったのです。身をもってというのは、その的を射た鋭い天皇制批判のために嶺雲は日露戦争の終り頃に『壺《こ》中観《ちゅうかん》』という題名の評論集を出しますが、それを発端に彼の書物が四冊までも発売禁止になっているのです。そしてその四冊というのは、嶺雲が日露戦争以降に出した評論集のほとんどすべてに渡ります。そういう意味で彼は文学者・思想家として戦前の天皇制政府によって生き埋めの刑に処せられたということができるでしょう。第五点とも関係しますが、嶺雲は、その鋭い天皇制批判を展開すると同時に他方では社会主義の主張も行なっていました。この点においても嶺雲は透谷の仕事の継承者であり、発展者になっているということが十分にいえるのではないかと思います。

文学の独自性の確認

次は第三の文学の独自性の確認という問題ですが、実を言うと、この文学の独自性というものを、あの一八九三年二月の時点において再確認した透谷の愛山に対する論争より四カ月も前に嶺雲・愛山論争なるものがありました。そこで嶺雲は透谷と同様に愛山の俗流的功利主義的文学観を批判しているのです。この論争は愛山の書いた「平民的短歌の発達」という文章を嶺雲が批判したことから起きたもので、その愛山の文章というのは一口にいえば俳句を、宗教もモラルもない、浅薄な反社会的な隠遁者の手遊びであるとして全否定したもので、ただ芭蕉を全国到るところに門人をもっていたところからすぐれた組織者《オルガナイザー》として評価するという、ひどい、程度の低い社会学的な俳論でした。これを見て嶺雲は何をいうかと非常に怒って、たしかに俳句には非社会的なところがあるけれども、宗教やモラルがないとはいえぬとして愛山の低俗な社会学的芸術理解をつき、それに対してまた愛山が応酬するというように論争が展開されて行ったのですが、その内容の高下あるいは優劣を別とすれば——嶺雲の名誉のために言っておけば、彼はまだその時、大学生でした——この論争は透谷と愛山との間で交わされた論争と本質的には何の違いもありません。

そして嶺雲の民友社批判はこれだけではなく、またこれが最後でもなく、その後もずっと嶺雲の変らざる論点の一つでした。たとえば、愛山たちの民友社が日清戦争の時に戦争謳歌の「国民文学」を提唱すると、嶺雲は早速「国民詩人」（一八九五年五月）という論説を彼が当時、その記者をしていました『青年文』という雑誌にのせて、その提唱の上滑りな非文学性というものを鋭く指摘したり、またこの戦争の終る頃ですが、愛山たちの民友社の主宰者である徳富蘇峰が、この日清戦争を通じて従来の在野的立場を捨てて政府の走り使いになったことがわかった際には——ただいまの戦争謳歌の「国民文学」の提唱もその変節の一つの現われだったのですが——やはり「徳富蘇峰」（一八九六年三月）という文章を『青年文』に発表して「一片の真骨頭を有《も》てよ、説を変ずるはよし、節を変ずる莫《なか》れ」と書いて、その思想の通俗性、或いは浅薄性というものを痛切に批判しています。以上のことだけでも嶺雲がこの点でも透谷の継承者であり、同時に発展者であることがおわかりいただけたのではないかと思いますが、もう一つ補足の意味でそのことをさらに裏付ける事例を紹介したいと思います。これまで述べてきた事柄は文学の独自性の確認といっても、政治の側からする文学の手段化から文学の独自性というものを洗い清めるということですが、これから触れようとするのは、嶺雲が科学の側からする文学の手段化から文学の独自性を洗い出し、確認しようとした仕事です。それは日露戦争後の「自然主義者にあらざれば文学者にあらず」といわれた自然主義全盛の時代に自然主義の批判的対立者として現われたということです。具体的にいうと、写実主義的な様式だけが文学の唯一の道ではない、文学にとって外部の描写というものはそれ自身が目的でなく、内部——透谷の言葉でいえば「内部生命」ということですが——その内部というものを表現するためのものだから、たとえば泉鏡花がそれによって書いているような幻想的な非写実主義的方法も文学の一つの道であるとして、あの時代に鏡花の文学を高く評価したのです。このことは田岡嶺雲という批評家が文学の本質というものをいかに深く摑んでいたかを示すのではないかと思います。

嶺雲の連亜論

次は第四点の民族主義的な姿勢という問題ですが、皆さんも御存知のように、透谷は一八八三年に東洋の衰運を回復したいと願って政治家になる決意をし、民権運動に参加して行きました。そして、この東洋の回復という気持を死ぬまで透谷は失いませんでした。東洋の回復というのは、もちろん、政治的には白人帝国主義の支配からアジアを解放するということで、思想と文化の領域ではヨーロッパを圧倒するアジア独自の思想と文化を建設するということでした。当然のことですが、そのことは日本自身の任務としては日本の独立と民主化、日本独自のヨーロッパを圧倒する新しい思想と文化の形成ということになります。だから透谷は、あの「国民と思想」(一八九三年七月)という注目すべき文章のなかで「剛強なる東洋趣味」の上に「真珠の如き西洋的思想」を調和させて日本独自の世界大なる思想を創造することを訴えたのです。さきほど、言うのを忘れましたが、透谷のこういう民族主義的な態度というものは、あの「粋」や「侠」に対する取り扱い方のなかにも現われているもので、徳富蘇峰や山路愛山のような上滑りな近代主義者たちは硯友社文学を含めて近世あるいは近世文学の伝統というものを全否定する。芭蕉にしても近松にしても近代ヨーロッパの水準からいって話にならないといって。透谷が民友社の主張に対して不満を抱いていたのは単にその俗流の文学観に対してだけでなく、このような上滑りな近代主義的否定にも飽き足らぬものを感じていたのです。だから、さきほども紹介しましたように透谷は「粋」と「侠」の批判を根底からやりながらも、決して全面的否定をしないで、どんなに捩じ曲ったものであっても、日本における市民的精神の原初的な現われなんだ、よくぞ族長制度的思想が牢固と支配している日本社会の現実のなかから民族固有のものとして、たとえどんな捩じ曲ったものであっても共和制的思想が頭を擡《もた》げてきたものだ、といって「粋」や「侠」を高く評価し、そう評価したあとで、現代のわれわれがやるべきことは近世あるいは近世文学の伝統をしっかり受けつぎながら、その捩じ曲りを直していくことでなければならぬといって、実に地に足のついた民主主義的・現実主義的な姿勢をもって「粋」や「侠」の批判に向かって行ったのです。

では、そのような透谷の立場を嶺雲はどういうふうに受けつぎ発展させたのかといいますと、さきほど第三点のところで触れましたように、愛山たちの民友社の主宰者である徳富蘇峰は日清戦争の際に従来の在野的な立場を捨てて政府の走り使いとなり、日清戦争を全面的に支持し、日本帝国主義のイデオローグとなる。福沢諭吉の脱亜論の系譜を引くものですが、嶺雲はそれと真向から対立して連亜論を主張して行ったのです。アジアから脱して白人帝国主義の仲間入りをし、その真似をして他の遅れたアジアの国々を侵略して支配する黄色い帝国主義の方向ではなく、遅れたアジアの他の民族と連帯して白人帝国主義の侵略と支配からアジアを解放し、回復することを訴えて行ったのです。

アジアの解放のためには嶺雲は、あの岡倉天心と同様に武力を用いるのもやむをえないと考えていました。嶺雲は人道の見地から戦争の根本的否認者でしたけれども、現状では正義のために戦争をしないことは却って正義にもとる場合があると見ていました。そういう意味では嶺雲は戦争の根本的否認者であると同時に正義の戦争論者でした。もし嶺雲が現代に生きていたら、どこまでも戦争を根本的に非としながら、アメリカ帝国主義の侵略に対して武器をもって抵抗したベトナム解放戦線の立場を恐らく積極的に支持したに違いないと思います。

もう少し嶺雲の連亜論の中味について申しますと、アジアのなかでは日本が最初に独立の近代国家の道に進むことができたのだから、イニシアチブを取って、まず中国と朝鮮と三国同盟を結び、「白人帝国主義」の侵略と支配からアジアを解放すべきであるとの主張を抱くようになっていました。またそのような観点から「排満興漢」の孫文たちの中国革命運動に対して強い支持を表明していました。嶺雲は世界の諸民族がやがて一つになることを夢見ていましたが、そのためには何よりもアジアの解放と団結が必要であると考えていました。こういう分野でも透谷の立場を嶺雲が受け継ぎ発展させているのは明らかだと思いますが、彼はまた文学や思想の領域でも「東洋的美学」の建設という主張を掲げて透谷の仕事の継承者・発展者であることを示しています。それはどういう主張なのかといいますと、現在のというのは当時の、という意味ですが、現在の美学というものは根本において西ヨーロッパにおける芸術の歴史の中から生み出されたカテゴリーによって出来上がっているものだから、まだ十分にアジアの芸術現象のすべてを説明しつくすことができていない、したがってアジアはアジアの芸術現象から帰納したアジア独自の美学を持つことが必要で、そのように建設された東洋的美学と西洋的美学との批判的綜合の上に真の世界的美学が誕生するだろう、というのが嶺雲の考えでした。もちろん、嶺雲のこのような主張は単に美学だけに限られることではなく、美学をふくめて思想の領域の全体に及ぶことでした。

民衆に対する同情

次に第五の民衆に対する同情の点に移りますと、透谷は「時勢に感あり」とか「泣かん乎笑《か》はん乎」という一八九〇年に書かれた、最初期に属する文章の中で一般の人間という者はあたかも魚のようで、暗いところに棲《す》み、暗いところに迷い、寒く、食物も少なくて世の中を渡っている、というふうに書いて、貧しい虐げられた民衆に対して熱い同情を表わしています。この点もかつて透谷が左派民権家だった昔が生きているところですが、そういう民衆に対する同情というものも嶺雲によって継承され、さらに発展させせられて行っています。たとえば、嶺雲は一八九八年の三月に「社会問題」という文章を『文庫』という雑誌に発表し、その中で日本には維新につぐ「第二の革命」が必要であるということを訴えているのです。それは、どういう革命かといいますと、最近の政権は藩閥によって左右されているだけではなく、その藩閥の政府自体が貧富の差の激化を反映して「富閥」つまり大金持の支配するところとなろうとしている。もし武士とか貴族とか「門閥」というものが民主主義の敵ならば、政権を左右しようとしている大金持の存在も民主主義の敵である。とすれば藩閥の政府を倒すとともに大金持の専横をも破る第二の革命が起こされなければならぬ。今でいう新しい型の民主主義革命を嶺雲は主張するのですが、その文章の最後のところで、現在から見て、もっと注目すべきことを言っています。それは何かといいますと、ちょうど、その頃、日本鉄道株式会社の機関関係の労働者たちが――今の国労・動労の先輩ですが――待遇改善を要求して、わが国最初の大規模なストライキをやって東北線全部がマヒするという事件が起きますが、嶺雲はその労働者のストに触れながら「かの同盟罷工の如き、もと挙動不穏とはいへ、亦富者専横の上に打撃を加ふるの一法也」として労働者のストライキというものを、第二革命推進のための重要な手段の一つであることを認めているということです。

こういうふうに透谷の民衆に対する態度を嶺雲は政治あるいは社会思想の分野で継承・発展させただけではなく、そのような仕事を文学の領域でも行なっています。たとえば「下流の細民と文士」（一八九五年九月）とか「詩人と人道」（一八九六年三月）とかの文章のなかで、文学者というものがヒューマニティーの徒として本当に同情に富んでいる者の謂《い》いならば、よろしく虐げられた貧しい民衆の悲惨な生涯を涙をふるって小説の中に描くべきだと主張しました。これは一八九五年から九六年にかけてのことですから、こちらの方が時間的にはいくらか早いことになります。

最後は反戦平和の主張の点ですが、さきほども触れましたように嶺雲は戦争の根本否認者でしたが、同時に正義の戦争の肯定論者でもありました。北清事変に新聞記者として従軍した時、嶺雲はその従軍記事の中で戦争の悲惨さを強く訴え、自分は「非戦論者たらざらんと欲するも能はざる也」と書きますが、数年後の日露戦争の時には開戦論の側に立ちます。その事実をもって嶺雲の思想が矛盾していると観る人がいますが、それは嶺雲の戦争観の具体を見ない誤りで、嶺雲が日露戦争の際、開戦論の側に立ったのは、その当否は別として嶺雲が日露戦争を「白人帝国主義」に対するアジアの解放戦争の突破口である、つまり正義の戦争の一種であると考えたからです。だから、嶺雲は一方では開戦論を主張しながら、他方では絶対的非戦論を唱えていた幸徳秋水や堺利彦の『平民新聞』にも戦争否定の文章を書き送りました。日露戦争当時の嶺雲の戦争に対する処し方を私は無条件に全面的に支持する者ではありませんが、かりにその時の言動が間違っていたにせよ正しいにせよ、その曲折は真の平和というものを考えぬいた結果の曲折として、幸徳秋水や堺利彦の反戦論とともに、やはり透谷の平和論の一つの継承であり、発展ではないかと私は考えています。

嶺雲の民権運動体験

本当に新幹線並みの速さで残る五点も見てきましたが、一体どうして嶺雲はこのように透谷の仕事の継承者・発展者となることができたのでしょうか。あるいは、なったのでしょうか。その種明かしを一つだけすれば、嶺雲もまた透谷と同じように左派民権運動の影響の中から出て来た人だからだと思います。色川大吉さんは『明治精神史』という本のなかで透谷は近代日本の文学者中、直接に民権運動に参加した唯一の文学者であるということを言っていますが、これは正確ではなく、嶺雲もまだ幼い少年にすぎませんでしたが、直接に民権運動に参加しています。透谷が民権運動の影響を受けて演説の稽古をはじめたのは一八八一年で年齢にして一二歳の時であったといわれていますが、実際に参加したのはそれから二年後の一八八三年で一四歳の時でした。一四歳といえば今でしたら中学二、三年生というところで、いくら昔が一般に早熟であったにせよ、やはり非常に早熟だったといわなければならないでしょう。色川さんたちの努力でその早熟すぎた透谷が大阪事件だけではなく、加波山事件や秩父騒動に加わっていった壮士たちとも交友のあったらしいことが明らかにされて透谷と左派民権運動との関係がますます疑いのないものになっていますが、嶺雲はそれよりもっと早熟で、驚くべきことに何と一一歳の時に直接に民権運動に加わっています。言い遅れましたが、嶺雲が生まれ育ったのは「民権は土佐の森より出づ」といわれた、あの土佐の高知で、その高知の「嶽洋社《がくようしゃ》」という民権運動の結社の支部の一つに嶺雲は加わっています。一一歳といえば今でしたら小学校の五、六年生にすぎませんが、もっと驚くべきことに、その同じ年に聴衆に向かって演説も試みています。あの奇人の宮武外骨が関東大震災後、『明治演説史』というとてもユニイクな本を書いていますが、それを見ると民権運動の最年少の演説家として嶺雲少年を記録しています。

嶺雲はもともと小柄で、まだ一一歳でしたから、演壇に立つと首しか出なかったようですが、ある時、覚えたばかりの「三尺の童子も亦之を知る」という言葉を得意になって発音したところ、あとで皆んなから「お前こそ三尺の童子じゃないか」とひやかされたそうです。当時の高知では、未成年の「政談演説」だけではなく、政談演説会も禁じられていましたから、嶺雲たちは小学生の習字教室などを借りて「学術演説会」の名で「政談演説」をやっていたようです。実際、その頃の『高知新聞』を検索してみますと、嶺雲たちがやった演説会の予告記事などが出ています。それによると、「結合論」だとか「破俗説」などというような題目で嶺雲は演説をやっていたようです。「学術演説会」は名ばかりと見られたものか、いつも警察官が臨席、御用提灯を置いて、内容をチェックしていたようです。嶺雲は後年、自叙伝『数奇伝《さっきでん》』の中で、自分たちのような幼稚な支離滅裂な演説をさえいちいち職務とはいえ筆記しなければならない警察官を却って気の毒に思ったと回想しています。

いずれにしても嶺雲はこういうふうに透谷よりもさらに早熟で、年代的にも透谷より一年ほども早く民権運動に加わり、そこから終生消すことのできない深い影響を受けたのです。嶺雲が民権運動参加の中で、どのような思想に、より共鳴を感じていたか現在のところまだその詳細がよく分かっていませんが、当時の青年一般がそうであったように大体において左派民権の思想に動かされていたらしいことは後年、彼が自由党左派の武装反乱を取り上げた『明治叛臣伝』という名の本を出していることからも明らかです。

民権運動の主流が藩閥政府の弾圧や懐柔に屈して運動が全体として終りに近づこうとしていた時に、そのような主流の行き方にあきたりぬ思いを抱いていた左派のグループが一挙に武力で専制政府を倒そうと企て、それを実行に移そうしたのが、いわゆる自由党左派の武装反乱です。実際に旗揚げをし、警察や軍隊と衝突し、一応武装反乱の態を成したのはさきほども触れた加波山事件と秩父騒動だけで、それ以外は計画中に発覚してしまうのですが、大阪事件もこのような未発のやや大がかりの武装決起の一つでした。嶺雲はかねてから、このような自由党左派の行動の跡がその過激な性質のために湮滅《いんめつ》してしまうのを恐れていて、一九〇九年一〇月、取り敢えず加波山事件のほかに福島事件・名古屋事件・飯田事件などについて聞き書を中心にした記録を作ったのが、この『明治叛臣伝』でした。

嶺雲の透谷擁護

最後に冒頭のところで申し上げましたように、嶺雲には透谷を真正面から論じたものではありませんが、透谷について触れた文章が二つほどありますが、それを紹介して受持時間を大分過ぎた私の話を終りにしたいと思います。

二つの文章の一つは「青年文学者の自殺」という表題で、一八九五年の五月に、さきほども名前を挙げました『青年文』という雑誌に発表されました。これはちょうど同じ年の春に正岡子規の友人で、嶺雲も顔見知りだった藤野古白という詩人が世をはかなんでピストル自殺をするという事件が起こりました。透谷が芝公園の自宅の庭の松の木かにぶら下って死んだのは前年の五月一六日の朝でしたから、古白は透谷が死んでから一年もしないうちに自殺を敢行したわけです。そして、それに対して徳富蘇峰や山路愛山たちの『国民新聞』がやはり「青年文学者の自殺」という表題を掲げて――つまり嶺雲の論説のタイトルは、この表題をそのまま利用したものですが、そういう表題を掲げて、最近は文学界に不健全な空気が充満している、透谷に次いで、こんどは古白も自殺をした、自殺をするのは心が弱いからで、「自分は自殺をすることができる」と広言して自殺するようなことは娼婦や丁稚《でっち》小僧にも劣る、われわれは断乎としてこういう不健全な空気を文学界から一掃しなければならぬ、と透谷や古白の自殺を非難し、攻撃するようなことが起こります。それに対して嶺雲が書いたのがこの文章で、その中で嶺雲は、現代のような功利一点張りの社会では詩人が死の中に平和と慰籍《いしゃ》を求めたとしても決して不思議ではなく、自分はむしろ人の忌むところの死を選んで平和と慰籍を求めた彼等に同情する、それをただ『国民新聞』のように道徳的に非難するのは冷酷に過ぎるといって対立し、そう対立することによって蘇峰や愛山たちの民友社の攻撃から透谷や古白の死を守ろうとしました。

もう一つの文章というのはやはり『青年文』という雑誌に同じ年の七月に発表された「『文学界』の変調」という作品です。もちろん、この「変調」というのは透谷の死んだ後の『文学界』の変化ということを指しています。透谷の死んだ後、藤村・平田禿木《とくぼく》・戸川秋骨、それに上田敏などが加わって残った同人たちによって『文学界』は続刊されますが、透谷の死が転機となって次第に『文学界』の調子というものが変わってきます。そのことは、この頃の『文学界』のことを描いた藤村の『春』という小説にも書きとめられています。たとえば主人公の岸本捨吉が透谷なる青木の死後、久しぶりに他の同人たちに会って恋愛の話をする場面がありますが、そこで菅という戸川秋骨をモデルにした同人の一人がもう飽き飽きしたという顔つきをして「まだラヴの話か。ラヴなんてものは、そんなに大騒ぎする程のものじゃない、つまり飯を喰うようなものだ」といい、藤村なる岸本捨吉を「空想家の末路」を見るような目で見たというような実に興味津津とした描写がそこには挟まれています。かりに『文学界』から恋愛の主張を抜き去ったら一体どうなるでしょうか。「ラヴなんてものは飯を喰うようなものだ」――こういうふうにいうことは、たしかにあまりに観念的な愛の主張に対しては解毒剤の用を果たすことになるかもしれませんが、果してこのように言い切ってしまっていいものかどうか。もちろん、藤村は萱のこのような変化を小説の中で批判的に書いています。当然のことながら『文学界』同人のこのような変化は雑誌そのものの中に現われています。当時『文芸倶楽部』とか『写真画報』というような大衆的な文芸雑誌あるいは画報雑誌というものが「客寄せ」のために、今だったら、さしづめカラーのヌード写真というところですが、新橋とか柳橋の売れっ子芸者の写真――当時はもちろん白黒ですが――というものを雑誌の中にさしはさむということが流行しますが、その一つを取り上げて『文学界』の同人が「ぽん太が優しき娘ぶり面白く、おゑんが立姿最も妙なり」といったような俗な写真評を書いているのです。これが「ラヴなんてものは飯を喰うようなものだ」ということの結果であることは言うまでもありません。しばらく前から『文学界』のこのような変化を苦々しく思っていた嶺雲は、これを見て、やはり異和感を覚え、透谷のいた、あの高踏的な『文学界』はどこに行ったのか、『文学界』の特色は高踏的ということにある、したがって俗につくのは、ほかならぬ『文学界』の自殺行為ではないか、『文学界』はどこまでも高踏的であれ、といって『文学界』の変質を痛烈に批判したのです。

嶺雲は前にも申し上げましたように藤村と違って主観的には透谷の仕事の継承者・発展者たらんとした人だとはいえませんが、これらの透谷擁護の文章はまさに嶺雲が透谷の仕事の継承者・発展者としてふさわしい人であったということを示しているのではないかと思います。

「忍耐持久の精神」

藤村の『春』という自伝小説には、透谷なる青木という人物が、命を絶つことができなくて彼を小田原在に訪ねてくる藤村の岸本捨吉にむかって「なんでも一度破つて出たところをまた破つて出るんだ。つまり破り破りして進んで行くのが大切だ」といって「忍耐持久の精神」を説くところがあります。透谷は一見すると、あっけなく世を去ったように見えますが、彼は彼なりに死ぬ半年ほど前頃までは「忍耐持久の精神」を発揮して世を破らん――今の言葉でいえば社会を変革しようと考えていたのです。その結果として透谷のあの近代日本文学史上、あるいは思想史上に燦然《さんぜん》たる仕事というものが産み出されたのですが、とどのつまりは透谷は二四歳の若さで「世を破る」より心を破り、刀折れ矢尽きてこの世を去っていったのです。その点、嶺雲も途中で何度か命を絶ちたいと思ったことがあったに違いないと思いますが、最後まで「忍耐持久の精神」を持して社会を変革しようとたたかいました。特に晩年には脊髄癆《せきずいろう》に冒されて歩行の自由を失ってしまう。彼は、その頃やはり晩年の幸徳秋水と親しく交わり、彼らの運動も援助をしていたので、もし彼の足が動けて普通の身体だったら、あの大逆事件に巻き込まれて秋水や管野すがらと同じように死刑台土の露と消えていたかもしれません。幸か不幸か身体の自由がきかなかったために大逆事件の容疑者になるのを免れることができたのではないかと思われます。

しかし、思想家としては、一九〇五年以降は、彼の主だった著作集は、そのほとんどすべてが発売禁止の対象となりました。文学者・思想家としてはまさに生き埋めの刑に処せられたも同然で、普通の人間なら心を破っても不思議ではない、そういう絶望的な苦境にもめげず、嶺雲は死ぬまで――彼は透谷より一七年ほど長く生きのびて一九一二年九月六日、四一歳で病が重くなって死にますが、その時まで「忍耐持久の精神」を発揮して人間自由のためにたたかい抜いたのです。そういう意味でも嶺雲は透谷の仕事の継承者であり発展者としてふさわしい人ではなかったかと思います。

これで私の長くなった話を終りにしたいと思います。

【付記】一九七四年一二月七日午後、北村透谷没後八〇周年を記念して法政大学本館五三二番教室で講演会が開かれた。主催者は、小生担当の文学部日本文学科大正文学ゼミナールで、講師と演題を挙げれば次の通り。小田切秀雄「透谷の現代的意義」、鹿野政直「思想家としての透谷」、西田勝「透谷の発展者としての田岡嶺雲」。満員の盛況だった。今昔の感がある。本文は、この折の小生の講演速記録に加筆訂正したもの。翌年春、学生たちの手で謄写版の小冊子『北村透谷の発展者としての田岡嶺雲』が刊行され、次いで一九七六年一月一日、刊行が小生研究室に受け継がれ、活版刷となり、以後一九九四年五月一六日までに五刷を重ねた。

嶺雲・愛山論争の意味

（一九七三年三月）

なぜ嶺雲・愛山論争を取り上げるのか？

それは第一には嶺雲が一体どのような地点から文芸批評家としての出発を行なっていったのかを改めて確かめておきたいからだ。というのは、現在知られている限りでは嶺雲が最初に書いた作品は、まさにこれから取り上げようとする山路愛山批判の諸文章であり、それらの中にすでに文芸批評家としての田岡嶺雲の真面目《しんめんぼく》がはっきりと輝き出ているように思われるからだ。第二は、この論争の経過を辿ることによって、それから四カ月後同様の問題をめぐって北村透谷と愛山との間に応酬された、かの人生相渉論争の背景を改めて探り、透谷がなぜ愛山を、あのときに批判しなければならなかったのかについて解明のための有力な手がかりを得たいからにほかならない。というのは一〇年ほど前から歴史学の分野で藤田省三などによって愛山再評価の機運が起こるとともに、注(1)文学史の領域でも主として平岡敏夫らによって愛山の復権が唱えられ、(2)愛山と透谷はもともと同一の進歩的陣営に属しており、しかも愛山の文学観は決して功利的でも俗流でもないから、透谷の批判は従来説かれてきたように文学論的にも的をえたものでは必ずしもなかったとの説が一般に流布しているかのように見えるからである。はたしてそうだろうか？　結論を先にいえば、たしかに透谷と愛山は、あの頃一応は政治的な意味では同一の進歩的陣営に属していたといえる。「一応は」というのは、細かく見て行けば、その政治的・社会的認識あるいは態度において両者の間には無視することを許されぬ相違が認められるからだ。たとえば、戦争に対する態度がそれだ。透谷が当時、雑誌『平和』の刊行に従い、戦争を絶対的に否認する立場を明らかにしていたのに対して、愛山は必ずしも戦争を否定せず、日清戦争の開始にあたっては、それを積極的に支持し、後には「大勝利」と題する意気揚々の軍歌さえ発表しているのだ(3)。また天皇制に対する見方においても透谷は「日本の政治的組織は、一人の自由を許すと雖、衆人の自由を認めず(4)」として天皇制を根本的には民主主義とは相容れぬ政治組織であると摑んでいるのに対して、愛山は必ずしもそうは考えず、天皇の政治は「二千五百年の間、日本人民の心を大御心となし玉ひし(5)」ものだとしている。後年の愛山による国家社会主義の主張が、このような天皇制に対する態度に起因しているのは言うまでもない。以上の点は、あるいは見方によっては「一応は」では済ますことができぬ重大問題であるかもしれぬが、ここでは深入りをせず、不問に付するとすれば、たしかに透谷と愛山は当時一応は同一の進歩的・民主的陣営に属していたといえるかもしれぬ。しかし、そうだからといって、そのこと、すなわち同一の政治的・思想的陣営に属しているということは少しも文学観の質的同一性を保証するものではない。政治的・思想的立場を同じくするから、その懐抱する文学観も同一であるとするのは、一般に政治主義あるいは社会学主義と呼ばれる、文学現象の短絡的見方である。愛山と透谷は一応はその政治的・思想的立場を等しくしていたにもかかわらず、少なくとも当時においては愛山の文学観は道徳主義的あるいは政治主義的であり、透谷は文学の立場から、そして同時にそのような文学観が単に愛山個人のものではなく、一九世紀末の論壇に支配的影響力を持っていた民友社のそれでもあったがゆえに愛山を批判しなければならなかったし、その批判は決して的を外れたものではなく、必要にして日本近代文学史上不滅の意義を持った営為だったのである。誤解を恐れて口早にいいそえておけば、後でも触れることだが、俗流の文学観の持主だから、愛山には非文学的な文章しか書けなかったと私は主張する者ではない。これは平岡敏夫も指摘していることだが[6]、愛山はこの時期、他方では「人生」・「命耶罪耶《めいやつみや》[7]」のような、一読に価する、すぐれた美文学的な作品を発表しているのである。

では嶺雲・愛山論争とは一体何か？　その具体的内容は？　それは愛山が民友社の機関誌『国民之友』第一六七号（一八九二年九月二三日刊）から第一六九号（同年一〇月一三日刊）まで三回にわたって連載した、江戸時代の俳諧を論じた「平民的短歌の発達」に対して嶺雲が栩々生《くゝせい》の名前で批判を書いたことから起きた論争のことだ。内容に入る前に論争の一応の経過を辿っておくと、まず嶺雲が愛山の「平民的短歌の発達」の第二回分までを読んで「『平民的短歌の発達』第二を読む」という文章を書き、それを民友社の所謂欧化主義に対して起った三宅雪嶺らの国粋主義的結社である政教社の雑誌『亜細亜』第六一号（一〇月一七日刊）に発表した。それに対して愛山が直ちに反応し、「栩々生に答ふ」を、かれがその記者をしていた、同じく民友社の機関紙である『国民新聞』一〇月一九日号に掲げた。それを見て嶺雲が早速筆を執り、「愛山生が反駁に答ふ」を同新聞一〇月二二日号に投稿したが、それに対しては愛山の反論がなかった。また嶺雲は別に第一文において予告した通り、同文の続篇である「平民的短歌の発達」の第三回分を読んでの批判文「愛山生が史論を読む」を『亜細亜』第六二号（一〇月二四日刊）に寄せたが、これに対しても愛山の反論がなかった。(8) 以上がこれからその内容を検討しようとする嶺雲・愛山論争なるものの一応の経過であり、たしかに形の上からいえば両者の間に一応酬しかなく、あっけなく論争は終焉を迎えたといえるのだが、内容的には少しも終っておらず、そういう意味では、その後の二人の仕事の対照的な展開は論争の形を取らない論争であったともいえよう。実際、愛山は嶺雲の批判にもかかわらず、「頼襄を論ず」(9) 等を書いて自身の立場を固執し、透谷の批判を招いたのだし、また嶺雲もこの論争の後、愛山批判をそのモチーフの一つにして「蘇東坡」（一八九三年八月）・「ハインリヒ・ハイネ」（九四年二月以降）・「芭蕉」（同年二月）等の力のこもった作家論(8)を書いて行ったのである。

ところで、いよいよその内容だが、嶺雲は一体愛山の主張のどのような点を批判しようとしたのだろうか？　経過を追うことにして、まず愛山の「平民的短歌の発達」の内容を簡単に紹介すると、『国民之友』第一六七号に載った第一回分では愛山は冒頭、彼の故郷の静岡で現在もなお連歌師宗長が農夫たちに愛慕されているという事実を挙げ、では宗長は何によって、その生涯の「風流三昧」であったにもかかわらず、今日も村人たちによって記憶されているのかと問い、それに対して現在も宗長が村人たちに慕われているのは、彼が「政柄握れる官人に対して笠を着て雨に耕やす平民の苦痛を訴えた」からではなく、また「水なき原に溝を通じ」たり、「渡るすべなき流れに橋を架し」たりしたためではなく、彼が「平民的短詩即ち連歌」を作って、よく「平民の感情」を代表したからだと答えている。次いで愛山は、わが国の自然はアメリカ合衆国等の「大陸諸国の光景」に比べて極めて優美で、このような恵まれた環境にあって日本人が古くから「一種の詩情」を養ってきたのは決して不思議ではなく、代々の勅撰集は「帝王公卿若《も》しくは武将の作」だけを主として掲げているが、それは日本の平民が、わが国の好風光に鈍感であったことを決して意味せず、連歌という「俗躰《ぞくたい》」が起るに及んでようやくそれまで鬱積していた「平民の詩思」が「此《この》管を通じて迸り出」で、発展を見たのが江戸時代の俳諧であるとし、最後の段にきて和歌と俳句は、その成立の時代・作者の階級・言葉及び形式の相違にかかわらず、両者の「理想と感情と調子」を観察すれば、ほとんど同一であり、その点に関しては「和歌の日本人」と「発句の日本人」とでは少しも変っていないと述べている。

以上が第一回分の要旨で、第一六八号（一八九二年一〇月三日刊）に発表された第二回分は当然のことながら、それを受けて和歌と俳句の共通性を問うところから始められている。和歌と俳句は一体どういう点において共通しているのか？　愛山によれば、第一に両者とも「サブライム」（崇高美）を欠いている点が、共通しており、歌人も俳人も「花に狂ふ胡蝶の如く、若しくは美しき藻の間にひらく泳ぐ小鯛の如く、面白げに自然の美をめで」とらえているけれども、彼らは「美の外の威厳ある一勢力にして、人心を楽ましむる代りに、崇敬の念を起さしむる、『サブライム』なるもの」を遂に感ずることができなかったと言うのだ。したがって和歌にも俳句にも「ヨブ記の森厳」あるいは「荒涼凄絶なる唐詩の感情」を見ることができないとするのが愛山の判断だ。第二は両者のいずれにも人物を題目としたものが、きわめて少ない点が共通していると、この民友社の批評家は説く。たしかに和歌には恋を歌ったものが少なくないが、多くは単に詩人が「恋情のやるせなさを泄《も》らした」ものか、あるいは「題を仮りて詩藻を衒《てら》ふもの」にすぎず、到底「恋人の品性」などに及ぶものではないから、それらの恋歌をもって人物を題目にしたなどと到底いうことはできない、要するに和歌と俳句の詩人は結局のところ、ただ「自然の懐に在る小児」であって、かれらの眼には「人の意志《ウイル》なるもの」は決して映らず、したがって例えば「戦場に奮闘する勇士、廟堂に立ちて政治の大機を操縦する政治家、楽しき家の天使たる妻女」等の姿は、彼らにおいて何の趣味もあたえることがなかったというのが愛山の主張だ。第三は何かというと、これも共通の欠陥で、両者とも「道義の観念に乏し」く、「基督教の熱心家が其発心の始めに感ずるが如き良心の大痛苦、罪と懺悔との重荷を負ふたる真正の悲哀《サツドネス》及び煩悶《ストラツグル》」が少しもそれらの表現のなかに見られないと言うのだ。第四も同様で、両者とも厭世的傾向のあるのが注意すべき事実で、一見したところ俳句は楽天主義の文学のように見えるが、もともと厭世主義は必ず二種の方向――「月下に寺門を叩く僧侶の境界」か「袒裼《たんせき》被髪牛飲馬食する放埓家《はうらつか》の境界」に走るものであるから、俳句の作者の楽天主義なるものは一種の「厭世主義の変躰《へんたい》」にほかならぬ、その証拠に彼らの中には「枯枝に烏のとまりけり秋の暮」と歌った芭蕉や「牛呵《しか》る声に鴫《しぎ》たつゆふべかな」と詠んだ支考のように「寂寞の中に一種の快味」を感じ、「純然たる厭世主義」をよしとする者がいるではないかというのが、この平民主義的な批評家の指摘である。それでは以上の短歌と俳句の四つの共通の欠陥は一体何によって生み出されたのか？　それについては愛山は、和歌と俳句が「道義の観念」に乏しく、厭世的なのは一つは「大陸諸国」に比べて極めて優美な日本の自然によるものであり、二つは仏教の感化によるものだと述べている。

右が第二回分の前半で、後半では、いよいよ和歌と俳句の相違について説き及び、次の三点を挙げている。

（一）和歌は貴族の手に成ったがために題材の範囲が非常に狭いが、俳句は平民の手に成ったものであるから広く、万象をつくして余すところがない。

（二）同じ理由から和歌の詩人は品位を有し、発句の詩人は機智に富んでいる。

（三）俳句は懐疑の時代に生まれたので、和歌よりも懐疑的である。和歌の詩人は厭世的であるにしても、なお「一個の宗教」を持っていたが、俳句の詩人は概して宗教に冷淡で、神仏を素材に扱ってもそれらを「一種の景物」として詠ずるにすぎない。

これが第二回分の概要であり、すなわち、ここまでを読んで嶺雲は愛山批判のための第一文である『平民的短歌の発達』第二を読む」を書き、それを前記の『亜細亜』第六一号に寄せ、愛山批判の火蓋を切ったのだ。

愛山の主張は右に見るようにキリスト教的観念を至上とする、本質的に通俗な、政治主義的あるいは道徳主義的な文学観による大まかで雑な日本文学の裁断だった。当然、嶺雲の批判は愛山の主張のこのような移植観念的な粗大さと通俗な非文学的な文学観にその矛先が向けられた。具体的にいえば、嶺雲は、その最初の批判文で問題を俳句に限り、おおよそ次の七点について愛山を追及したのだ。

(一)俳句に果して「サブライム」がないのかどうか。

(二)俳句に人物を題目としたものが少ないというのは愛山の指摘する通りだが、俳詩人の眼に果して人間の姿が映らず、それが彼らに何の趣味もあたえなかったかどうか。

(三)俳句には果して「道義の観念」が乏しいのかどうか。

(四)俳人は果して厭世的か、かりに厭世的だとしても、それが詩の価値においてどんな関係があるといえるのか。

(五)和歌と俳句が「道義の観念」に乏しく厭世的なのは、一つは優美な日本の自然の影響、二つは仏教の感化によるものだと愛山は説くが、果してそうなのか。

(六)俳句は果して懐疑的か。

(七)総評として愛山の論にはキリスト教的観念を至上とする傾向があるのではないか。

まず第一点から嶺雲の批判を見ていくと、たしかに詩形についていえば、一七字にすぎない俳句は到底「サブライム」とはいえないけれども、想についていえば、決してそれがないとはいえず、愛山が芭蕉の枯枝の句や支考の牛叱るの吟の批評として述べた、ほかならぬ「彼等は寂寞《せきばく》の中に一種の快味を感ぜり」という事実こそ俳句に「サブライム」があるという明らかな証拠ではないかと嶺雲は愛山に鋭く迫ったのである。そこのところをもう少し詳しく紹介すれば、この初陣の批評家は以上のようなイロニッシュな批判にとどまらず、「乾坤《けんこん》の変は風雅の種なり、静《しづか》なるものは不変の姿なり、動けるものは変なり」「風雅に於けるもの、造化にしたがひて四時を友とす、見る所花にあらずといふ事なく、思ふ所月にあらずといふ事なし、像《かたち》花にあらざれば、夷狄《いてき》にひとし、心花にあらざれば鳥獣に類す」等の芭蕉の語をも引いて寂寞の美が「美の外の威厳ある一勢力にして、人心を楽ましむる代りに、崇敬の念を起さしむる、『サブライム』なるもの」の一種であることを明らかにして行ったのだ。見事な指摘だといわなければならぬ。蕉風俳諧での寂寞の快味を崇高美の一種としたのは近代文学史上、ここでの嶺雲の評語が初めてなのではないかと思うが、どうであろうか。寡聞にして、わたしはこの時期及びそれ以前において嶺雲のこの場合のほかに寂寞美をサブリミティの一種として規定した例を知らない。

第二点に移ると、嶺雲はまず和歌も俳句も叙情詩であって叙事詩ではないから、人物を題目としたものが少ないのは当然のことだと前置したのち、しかしだからといって俳句の詩人に「人の意志《ウイル》なるもの」が全く視野に入っていなかったわけでは決してなく、ただ俳句においては自然の景物に託して人物を詠ずるので識別が困難なだけだとして、陶淵明を羨んだ芭蕉の「窓形《まどなり》に昼寝の台や簟《たかむしろ》」という吟や往事の勇士を忍んだ嵐蘭の「道灌や花は其の代を嵐哉」という句などを挙げて、とするなら、どうして勇士や政治家たちが俳詩人に何の趣味もあたえなかったと断ずることができるのかと愛山を問いつめたのだ。

次は第三点であるが、ここでも嶺雲は芭蕉の「朝顔に我はめし食ふ男かな」や嵐雪の「黄菊白菊其外《ほか》の名はなくもがな」等の句を挙げて、もともと詩は宗教のように道義を道義として教えるものではなく、「世界の内相」を描いてそれを現わすものであり、特に俳句は幽玄をもって体とするから、眼光が高くないと、その深奥に潜むモラルを感知することができないと論じ、右のような吟を含む俳諧を指して「道義の観念」に乏しいというのは、それは「暗夜に梅が香を鼻《か》ぐ」ように微かに俳句を味わった結果ではないかと愛山を揶揄したのだ。

第四点はどうか。嶺雲はまず、この世は「黄金世界」ではないから、苦痛や失意が「人生の行路」に伴なうのは必然のことであり、したがって人生を歌う詩人に「厭世の傾向」があったとしても怪しむに足りぬのではないかと述べ、次に愛山はもともと厭世主義は二種の方向――「月下に寺門を叩く僧侶の境界」か「袒裼《たんせき》被髪牛飲馬食する放埒家の境界」「厭世主義の変躰」にほかならぬと説くが、もしそうならば「己が安心を求めむが為めに神に禱《いの》る」夫子自身も「変躰の厭世家」であり、「五十歩にして百歩を笑ふ、五十歩の者更に笑ふ」べきではないかと愛山の滑稽な矛盾にも鋭く切込んだのである。ここの部分は嶺雲のこの第一批判文のなかでもっともパセティックであるのみならず、意味も長く深いので、その中途の一節を引いておくと次のようである。

「金石土木は我是《これ》を知らず、白痴癲狂の者は我之を論ぜず、苟《いやし》くも人にして知覚を有する限りは、此世界の不公平、不平等、不遇、失意等に遇ふて痛苦悲哀を感ぜざるものなかるべし。世間に痛苦悲哀の已《や》まざる限り、人間に涙の乾《か》れざる限りは、人間は不平の人間なるべし。是《こゝ》に於て乎《か》人間は之を遁《まぬか》るゝ所以の道を求む、而して志最も高き者は世に交《まじはり》て世界に累《わづら》はされず、澹然《たんぜん》として万境に応じて心こゝに住《とゞ》まらず。唯彼の衆人皆托する所ありて以て世を逃れんとす、翻々として名利の途に奔るもの亦世を名利の間に逃れんとするものなり。宗教に帰依して以て安心を求むるものは宗教に頼《たのみ》て世を逃れんとするものなり、世を逃るゝ豈《あに》たゞに山谷に避け、江海にのがれ、若くは酒に托し、狂を佯《いつは》つて而して世間の悲痛をまぬかれむと試みるもののみならんや」

こう記したあと、嶺雲は俳詩人は自らを「風狂」と称したけれども、決して愛山の主張するように「祖裼被髪牛飲馬食する放埒家の境界」に走った者ではなく、むしろ寂寞と清静を好み、かつ日常生活の道義も無視しなかったと続け、それでも「真に美を愛するもの」は「花下に放歌高吟する」よりはむしろ「冷絶の境」を愛する者であり、したがって彼らが寂寞と清静を愛するからといって、それを「純然たる厭世主義」と呼んで非難するのは Moral feeling と Aesthetical feeling とを混同するものであると論じ、さらに芭蕉たちは決して本質的な意味で世捨て人ではなく、「今日の是非に交りて其間に道の自在を得む」とした者たちであり、かりに一歩を譲って俳詩人がすべて厭世的であったとしても、そのことが詩の価値においてどんな軽重があるのかと愛山に激しく迫ったのだ。

第五点について触れると、嶺雲は順序を追って優美な日本の自然の影響の問題から取り上げ、第一に「所謂日本魂なる固有の道義」を日本人民にあたえた、ほかならぬ優美な日本の自然がどうして詩人にだけ「道義の観念」を印することが薄かったのかと反問し、第二にその同じ自然が、もし日本の詩人が愛山の説くように「花に狂ふ胡蝶の如く、若しくは美しき藻の間にひら〱泳ぐ小鯛の如く、面白げに自然の美をめで」つつある者にすぎないものならば、そのような彼らにどうして「厭世の情」なるものを呼び起すことができたのかと、その主張の撞着を衝いたのだ。そして仏教の感化の問題については、第一に仏教はたとえ厭世にせよ、楽天にせよ宗教である限り道義を教える者であり、しかも日本の仏法は所謂本地垂迹《ほんじすいじゃく》の説によって儒教や神道とも一致させられているところに、その特質があるのではないかと述べ、第二には日本に主として行なわれてきたのは「一切心身を其儘《そのまま》に存在せしめて、当所に相即して法性の面目を領会せよ」と教える大乗であって、「無常無我寂静真空」を説く小乗ではないから、仏教の感化によって詩人たちが「厭世の情」を高めたとするのは納得しがたいと疑問を呈したのだ。

次は第六点であるが、俳句はたしかに「懐疑の時代」に生まれたとしていいかもしれぬが、その隆盛を見たのは徳川時代であり、また宗教を信じないということがどうして懐疑的ということになるのか、かりに宗教を信ずることがなくとも、真理の存在を疑うことがなければ決して懐疑的といえず、そういう意味で俳句のどのようなところに懐疑にも冷淡ではなく、仏頂禅師に参禅して「道味」を味わい、俳諧の上にも大いに得るところがあったとして、次のように論じたのである。

「夫《そ》れ仏陀の数は嘿従《もくじゅう》平信を主とするにあらずして、釈迦の智見修得の上より説示して人をして同じく此智見を開発せしむるにあり。殊に彼《かの》禅宗の頓悟を教へて非仏非心と説き、不是心不是仏不是物と説くに至《いたっ》ては、或は一神默信に慣れたる者の眼には懐疑なりとも映ずるならん。されども知らずや、松は自ら直、棘《いばら》は自ら曲と万法を観破し得たる時、心裡廓爾たり。何ぞ些《いささか》の疑惑も着けんや」

いよいよ最後の第七点であるが、嶺雲は愛山の主張を通観してみると、その論にキリスト教でなければ「道義の観念」を養いがたく、厭世的に傾きやすく、「サブライム」に達することができないとするような傾向があると印象を述べたのち、筆を一転させて「基督の神は偏量の神なり（Jealous God）」と皮肉を弄している。

嶺雲のこのような批判に対して愛山は早速筆を執り、前述のように、彼がその記者をしていた『国民新聞』紙上で反批判を試みるわけだが、その愛山の反批判は、よく反批判たりえただろうか。結論を先に言えば、愛山の批判は、よく反批判たりえたどころか、嶺雲の疑問と批判にむしろ新たな確固とした証拠と裏づけをあたえる結果とさえなってしまったのだ。愛山はその反批判の文章の冒頭で、自分は「俳句に於ける実に門外漢」であるが、最近それが日本の「平民の思想感情を表はすものたることを思付」いて少しばかりその批評を試みたもので、もとより「中心信ずる所は君の言ありと雖《いへど》も」にわかに翻すことはできぬと「平民的短歌の発達」の執筆動機と反批判に立ち上がった理由を明らかにしているが、以上の愛山の言葉を転用させてもらえば、この史論家が単に俳句のみならず、一般に文学・芸術なるものについてもいかに門外漢であり、したがってその和歌や俳句についての論評も多くは大まかで、いい加減な「思付き」にすぎないかを重ねてそれは暴露して見せたのだ。

ではその具体は？　まず「サブライム」問題から見ていくと、愛山は、もし嶺雲の主張するように枯枝の句や牛叱るの吟の詩想を「サブライム」と呼ぶならば、寂寞あるいは静寂を歌った作品はすべて「サブライム」な文字としなければならぬ、しかし自分のいう「サブライム」はそれと違い、「高なり、壮なり、威なり、大なり」であると書いて、この平民主義の批評家がいかに一知半解で、「サブライム」については立ち入っては何も弁えてないことを改めて自証して見せたのである。

嶺雲が批判した第二点の人物問題については愛山は全く答えていない。ついでに言っておけば、愛山は第四点の厭世問題についても、第七点のキリスト教至上問題についても全く答えていない。したがって愛山が曲りなりにも嶺雲の批判に答えているのは、今取り上げた「サブライム」問題以外では、第三点の道義問題、第五点の影響・感化問題、第六点の懐疑問題の三つであった。「曲りなりにも」というのは、それらはすべて一つは右に見たように、後三者は後で見るように、嶺雲の批判の矛先を真正面から受け止めようとしたものではなく、ただ無神経に前説を繰り返すか、あるいは部分的に、あるいはすかいに応答したものにほかならなかったからだ。

順序を追って道義問題から見て行くと、愛山は嶺雲が「道義の観念」の乏しくない例として挙げた芭蕉や嵐雪の吟の具体には全く触れず、ただ自分のいう「道義の観念」とは「正邪《ライトロング》の観念」のことであって、自分は始めそれが和歌や俳句の中に見られるのではないかと期待したが、結局それらのうちに日本国民の「良心の声」を聞くことができなかった、要するに「和歌者流、俳諧者流」には「正邪の観念」が乏しく、「正を熱愛し、邪を深憎するの態」が見られないのみならず、「言一たび正邪善悪に関すれば見て詩に非ずと為す」の傾向があるので、自分は和歌や俳句に「道義の観念」が乏しいと主張したのであると前説を云いかえて繰り返すのみで、結局、右の弁疏に見るように、彼が和歌と俳句、さらには文学の「門外漢」であるとともに杓子定規の西欧至上主義者であることを重ねて露呈しているのだ。

影響・感化問題はどうか。ここでも愛山は前者の影響問題には全く答えず、また後者の感化問題についても嶺雲の追及を真正面から受けて立つことをせず、「僕は未だ嘗て仏教の教理を批評せず、唯我《わが》俳句に顕はれたる道義の念を観察して仏教の感化多かりしを喫驚せしのみ」と書いて、ただ漫然と前説をお浚《さら》いし、次いで嶺雲の仏教観を「妙なるかな、君の仏教や、君の仏教は儒道と一致し得る也、神道と一致し得る也。荘子の言と一致し得る也、而して無常無我寂静真空を説く小乗とやらとは決して一致し得ざる也。若し仏教にして寂滅を説くに非れば、其万物神教《パンシイズム》と異なるる処幾何《いくばく》ぞ」と愛山のつもりでは揶揄したのであるが、この評語にも明らかなように、民友社所属のこの史論家が仏教に対しても上っ面で通俗的な認識しか持っていないことを、またまた天下に広告することになったのだ。

最後は懐疑問題であるが、ここでもかれは嶺雲の肝心の批判、すなわち、かりに宗教を信じていなくても、真理の存在を疑うことがなければ懐疑的とはいえないのではないか。とするなら、そういう意味での懐疑の痕が俳句の一体どこに見られるのかという主張には何も答えようとせず、ただ派生的な問題についてのみ釈明と反論を行なったのだ。派生的な問題というのは、一つは俳句が生まれ育った時代の性格のことで、それについては愛山は「然れども僕は幕府の時代が王朝時代よりも思想の自由少なき時代なることを知れり、而して思想の自由なき時代は即ち確信なき時代なることを知れり」と記して自説を補強し、また第二の論点――俳句と宗教の関係の問題については、この平民主義の批評家は「君が恰《あたか》も俳句の宗教は唯禅に限れるが如く論ぜられしは唯だ一部の見なるのみ」と書いて愛山のつもりとしては嶺雲の追及に一矢を報いている。

しかし、以上のような愛山の答えぶりもさることながら、この愛山の反批判文のなかで、それらと同様、あるいはそれら以上に注目されるのは、次のような結論部分であろう。

「……要するに君の説に従へば俳句は『サブライム』を美と共に有し、道義の観念を有し、厭世的ならず懐疑的ならず、殆んど完全の詩想を有する者なり。日本の平民的短歌は其想に於て円満なるものなり。日本の平民は此円満なる短歌に顕れし如く、毫《ごう》も欠点なく毫も特質なき人民たりし也。君の説にして若し真なれば、僕実に涙を揮《ふるつ》て昊天《かうてん》に感謝せんかな」（ルビ及び句読点は引用者）

なぜこの結論部分が注目されるのかと言えば、陰画としてではあるが、そして短文ながら愛山の理想とする文学像を輪郭鮮明にしているからだ。すなわち、愛山にとって「完全の詩想」を持つ文学、つまり理想的な文学とは、優美とともに崇高美を有し、道義の観念を有し、厭世的ならず懐疑的ならざる文学のことなのである。ただし、いままで見てきたように愛山の崇高美には少なくとも人と自然の間に成立するそれは含まれず、キリスト教的道義以外には道義がなく、懐疑的とは無信仰のことであるから、より正確にいえば、愛山にとっての理想的な文学とは、優美とともに限られた崇高美を有し、キリスト教的道義の観念を有し、現世的で、しかも信仰心に富んでいる文学のことにほかならない。もちろん、このような文学像は、ひとり愛山だけのものではなく、愛山がそこに属していた民友社の理想的文学像でもあった。さらに言い添えておけば、「平民的短歌の発達」における日本文学観もひとり愛山だけのものではなく、民友社共通の立脚点であった。例えば、徳富蘇峰も「新日本の詩人」と題する文章(10)の中で次のように述べているのだ。

「飜つて我邦《わがくに》を観れば、開国以来殆んど二千年、未だ一個の詩人なる者を見ず。素より詩人無きに非ず、平安の朝よりして宇多、醍醐の朝に至る頃《ころほ》ひには、人丸、赤人を始めとし（中略）随分秀逸なる和歌の詩人も出で来りたるに相違無かる可く、又た徳川氏太平の後に於ては、清朝の詩人に劣らぬ支那詩の達人も出来たりしならん、（中略）総べて我邦に出で来りたる和歌の詩人、支那流の詩人等の如きは、若し詳《つまび》らかに之れを批評すれば、率《おほむ》ね美妙の一端を観念し、而して一端丈《だ》けは、随分美妙の言語を以て発揮したるに相違なしと雖も、真正の詩人、即ち高尚なる意味に於ての詩人、彼のウオルヅウオルスが明言した如く、真理に就て、高大に就て、美妙に就て、愛と望みとに就て、及び信仰に依て調和されたる悲愴なる恐懼に就て、苦しめる時に於て恵まれたる慰藉に就て（中略）広く天下庶民の間に溢れたる祝喜に就て、歌ふ所の詩人は未だ之れ有るを見ず」（ルビは引用者）

つまり嶺雲は、この論争において単に愛山の文学主張に対していただけではなく、蘇峰をはじめとする民友社共通の文学観念に対していたのだ。

それはそれとして嶺雲は右のような愛山の反批判にどのように答えたか？　まず「サブライム」問題についていうと、「高きを以て言はむ乎、寂清の境は寧ろ繁華の境よりも高遠なり。（中略）斜陽僅かに疎林の抹《まつ》に残り、鐘声遙かに蒼烟の外に響く。空江漠々として人無し、渡頭舟空しく横《よこた》ふ。目を極むれば茫々千里。天語らず、地言はず、山は高く聳えて動かず、水は速かに流れて還らず。何事ぞ一双の水禽、驚起水烟を衝破して去る。這《こ》の裏《り》の光景寧ろ威壮を感ぜざらんや。雷電、風雲、剣火、鉄馬等の文字を列ぶるが、高壮威大なるのみかは」と書いて、さらに自説を敷衍し、また芭蕉の「荒海や佐渡に横ふ天の川」や素堂の「天地《あめつち》の話途絶ゆる時雨《しぐれ》かな」等の句を挙げて愛山の浅見を戒めたのだ。

次に道義問題についていうと、たしかに日本人はユダヤ人のように決して「熱愛深憎」であるとはいえないが、だからといって日本人が「正邪の観念」に乏しいとは決して信ずることができぬと前主張を繰り返すとともに、付け加えては、もし愛山の説くように俳句が日本平民の「思想感情を表はすもの」

ならば、どうしてそのなかに日本国民の「良心の声」が聞こえないのか、不思議であると書いて鋭く愛山の自家撞着にも切り込んで行ったのである。

懐疑問題についてはどうか。それについては嶺雲は第一の時代の性格の規定に関しては、愛山は「思想の自由なき時代は即ち確信なき時代」であるというが、むしろ、かつて懐疑的哲学の現われた時代を考えて見れば、「思想の自由多き時代」こそ「確信なき時代」といえるのではないかと、さらに追跡し、次いで第二の俳句と宗教の関係についても、俳句が宗教に冷淡であると愛山が主張するから、自分は芭蕉における禅を取り上げたので、すべての俳詩人が禅に道味を味わっているといったわけではなく、また特に芭蕉の場合を選んだのは「今日俳諧を云へば必ず芭蕉を併《あは》せ称す」からであると愛山の放った矢を即座に射返したのである。

また影響・感化問題については多くを言はず、「仏教にして寂滅を説かざれば万有神教と異なる所幾《いく》何《ばく》ぞ」と愛山は意気込んでいるが、自分はむしろ仏教は一万有神教であると信ずる者であると書いて語気強く愛山の皮肉を一蹴している。

当然、問題の結論部分にも嶺雲は反応し、それを取り上げて次のように愛山の曲解を正すとともに、重ねてこの批評家の文学観念の社会学主義的あるいは道徳主義的性格を激しく衝いている。

「予は未だ俳句の想を円満なりと言はず。予は厭世的、懐疑的な［らざ］るものが完全の想念たる所以を知らず。焉《いづく》んぞ其厭世的、懐疑的ならざるが故に円満の想を俳句に有せることを言はむや。

予は未だ日本の俳句は日本平民の心性、感情を有のまゝに現はしたるものなることを許さず、焉んぞ俳句が円満なる詩想を有せりとて日本の平民の円満をゆるさむや。

君は詩人に幾多の階級あることを知るべし、而して詩人は平民よりも其想に於て超越する所あるを許すなるべし。（中略）氏は沙翁出でたりとてエリザベス時代の円満をゆるすか」

以上が嶺雲の第二批判の内容であるが、前述のように、これに対しては愛山は何も答えなかった。

さてもう一つの未発の応酬の方は？　まず「平民的短歌の発達」の第三回分の要旨を綴っておくと、その内容はほぼ三つに分れている。順序にしたがって第一の部分から見て行くと、おおよそ次のようなことが述べられている。

（一）俳句が瞬く間に、そして全国津々浦々に流行したのは、それが平民にとって理解しやすく、作りやすいためだった。

（二）俳句の流行とともに多くの俳諧師なるものが生まれてきたが、その大抵は独立の生計を営むことができず、富豪権貴に寄生して一種幇間者流の振舞をした。ただし、そのうち才能のある者は多くの門人を集め、小説家ですら口を糊することができない時代にあって立派に門戸を張りえたのみならず、往々産をなした者さえあった。

（三）したがって全体としては俳諧師なるものは人品あまりに尊からず、社会的地位も低く、世に為すあらんとする「高尚なる希望」を持つ者は俳諧師となることを潔しとしなかった。そのため俳諧師のうち「志ある者」は自ら「法外人」として立ち、しばしば「磊落奇異の行」に及び、その「鬱勃の情」を散らせた。

（四）以上の現象は専門の俳詩人に見られることで、生業のかたわら句作にいそしんでいた非専門の詩人には、そういうことがなく、かれらは郷党の紳士であったのみならず教育者で、幕府時代の平民が全くの無学ではなかったのは、かれらの力によるところが大きい。

ところで第二の部分はどうか。ここでは、まず前半のところで江戸時代の俳諧が貞門・談林・正風の三時期を通過したことが述べられている。とはいえ、それは単なる通り一遍の現象的記述で、内容の立ち入った比較検討に及んだものではなく、それを欠くことの理由説明が、すなわち後半個所の内容にほかならない。なぜ江戸時代の俳諧を論ずるにあたって三派の風体の立ち入った比較検討が不必要なのかといえば、愛山によれば、およそ流派というものは前派の「反動」として起るものであるから、この三派の相違も「史学者綜合的の眼孔」から見れば大同中の小異にすぎず、すでに大同については観察を遂げた以上、細かい点については専門家に任すべきで、史論家にとってそんな三派の風体の立ち入った比較検討などということは何の必要もないというのである。恐るべき暴論であるといわなければならぬ。

第三の部分は余論と結論で、まず余論の方から見て行くと、第二の部分の後半を受けて、三派の「小異」については細論する必要はないが、「俳諧者流の泰山北斗」である芭蕉の「人品」については、ぜひ一言しなければならぬとして、この民友社の史論家は次のように論じている。

「吾人が殊に驚異するは彼（芭蕉）が善く詩人の意味を解せることとなり。彼は常に大隠は市に在りと称したりき。（中略）若し詩を以て風俗教化の源となさんとせば、詩人は須く都会に住むべきに非ずや。（中略）彼が平民的大詩人たるの真骨頂実に此に在り。

而して吾人をして更に彼に対する敬畏の念を深からしめるものは、彼が人心を得る厚きことなり、彼が多くの秀才を其門下に集めて皆其器を成さしめしことなり。彼の弟子が彼に従ふを見るに恰も宗教の祖師に其弟子が随ふの有様に異ならず。（中略）彼の門人たるものは往々にして十余年若しくは二十余年の間、彼の棺を覆ふまで相従へり。彼が死するや弟子は彼の木主を作りて神の如くに其前に跪けり。眇々《べうべう》たる一詩人を以て斯《かく》の如く生前は尊ばれ、死後に痛まれたるもの日本史上殆んど無し。（中略）彼が真情の人、慈愛を以て人を繋ぐ人たりしのみならず統轄の才を有し、監識の才を有したるを知るべきなり」

わかりやすく言い直せば、「大隠は市に在り」という語の解釈の無茶さ加減はともかくとして、愛山はそこで、芭蕉が大詩人として仰ぐべきなのは第一には、彼が詩人は須く都会に住み、その人民の生活を歌い、そのことによって、彼らを教化しなければならぬと常に主張していた、つまり彼が詩人の真の任務を理解していたからであり、第二には、彼が指導者としてのみならず組織者としても、すぐれた才腕を持っていたからにほかならぬと、恐るべきというより驚くべき珍説を披露して見せたのである。

いよいよ結論であるが、愛山は要するに俳句は「自由平等のために争ふの元気」がなく、ただ太平無事を喜び、自然をめで、宗教に冷淡で、微温的で欲望の希薄な旧日本の平民に相応の詩であり、それ以外ではなかったと書いて、三回にわたった、この連載評論の最後を締め括ったのだ。

以上に見るように愛山の俳諧論は結局のところ江戸時代俳諧の大ざっぱな社会的・経済的な考察にとどまるもので、到底文学論とはいえず、さらにいえば、この三回分での叙述は、さきにその内容を紹介した第一回分及び第二回分での愛山の社会学主義的あるいは道徳主義的文学史観の立場を一層露骨に展開したものであった。

ところで嶺雲はこのような愛山の主張に対してどのように立ち向かって行ったか？　嶺雲はまず自分は「平民的短歌の発達」という題名からして第一回分と第二回分は和歌と俳句の比較論ゆえ、ほんの序論だと思っていたが、第三回分に接して驚き怪しんだことは、少しも肝心の題目に入らぬうちに文末に（をはり）の三字を見たことだと前置きし、次いで早速、問題の暴論を取り上げ、愛山は俳句の三派の風体及びその変遷についての詳細な分析があってしかるべきではないかと一撃を加え、それからまた芭蕉についての珍説にも筆を及ぼし、愛山の引いている「大隠は市に在り」との語がどうして芭蕉が「詩人の意味」を理解していたことを示すことになるのか、その意味が全く自分には理解できぬと皮肉を弄するとともに、愛山の論ずるところを聞いていると、彼は詩人をして何よりも「風俗教化の源」たらしめようとしている者のようであるが、自分は到底それには賛成することができぬとして次のように記し、重ねてこの平民主義的史論家の政治主義的あるいは道徳主義的文学観に批判の斧を浴びせたのである。

「仮令《たとひ》想の純潔なる者に非ざれば高遠の詩を歌ひ出す能はざるにもせよ、詩人が歌ひ出すの際に於て彼は唯神来を感ずるのみ、彼は唯興のまゝに其想を諷詠す。彼の想高きものは其詩も亦高し、是を指して詩人の大なるものとはいふべきも、彼は始めより人を教へ人を化せむが為めに歌ふものに非ず。詩を読《よみ》て感じて興すものあらば、是《こ》れ彼にあらずして我にあり、故に詩眼高からざれば以て詩を味ひ難し」

このように嶺雲の批判と揶揄は手厳しいものであったにもかかわらず、前述のように愛山はこれにも反応せず、両者の間に展開された論争は形の上では一応ここで終焉したのである。

以上が嶺雲・愛山論争の具体的な経過である。これを要するに、この論争でやはり注目すべきは第一に愛山を通じて露骨に示された民友社の文学主張の西欧至上の歴史あるいは民族無視と、政治主義的あるいは道徳主義的偏向であろう。いうまでもなく、後者の偏向は文学の本質的な機能に対する無理解からのみ生み出されるものにほかならない。第二に注目すべきは嶺雲がまだ初陣の批評家――かれは当時なお大学二年生で、二一歳一〇カ月の青年にすぎなかった――であったにもかかわらず、民友社のこのような文学主張の二大欠陥を鋭く抉り出し、それらに簡潔ながら適確で強力な批判を加えていることであろう。そして第三は第二と無関係ではないが、嶺雲がそれらの論争に捧げた文章の中で、しっかりした、すぐれた文学把握を示すとともに、社会及び人生認識についても到底二一歳一〇カ月の青年とは思えぬ深さに達していることであろう。いずれにせよ、忘れられた思想家田岡嶺雲はこのような地点から――換言すれば、一八九〇年代における民友社の西欧至上主義的・社会学主義的あるいは道徳主義的文学主張に鋭く対立する一個の民族主義的立場に立つ颯爽とした早熟な文芸批評家としてその著作家としての出発をおこなっていたのだ。

同情の眼をもって見れば、愛山の伝統的日本文学批判は、たとえば和歌や俳句に「基督教の熱心家が其発心の始めに感ずるがごとき良心の大痛苦、罪と懺悔との重荷を負ふたる真正の悲哀《サッドネス》及び煩悶《ストラッグル》」が欠けているとか、あるいは「自由平等の為めに争ふの元気」が乏しいとか、日本文学の非政治的・非社会的傾向を指摘した巨視的な観察としては当っていないとは決していえないだろう。しかし問題は、その観察と批判があまりに巨視的であり、歴史の活きた具体を、まさにそういうものとして踏まえた上での結果ではなく、そして何よりもかによりもそれらの主張が文学の本質的な機能に対する容易ならぬ鈍感と無理解の上に築かれていることだ。もちろん、嶺雲は一箇の民族主義的立場に立つ勁鋭な文芸批評家として登場したとはいえ、日本文学のすべてを決して是としていたわけではなく、やがてわが国の文学の短所を真に「悲劇の快感」を知るところが少ない点にあるとし、中国文学はいうまでもないとして、西欧近代文学からも、われに勝る、その長所である「観察の精緻」「理想の雄大」「結構の宏壮」「痛刻悲惋《ひわん》の筆意」等を学んで、それらの短所を克服し、世界的文学への道を同時代の文学が進む[11]ことを求めて行ったのである。

また嶺雲は愛山の作品のすべてを非としたわけではない。たしかに彼は、この論争に見るように、愛山の西欧至上主義的・政治主義的あるいは道徳主義的文学観念には激しい批判を加えたが、そうだからといって坊主憎けりゃ袈裟まで憎い式に他の作品に対して行ったのではなく、例えば、愛山が前にも触れた自伝的な記録作品「命耶罪耶」を『国民新聞』に発表した時には、少しほめすぎの嫌いがあるとはいえ、「吾人は平生、甚だ愛山氏に服するものに非らず、その想の小成楽天的なる、其文の生硬なる直訳体なる、予は如何にも虫が好かぬ人として氏をみたりき。然るに吾人は（中略）氏の『命耶罪耶』を読むに及びて、はじめて氏に感ぜり。『命耶罪耶』は、蓋し氏が上乗の作か。『命耶罪耶』は其眼、社会の皮相に徹して其内奥を窺ひ、其手、人情の極秘を探りて、最後の琴線に触れ得たる所なきに非ず。社会を観、人情を察し、深くその心に感じたる同情の熱涙を揮ひ、淋漓《りんり》たる満腔の感慨を、一枝の筆頭に託したるに非ざるよりは、いかでか此熱情湧くが如きの好文字を得来らむや。果然我先づ泣きて人亦泣く、氏も亦多情多感の人か[12]」と書いて、すぐれた文章はすぐれた文章として賛辞を惜しまなかったのだ。この点は、かの透谷も同様で、人生相渉論争であれほど仮借なく愛山の文学観念の功利性を批判したにもかかわらず、「命耶罪耶」の前身ともいうべき「人生」一篇に対しては、これを「盛なるかな愛山君、『人生』一篇の中に、君が純文学に対する希望たしかに見えたり、吾人に寧ろ評論家として君を待つより、美文家として今日の文壇に君を得んことを希望す[13]」と記して高く評価したことは、よく知られているところであろう。

それはそれとして、とにもかくにも、一八九二、三年の交は文学史的に一般には「紅露逍鷗の時代」と呼ばれている、近代文学がようやっと成立したばかりの時期で、しかし尾崎紅葉を頭目とする硯友社の文壇支配がすでに牢固となっており、同時に元禄文学復活の現象の起きた頃であった。換言すれば、透谷のいわゆる「繊巧細弱なる文学」の花盛りの季節であった。しかし他方では、ようやくそれに反発する空気も生まれてきた時でもあり、山路愛山の史論もその現われの一つにほかならなかった。だが問題は、ほかならぬその愛山の史論の性格であり、すなわち第一に愛山の現代文学批判が民族の固有性と文学の本質的な機能とをほとんど無視した性急で機械的なそれであり、しかも第二にそれが単に愛山ひとりのものではなく、当時論壇において支配的な影響力を持っていた民友社の文学観念でもあったから、成立したばかりの近代文学の実質を守り、その展開をはかるために嶺雲も透谷も愛山の史論を批判し、それを通じて民友社の文学観念の是正を求めたのだ。たしかに人生相渉論争においては透谷がもっぱら愛山の文学観の功利性に力点を置いて批判を行なっていることは事実だろう。そしてそのことによって透谷の批判は、この点において、これまで見てきた嶺雲の批判にくらべて、より強い説得力を具えているわけでもあるが、もう一つの側面——愛山をはじめとする民友社の民族の固有性を無視した日本文学論にも透谷は強い批判を持っていたのであって、それは、彼の力作評論「徳川氏時代の平民的理想」（一八九二年七月）あるいは「日本文学史骨」（九三年四月以降、未完）の中ほどを見れば思い半ばに過ぎよう。

注

（1）藤田省三「愛山に於ける歴史認識論と『布衣』イズムの内面的連関」（歴史学研究・一九六〇年四月）、小尾俊人「山路愛山について」（みすず書房刊『山路愛山史論集』所収、五八年九月）など。

（2）平岡の愛山論は大体がその著『北村透谷研究』（有精堂、一九六七年六月）及び『続北村透谷研究』（同上、七一年七月）に収められている。

（3）『国民新聞』一八九四年一二月九日号所載。筑摩書房刊『明治文学全集』第三五巻「山路愛山集」（大久保利謙編、一九六五年一〇月）所収の「年譜」を見ると、一八九五年一月五日号所載となっているが、間違い。たしかに同号に「大勝利」が第二節まで掲げられているが、それは『明治廿七年史』文学編中の引用である。この軍歌は無惨としかいいようのない出来ばえで、参考のために最初の三節まで引いておけば、次の通りだ。

（一）

天地にとどろく　日の本の　勝利の歌は

四方の海　世界のはてに　反響し、
　夢のさめざる　国々の　眠を破る
　いさましさ。
　　　　歌へや歌へ、日本人
　　　　勝利を歌へ、皇国人！

（二）

御旗高麗《こま》に　ひるがへし　仇なす邦を
　夷《たひら》げて　貢の船の　たえまなく
　世々に伝へし　神功の　むかしにまさる
　　大勝利。
　　　　　　（繰り返し）

（三）

かしこき勅命　下されて　いのるしるしの
　神風に　十万元寇　あへなくも
　海のもくづと　なりにける　むかしにまさる
　　大勝利。
　　　　　　（繰り返し）

（4）「日本文学史骨　第二回　精神の自由」（評論・一八九三年四月）から引用。
（5）「日本の歴史に於ける人権発達の痕迹」（国民新聞・一八九七年一月九、一六、二三日）から引用。
（6）前掲『北村透谷研究』所収「山路愛山の文学」に拠る。
（7）「人生」は『国民新聞』に一八九三年三月二六日から四月一五日まで一三回断続的に掲載され、未完。「命耶罪耶」は同二八年二月二八日から四月一二日まで二四回断続的に発表され、こちらは完結。
（8）嶺雲の以上の文章はすべて『田岡嶺雲全集』第一巻（法政大学出版局・一九七三年二月）に収める。
（9）『国民之友』第一七八号（一八九三年一月一三日刊）所載。
（10）同右第二八号（一八八八年八月一七日）所載。
（11）『東亜説林』第四号（一八九五年三月一六日刊）所載の「大詩人何れの時にか出づべき」及び『青年文』第一巻第三号（同年四月一〇日刊）「時文」欄所収「日本文学の短所」・「悲劇の快感」・「西欧文学の趣味」等に拠る。以上はすべて前掲『田岡嶺雲全集』第一巻に収める。
（12）『青年文』第一巻第三号（一八九五年四月一〇日刊）「時文」欄所収「愛山氏の『命耶罪耶』」に拠る。
（13）『評論』第二号（一八九三年四月二二日刊）所載「文界時事」に拠る。

思想家としての田岡嶺雲

大学自由論

（一九六六年五月）

問題の文章というのは、こんど新たに発見された田岡嶺雲の未発表遺稿「学理に対する政権の迫害」のことだ。「未発表遺稿」としたのは正確には長い間、天皇制権力の言論抑圧によって今日まで埋もれていたためで、一昨年（一九六四年）の夏、私はかねてからの念願だった嶺雲研究のための踏査旅行に中国・四国・九州地方に出掛けたのだが、途次京都に立ち寄り、鴨川河畔に嶺雲の唯一人の遺児である田岡良一氏を訪ねた。用事は別で嶺雲の「女子解放論」が連載された雑誌『黒白』の有無について聞くためだったが、思いがけないことに夫人が「ここに嶺雲の書いたものがある」といって押入の蜜柑箱の中から一つの紙包を取り出した。それが嶺雲の遺品で、その中に、この注目すべき文章が『中国民報』一九〇三年二月三日、五日、六日の切抜きとして入っていたのだ。嶺雲は一九〇〇年八月末から一九〇四年一一月までこの岡山発行の新聞の主筆をしていたのだが、この一文は活字の組み方や無署名であることから推して、社説として書かれたものと見ていいと思う。はっきり「社説として書かれたものだ」と断定できないのはこの新聞がこの時代だけどこにも所蔵されておらず、社説であるかどうかを確かめることができないからだ。しかし、それはとにかく、この文章はかつて一度公表されたことがある。それのみならず再度人の目に触れたことがある。というのは、哲学館事件の概略を知るためにそれについての文献を漁っているうちにわかったことだが、一九〇三年三月二八日に発行された清水清明編の『哲学館事件と倫理問題』（四六判・二六六頁・定価二五銭・文明堂）中にも、この一文が収められているからだ。この本は同じ清水編の「続篇」（一九〇三年八月刊・四六判・三三四頁・定価三五銭、文明堂）とともに哲学館事件についての新聞・雑誌の記事を細大あまさず収録することによってその経緯を辿ったもので、私の見るところでは近代日本における大学自由についてのもっとも価値のある、すぐれたヒューマンドキュメントになっているが、現在これを揃えて所蔵しているのは東大附属図書館の元良勇次郎文庫だけである。もちろん、その清水の本の中でも嶺雲の論説は無署名であって、単に『中国民報』所載の記事として紹介されているにすぎない。つまり嶺雲の大学自由論はかつては少なくとも二度発表されたことがあるが、現在ではほとんど人の目に触れないところにある。それは誰一人とむらう者がない無名の無縁仏のようにこれまで闇の中に潜んでいた。しかし今それが大逆事件に象徴される天皇制権力の完全犯罪的な言論弾圧にもかかわらず、誰のものかわかって人の目に触れるに至った。私があえて未発表遺稿と呼ぶのは、このような経緯があってのことなのである。

さて「学理に対する政権の迫害」の内容だが、それは、その題名からも十分に知られるように「学術は独立なるべし、学理は普偏《ユニヴァーサル》なるべし、智識的思索は政権教権の外に超絶して、寸毫《すんがう》も此等の圧抑を容《ゆる》す可らず、真理研究の版図には一歩も凡俗的思想の侵害を許す可らず、而るにコンヴエンショナルなる我が文部省が今日に於て猶往々固陋《ころう》なる偽忠君旨義に拠り、政権を以て学界を迫害するの状あるは、吾人の憤慨に禁《た》えざる所なり、曩《さ》きに久米邦武氏が『神道は祭天の古俗』なる一文を史学会雑誌に掲ぐるや、時の文部省は氏が大学教授の職を褫《うば》ひたり、是れ確《たしか》に偽忠君思想の余弊にして、政権が学術研究の独立を侵害する者、而《し》かして今の文部省も亦た略《ほぼ》相似たる事実を繰返せり」という立場から、いわゆる哲学館事件を論評したものである。哲学館事件というのは周知のように一九〇三年一月、同館（東洋大学の前身）の講師中島徳蔵が、人はその予知しない結果に対しては責任があるとはいえず、また思惑にとどまって動機のはっきりしない結果の部分だけを見て人を罰してはならない、そうでないと自由のために「弑逆《しいぎやく》」を行なった者も非難されることになる、という意味の一節を含むミュイアヘッドの『倫理学』を教科書に使い、右の部分を「抹殺若《も》しくは批評」を加えないで教授したことを文部省にとがめられ、哲学館がそれまで既得の権利としてあたえられていた中学校師範学校教員無試験検定資格の特典を取消され、さらに同省の圧力によって講師中島が罷免された出来事だ。つまり嶺雲はこのような哲学館に対する文部省の暴挙を単に一私学の問題としてではなく、久米邦武事件に次ぐ日本における大学の自由にかかわるゆゆしい大事としてとらえ、それをわが国における「国民思想の独立と発達とを礙圧《がいあつ》」するものとしてきびしく非難するとともに、その処置の不当性を欽定憲法の範囲内で具体にわたってねちっこく追及しているのである。この点にこそ嶺雲のこの文章のすぐれた特色があるが、それはそれとしてさらに注意すべきは嶺雲がその中で天皇制信仰を遠回しではあるが、はっきりと「普偏永久なるべき真理」とは相容れぬ「地方的《ローカル》なる、一時的《テムポラル》なる或偏見」にすぎぬと言い切っていることだろう。

もちろん、この事件に抗議し大学自由のために論陣を張ったのは一人嶺雲だけではない。前述の清水の本で私は始めて知ったのだが、当時この事件に対する抗議でほとんど日本国中が沸いている。私は今この事件の全国的反響を、この年代の可能性の生きた証拠としてやや詳細に跡づけてみたい要求に駆られているが、興味深いことには抗議の急先鋒がほとんど在野の新聞・雑誌であり、大学関係者が全くといっていいほど沈黙あるいは静観していることだ。とはいえ大学関係者が一人も抗議の陣営に参加しなかったというのではない。さきに名をあげた元良勇次郎をはじめ桑木厳翼・朝永三十郎・波多野精一・浮田和民・藤井健治郎・宮田脩たちが形は穏やかだが力を籠めたプロテストをしており、後に「見神の実験」を唱えて思想界の注目を浴びた綱島梁川が「哲学館事件に関して倫理学上動機の意義を論じて併せてミユイアヘツド氏の動機論を評す」（『早稲田学報』・一九〇三年三月〜四月）という長文のすぐれた文部省批判を発表し、思想界に有為な少壮学者として迎えられたのも、この時にほかならない。ニイチェ学者の登張竹風も『読売新聞』連載の「文壇八面観」（一九〇三年二月）の中でアイロニカルな寓話的な表現を用いてそれだけに痛烈な批判の矢を放っている。長文だが味わい深いので引用しておけば、次のようである。文中「ミツチンゼル」（中の島）「べーレン」（熊）とあるのはそれぞれ中島徳蔵の中島、この事件の発端をつくった文部省視学官隈本有尚の隈をドイツ語風にもじったものだ。

「さてお話が少し横道にはいりますが、近頃日本でもない、独逸でもない、コイツといふ半開国に、吾々文明人が聴きますると、どうしても詐《いつは》りとしか思へない大事件が起つたといふことでございます。そのコイツといふ国にミツチンゼルといふ学者が住んで居つた、頗る博識の人で、殊に人倫道徳の学に造詣して、古今東西の書籍を渉猟し、自家独創の見地も少なからぬのみならず、その人品も極めて高尚である処から、然るべき大きな学校の教師となつて、熱心に人倫の道を講じて居りますると、コイツといふ国には、教育社会にもインスペクトル、まづ我国の探偵同様な役人があつて、或る日のこと、ベーレンといふ探偵がミツチンゼル氏の学校を視察ではない探偵にやつてきた。するとミツチンゼル氏の講義のうちに、何か穏かならぬ事があつたとかで、学問の神聖とか、幾千の健児の幸不幸とかいふやうなことは少しも眼中にない探偵先生、遽《には》かに鬼の首でも取つたやうな風で、その学校を去つて、しかじかの趣を忠義顔に親分に報告に及ぶと、親分さま以ての外の御憤りで、敬虔なる学者たるミツチンゼル氏は国外追放の迫害を受け、そのまた学校は忽ち授業停止即ち解散の厳命に接して、幾千の罪のない前途多望の健児等はまあ路頭に迷ふとでもいふやうな大不幸に遭遇したといふ噂であります。諸君、道を伝へ学を説く敬虔なる学者が、一探偵のために、遂に国外追放の酷刑に処せられ、あまつさへ何の罪もない青年等までが巻添を食つて、其《その》罪九族に及ぶ的の、古《いにしへ》の世にはあつたといふ惨憺《さんたん》たる境遇に陥れられるとは何たる事でございましよう。吾々文明人が之を聞きますると、実に切歯扼腕《やくわん》に堪へない、慷慨悲憤に堪へない、学者として最も腹が立つ、先づまあ日本になくて幸です」

しかし大学関係者全体の傾向としては梁川や竹風の発言は例外的であり、この事件に対する抗議の声は大体において在野の新聞や雑誌から起こったとしていい。つまり嶺雲の「学理に対する政権の迫害」はそれら在野ジャーナリズムの反対意志表明の一範例だった。

ところで彼の大学自由論の価値は一体どこにあるのか？　それはさきに紹介したところからも十分に察せられるように近代民主主義の立場から柔軟で現実的な論理を繰り出すことによって、この事件の天皇制的・宗教裁判的な性格を鋭くえぐり、今日においてますます新鮮な大学の自由についての基本原理を高らかに唱えているところにあろう。

彼は一体どのようにしてこのような場所に出てきたのか？　まず彼は一八九〇年代のはじめ、特に三宅雪嶺らの雑誌『日本人』の運動の強い影響の下に反俗的・民族主義的な文芸批評家として、またいわゆる観念小説・深刻小説の批判的支持者、そういう意味では北村透谷の文学理念の積極的な再建者として現われ、作家の関心を資本主義のもたらす人間的頽廃や下層社会の悲惨な境涯に向けることを要求した。もっとも嶺雲が透谷の仕事の積極的な再建者として登場したといっても、すべての面において直ちに後者の発展者として現われたわけではない。特に天皇制に対する態度については、はじめは消極的であるというより、どちらかといえば敬虔なる忠君愛国主義者であった。しかし、その問題についても、彼の眼はやがて次第に開けてくるようになる。それを強くこじあけたのは一八九九年春に始まり翌年六月に終った彼の第一回の渡清で、たとえば嶺雲は後年、自叙伝『数奇伝』（一九一二年五月、玄黄社刊）のなかでこの第一回の中国行が彼にとって何であったかを次のように回顧している。

「上海の一年は予に無意味では無かつた、支那人に日本語を教へる其事《その》には余りに感興も起らなかつたが、併し予が思想の上に或変動を生じた事は、予にとつては一の大事であつた。従来予は一種の偏狭なる国粋主義に感染してゐた。明治二十年頃の欧化主義に対する反動の思想が一時を風靡した其頃の空気の中に予等の思想は育て上げられた者である。夫れに自分の専門とした学問が漢学といふ様な古典的《クラシカル》な動《やや》もすれば頑陋に陥り易《やす》い者であつたことが、何時となく予を自国の長所のみを認めて、自国を世界唯一の国柄と妄想する一種の偏見に導いてゐた。然るに上海は支那の一開港場といふ名の下に、実際は方幾里かに縮図せられた小世界である、世界の民を集めて成つた一の小共和国である（中略）予は上海によつて独り支那を観得たのみならず、朧げながらにも世界を観得た。予は渓谷の間を出でて始めて豁然《くわつぜん》たる大景に接した気がした。自己の従来の思想が竟《つひ》に井蛙《せいあ》の陋見たるに過ぎなかつたことを予は此の実物教授によつて教へられた、予は世界の大を教へられ、世界の広きを教へられた、人は国民として以外、世界の人類のために、天下の人道のために竭《つく》さゞる可らざる者たることを教へられた」（二〇六～八頁）

このように彼は一年間の上海滞在によって彼をこれまで強くとらえていた「自国を世界唯一の国柄と妄想する一種の偏見」つまり天皇制信仰から解放され、言葉の真の意味でのデモクラットに変貌していったのだ。

周知のように当時の上海は戊戌《ぼじゅつ》の変を逃れた変法自彊《じきょう》論者たちの避難所であり、私の推測に誤りがなければ、嶺雲の蒙を具体的にひらいたのは、これら康有為一門との「読書人としての交」だった。大逆事件下の天皇制国家のきびしい検閲のため生涯と思想の単なる索引になるほかはなかった彼の自叙伝にはただ交わりを結んだ中国人として文廷式・汪康年・唐才常の名前があげられ、次のような通り一遍の肖像が残されているにすぎないが、嶺雲の思想の上に「或変動」をもたらしたのは、実際には彼らとの交渉ではなかったかと想像されるのである。とはいえ近代中国史に暗い私には右のうち唐才常が上海自立軍の組織者であったこと以外、彼らが一体何者で、どういう思想の持主であったか、皆目わからない。知っている人があったら、ぜひ教えてほしい。

「文廷式氏は魁偉な体格を具へてゐた、体格に似ず嬰児も親むやうな無邪気な眼の細い丸々とした顔に、何時も和気が溢れて、而して大口を開けて無遠慮に哄笑する、隔てのない蟠《わだかま》りのない人であつた。内外典に通じた学者で、自らの手で鈔録した随筆が等身ほどの嵩《かさ》があつた。惜い哉、故人となつた。康門で梁啓超などと名を斉《ひと》しうしたといふ汪康年氏は此頃『中外日報』に筆を執つてゐたが、肺病で痛々しげに弱つてゐた、艶のない顔に唇の色が褪《あ》せて、歩行《ある》くのにも力が無かつた。眼の細い、鼻の心持ち大きい、話すにも大きな声を立てぬ柔和な人であつた。拳匪の乱に乗じて、漢口に事を挙げんとして成らず、捕へられて頸血を市に濺《そゝ》いだ唐才常は、顔の丸い、併し眉の濃い、眼の険しい、何処かに叛相を具へた人であつた」（二〇九〜一〇頁）

いずれにせよ前述のように嶺雲は一年間の中国滞在中、眼から鱗が落ちるように天皇制信仰から解放されていったのだ。そしてそれ以後、これを転機として近代日本の政治体制について今まで見えなかったものが次第にますますはっきりと見えるようになってきた。例えば、彼は日本帝国の軍隊や教育や裁判機構の恐るべき封建遺制について改めて眼を開いただけではなく、また帝国議会についてもそれが

「国民の代議処」ではなく、単なる「権勢争奪の舞台」や「利慾攫攘《くわくじやう》の市場」にすぎないことをますます痛覚し、「民人正義の声」を訴える手段としては直訴や刺客もやむをえないと考えるようになって行く（『直訴論』や『刺客論』等による）。つまり嶺雲の大学自由論は彼の右のような天皇制批判の一部、具体的には彼の教育制度批判の一環をなすものだった。たとえば教科書収賄事件をあばいて逆に官吏侮辱の廉で投獄された時の記録『下獄記』（一九〇一年七月）一巻はまさに天皇制教育制度の最暗部に対する火のような論告だが、それとは別に嶺雲はここに紹介した論説などが発表されたのと同じ時期に直接教育問題を扱った文章を二つ書いている。「形式的教育の大弊」及び「形式的なる学校設備」がそれである。すなわち前者は皇后が「教育品展覧会」に「行啓」した時、それを「奉迎せる二万余人の童女」が傘もささずに強雨の中をたたずんでいたという事実を取り上げ、「今日の教育者なるもの」が「小量小心」、「忠君愛国を説くや勅語を棒読する事、御真影に敬礼する事、君が代を三唱する事、軍人を送迎する事のみを以て能畢《よくをは》れりとなし、精神的に国民の当《ま》さになすべき所を感化することを忘れ、徒らに偏狭なる愛国心、固陋なる忠君の情をのみ鼓吹するの傾」のあるのを批判したもので、後者は租税の増徴による国民生活の窮乏と学校・病院等の公の設備の近代的充実という本末転倒した地方行政を扱い、「小学校の設備についていはん乎、文部省は命じて曰く窓の構造は如是《かくのごとく》々々にせよ、机と腰掛とは幾尺幾寸ならざる可らずと、而して以為《おもへ》らく事此の如くならざれば生徒の視力に害あるなり、健康に害あるなりと、然れども試に思へ、彼等生徒の家庭に於ける状は如何、陰欝なる茅屋の裡に住み、粗糲《それい》の食をくらひ、卑湿の席に坐す、家に在ては此《かく》の如し、而して一日中家に在ることは多く、黌《くわう》にあることは少し」として近代日本のゆがんだ教育環境に鋭く切りこんだものだ。こうして彼は一九〇三年二月、この問題の哲学館事件に接したのだ。

度重なる大学紛争や能研テスト問題をはじめとして教育界の反動の気流が急になろうとしている今日、六〇年ほど前の文章だが嶺雲のこのような大学自由論を紹介・回顧し、その闘いぶりを記念するのも決して無意義のことではあるまい。

（一九六六年三月稿）

〔附記〕この一文を書き終ってしばらくして、嶺雲が「漢口に事を挙げんとして成らず、捕へられて頸血を市に濺《そゝ》いだ唐才常」について中国から帰ってきたその年（一九〇〇年）の九月三日の『九州日報』に「唐才常を悼む」という文章を書いているのを知った。短文だし興味深い文章なので全文を引いておくと、次の通り。

「夫《そ》れ古《いにしへ》より首難の士多く功を成さず、功を成さゞるを知《しつ》て猶難を首《はじ》む、其事は敗ると雖ども其志や烈、是を以て吾は嬴秦《えいしん》に代りて天下を得たる劉邦に同情せずして、寧ろ來耜《らいし》を把つて蹶起せる陳呉に同情する也、千載の下に史を読むに於てすら猶然り、況んや現前《まのあたり》に其事あり、而して其人は吾と相識れるものなるに於てをや、吾は唐才常が刑死を聞いて憮然として之を悲しむの情に禁《た》へざる也、相別れて未だ三閲月を越えず、其人の音容猶眼にあつて、而して其人や則ち既に幽明を隔てる歟《か》、想起す、今年二月狄姓《てき》なるものゝ為めに招かれて妓某の家に飲む、席上一人あり、年三十左右《ばかり》、白晢方面、巨眼一種の凄味を帯びて爛光人を射る、沈黙にして内に思ふ所あるが如く、寧ろ梟雄《けうゆう》の相を具《そな》へたり、即ち唐才常なり、此と語れば則ち藹々《あいあい》親しむ可し、一見傾蓋《けいがい》、是より数々《しばしば》相往来す、渠《かれ》時に東文訳書局を開いて之を監し、傍ら汪康年の徒と正気会なるものを興して在滬《ざいこ》の志士を糾合せり、但《たゞ》当時、時可ならず、姑《しばら》く其屠龍の手を収めて風雲の捲き起るを待つが如くなりき、吾れ六月病を得て日本に帰るや、直に復《また》北清に去り、煌々《くわうくわう》匆々、是を以て音信久しく絶へたり、唯彼地より帰来せるものに就《つ》て其近況を悉し、その中国義会なるものを興せるを聞いて私《ひそか》に渠が機に乗じて為す所あるべきを信じたりき、図らざりき渠が志を懐き恨を呑んで刑死の人とならんとは、吾に新聞紙上上海電報によりて渠が死をきけり、而かも吾は猶其死を信ずる能はず、否寧ろ渠の死の実《まこと》ならざらんことを期し且望みたりき、是も空《あだ》なりき、渠は実に帰らざるの人となれるなり、嗚呼渠は其神州の沈淪を慨し、四億の生霊を拯《すく》はんが為めに、挺然人に先んじて遂に其身を殺したる也、其為せる所軽卒なりといふ莫《なか》れ、無謀なりといふ莫れ、慷慨身を以て義に殉ず、義烈の士に非らざれば能はざる也。

四百州永く愛親覚羅の掌中に有るものに非ず、今の支那が興復を得んがためには、当《まさ》に一革命を経ざる可らざる也、嗚呼渠死すと雖ども徒死に非ず、草沢の間豈に風を聞いて相踵《あいつい》で奮ひ起り廓清の功を奏するもの莫らざらんや、渠地下に瞑すとも可矣《かなり》。

唐才常、号は仏塵、湖南の人也」

「狄姓」とは誰のことであろうか。自立会財務主任狄葆賢《ほ》のことであろうか。それはそれとして、この一文は改めて康有為一門との嶺雲のいわゆる「読書人として交」の中味がいったい何であったかを示唆するとともに、同時に晩年の自叙伝『数奇伝』がこの追悼文が書かれた一九〇〇年当時に比べてさえも、どんなに不自由な言論抑圧のなかで綴らなければならなかったかを考えさせる。嶺雲は一体唐才常をはじめ文廷式・汪康年らと何をどのように話し合ったのだろうか。

（一九七二年七月）

天皇制観

田岡嶺雲はたしかにその著作家としての活動のはじめにおいては一応、敬虔なる忠君愛国主義者であったといえるかも知れない。しかし、生涯、敬虔なる忠君愛国主義者であったかどうか。わたしは、そうでないと考え、自分の解釈をこれまで折りにふれて書いてきたが、発表場所が一般の目に触れなかったせいか、それともその主張に説得力がなかったためか、依然として家永三郎氏が岩波新書の一冊『数奇なる思想家の生涯』（一九五四年一月初版）で、嶺雲が晩年に至るも反天皇制的革命主義者ではありえなかったと断じて以来、嶺雲は他のことはともかくとして天皇制については終生、保守的な観念の持主であったという、その主張が流布してしまったようだ。たとえば、『歴史と人物』一九七二年三月号に発表された森銑三氏の「文人田岡嶺雲の本領」と題する文章もそういう立場を取っており、それのみならず家永氏の説をさらに強力に裏づけるとされる新資料をさえ提示している。また時を同じくして作家の陳舜臣氏も『朝日ジャーナル』同年二月二一日号所載の「近代日本と中国〈5〉田岡嶺雲と嘉納治五郎」の中で、さらに踏み込んだ発言をしている。陳氏は書いている。

「幸徳秋水のような反天皇制思想の持主と親交を結びながら、田岡はやはり家永三郎が評したように、《前近代的封建的思考の時代錯誤的一面》があった。モダンな衣装を着てチョンマゲをのせたような姿は、どうやら清朝覆滅十数年後も弁髪をとどめていた、隣国の弟子王国維にコピーされたようだ」

「モダンな衣装を着てチョンマゲをのせたような姿」――それが事実なら仕方がないが、わたしには到底そうは思えない。それゆえ、その後わたしの主張にとって有利な資料もいくらか出てきたので、それらを使いながら、もう一度、本誌（『中央公論　歴史と人物』）の紙面を借りて自説を繰り返し述べたいというのが、この一文の目的だ。

本論に入る前に一言しておくと、森氏が前掲の文章で展開している主張のすべてに、わたしは異論を持っているわけではない。たとえば、森氏はそこで田岡嶺雲の本領は思想家であるよりも文学者であることにあった、と力をこめて書いているが、それには全く同感だ。わたしもまた嶺雲の本領は、彼が何よりも文学者であることにあったと考えている。また森氏は、嶺雲は同じ革新的な思想の持主だとしても幸徳秋水などとは違う型に属する著作家であったとのべているが、それにもわたしは同感だ。しかし、それが「嶺雲の社会主義は、当時の社会主義を標榜して、世と闘おうとした人達とは気脈を通じない社会主義だった。秋水と友人関係に在ったとはいえ、嶺雲は孤立した立場に在って、ただ筆の上で、自分だけの社会主義を唱えたのに過ぎなかった。もとより実際運動に身を投じたりなどはしなかった。実際運動を起そうとも考えなかった」となると、わたしには到底首肯することができない。たしかに嶺雲の言動は一見したところ当時の社会主義運動に対する関係において全く独立独歩だったように見えるが、実際はいくらか違い、たとえば幸徳秋水や堺利彦が週刊『平民新聞』をおこした時には、単に文筆上の支援を約束して同紙へ連載評論を寄せているだけではなく、のちに大逆事件の容疑者となり死刑台の露と消えた森近運平らと岡山地方の社会主義運動である「いろは倶楽部」の創立にもあずかり、その活動にも従っている（『平民新聞』一九〇四年四月一七日号所載の「地方通信」その他に拠る）。また日露戦争後の社会主義運動の分裂に対しては、すでに嶺雲は歩行の自由を失っていたが、彼なりにその統一を願って心を痛めていた（『東京社会新聞』一九〇八年三月二五日号所載の赤羽巌穴「春風春水」その他に拠る）。いかにも結果的にいえば、森氏の言う通り、嶺雲は所詮筆の人であったとはいえる。しかし、それは飽くまで結果的にいえることであって、右に述べたように実際運動にも加わったことがあるし、又自ら実際運動を起こそうとしたこともあったが、結局は筆の人以外になりえなかったとは結論できる。

さて嶺雲の天皇制観だが、家永三郎氏が晩年に至るも嶺雲が敬虔なる忠君愛国主義者だったと主張する唯一の根拠は、この批評家が死の直前に『読売新聞』に連載していた「日光より」（一九一二年八～九月）というエッセイの次の一節だ。

「今朝始めて天慟地哭《てんどうちこく》の悲報を知る、田舎の新聞舗は怠慢にして斯《か》かる一大事にも号外を配達せざる也。」

もう少し詳しくいうと、これは一九一二年七月三一日に執筆され、八月一一目の同紙上に発表された記事の一部で、いうまでもなく、「天慟地哭の悲報」とは明治天皇死去の知らせだ。すなわち、家永氏は晩年の彼が筆禍を恐れて多少慎重になっていたにせよ、自ら進んで「諂諛《てんゆ》の辞」を弄するような人間では決してないとする判断の上に立って、この一節を解剖し、そこに嶺雲の紛う方ない本音があると見たわけだ。

わたしもまた嶺雲が強権に対して自ら進んで「諂諛の辞」を弄するような、いやしい人間だとは考えていない。そこまでは異論がないが、しかし、そこからいきなり進んで、さきの嶺雲の言葉にこそ、彼の本音があるのだとし、嶺雲もまた「夏目漱石等と同じく明治天皇の訃報に哭する明治人であった」と結論することができるのかどうか。

かりに便宜上、家永氏の主張する通り、嶺雲もまた「夏目漱石等と同じく明治天皇の訃報に哭する明治人」であったとしてみよう。ここで誤解のないように断っておくと、漱石の中篇小説『こころ』の「先生」はともかくとして、作者の漱石その人がはたして「明治天皇の訃報に哭する明治人」であったかどうか、わたしは以前から疑わしく思っているが、今はその場所ではないので不問に付して話を前に進めると、もしかりに嶺雲が家永氏の結論するような「明治天皇の訃報に哭する明治人」であったとしたならば、さきの一節に続く次のような文は、どのように解釈したらいいだろうか。

「着晃《ちゃくくわう》以来、神経頗《すこぶ》る亢《たかぶ》り怒叱の声を絶たず、傍《かたはら》に在る者の迷惑想ふべし、但《たゞ》二三日来神気稍《やや》安静、食機亦少しく振ふ。（三一日）」

わかりやすく言えば、日光に来てからずっと神経が興奮していたが、この二、三日は気分もよくなり、食欲も出てきたと嶺雲は「明治天皇の訃報に哭する明治人」としては、はなはだ不謹慎な言葉を列ねているのだ。彼の気分のよくなった「二三日来」というのは、ほかでもなく明治天皇の容態が悪化して危篤になった日々を指している。

ところで、右の引用と、さきの「今朝始めて」ではじまる問題の一節との関係についてもう一言つけ加えておけば、「日光より」というエッセイは日録で、一日の記事が一項目を成しており、すなわち、問題の一節は全三三項目中第八項目の前半であり、右の引用は、その後半だということだ。つまり、問題の一節の理解は最低限、それに続く後半部分の今引いた一節までの通解なしには十分なものには成りえないということにほかならない。

しかし、以上のようなわたしの解釈に対して、あるいは次のような反論があるかもしれない。嶺雲が明治天皇の容態が悪化し危篤に陥った頃から気分がよくなり、食欲も出るようになったのは偶然の一致で、彼は、ありのままをありのままに七月三一目の項に記したのにすぎないのだ、と。たしかに、そういう解釈も一応は成立しうるかも知れないが、ではかりにそれを偶然の一致だとしても、敬虔なる忠君愛国主義者である筈の彼が一体なぜ不謹慎なことと理解されかねない、このような偶然の一致を、ことさらに問題の一節のあとに書きつけたのであろうか。

また第八項目の後半が偶然の一致かどうかは別としても、それをごく当りまえに読む限りでは、少なくとも嶺雲のところでは全く天も慟せず、地も哭していない。むしろ、安閑とした気配さえ漂っている。

だが、前掲の『こころ』についていえば、明治天皇病気の報が伝えられただけでも、「私」なる学生の郷里での卒業祝が取り止めになっているのだ。さらにそれにつけ加えておけば、この「日光より」というエッセイには、この第八項目以外には、明治天皇の病気や死や葬儀等について触れている個所はどこにも全くない。とすれば、これは「明治天皇の訃報に哭する明治人」の精神状態としてはまことに奇怪なことではあるまいか。

「天慟地哭の悲報」という言葉に対するわたしの解釈は、これをイロニーと見るもので、したがって進んでしたのではない、やむをえない事情からした「諂諛の辞」であると、わたしは考えている。こういう用例は晩年の嶺雲には数多くあり、たとえば、一九〇七年八月、『大阪日報』に掲載されたと推定される「長田村にて」の末尾――「予をして露国に生れしめば、予は爆裂弾を抱くの虚無党に与《くみ》したらむ。或は予をして清国に生れたらしめば、予は恩巡撫を斃《たふ》せる徐錫林《しやく(ママ)》の徒たりしならむ。若《も》しそれ予にして韓国の民たらしめば、予は亡国の怨を海牙《ヘーグ》に愬《うつた》ふるの李鑴《りせん》と行を偕《とも》にしたらむ。偶々《たまく》日本に生れて、聖代の余沢、閑《しづか》に病余の軀《み》を養ふを得る、予に於て幸の至《いたり》、福の至り也」(傍点は引用者)がそれであり、また刊行と同時に発売禁止となり最後の評論集となった『病中放浪』(一九一〇年七月)自序の同じく末尾の「昭代の文運豈にまた予が死に損なひの記念の一小著を容《い》るゝ余地なかざらんや」(同上)もそのような表現形式の一つで、私見によれば、以上の表現法こそ嶺雲晩年のスタイルの一特色にほかならない。したがって問題の一節に対するわたしの解も、次のようなものとなる。

「天慟地哭の悲報」――これはたしかに紋切り型の、べったりと手垢のついた表現法だが、それだけに自ら進んでするのではない「諂諛の辞」として使うのには実にお誂え向きの表現だった。もちろん、嶺雲がここで自ら進んでするのではない「諂諛の辞」を弄したのは、諂諛とは全く反対の、彼の明治天皇死去に対する感想を吐露したいためで、つまり、外面ではどこまでも敬意を表しながらも裏面ではそれとは全く別のことを訴えようとしていたわけだ。それゆえ嶺雲は明治天皇の死について号外を配達しなかった「田舎の新聞舗」を本当に怒っているわけではなく、むしろ、その反対で、「斯かる一大事にも号外を配達せざる」「田舎の新聞舗」というのは、とてもいいじゃないかね、なかなかやっているじゃないか、と嶺雲は大いに皮肉を飛ばしているのだ。「帝《ひじり》の力われに有らず午寐《ひるね》かな」――これは嶺雲晩年の句吟のひとつだが、同様の発想であり、ともにその出発のはじめにおいて老荘に私淑するとともに、詩の中で暗に皇帝を揶揄《やゆ》して獄に下った蘇東坡や、縦横に諷刺の刃をふるったハイネの伝記を綴ったことのある、この批評家にふさわしい仕方だといわなければなるまい。

以上がわたしの解釈だが、もしかりに右のようにイロニーの所産として見ないならば、この「日光より」という日録は、あまりに平々凡々たる、色艶のない文章ではないか。もう一つ問題の一節をイロニーの所産として考えさせる根拠をあげれば、このエッセイ第二項目中の次の一節だ。

「警吏来りて戸籍を訊《ただ》し、仍《よっ》て族籍を問ふ、乃《すなは》ち平民なりと答へしむ、吾は寧《むし》ろ人族なりと答へたかりき。」

嶺雲は避暑と静養をかねて一九一二年七月二四日、東京を立って夜おそく日光に着いた。翌日早速、警察官が見回りに来た。その時の感想を、この一節はしるしたものだが、「吾は寧ろ人族なりと答へたかりき」（傍点は引用者）——この言葉は明らかに天皇を頂点として皇族・華族・士族・平民・新平民と下降し、幾重にも区分される天皇制のヒエラルキーを根本的に否認する表現であり、そこにも嶺雲の天皇制に対する皮肉な態度が瞭然と看取されよう。

しかしながら、以上のようなわたしの解釈は一つの解釈であって、家永氏の説を全面的にくつがえすには足りないという反論が、どこからか出されるかもしれない。わたしもまた以上の説明ですべてがつくされたとは考えていない。

しかし家永氏の説も一つの解釈だが、しかもかなり強引な解釈であって十分に吟味に価するということだけは、はっきりしたのではないかと思う。

わたしが以前から晩年の嶺雲を反天皇制的革命主義者であると判断したのは、一つには、ほかならぬ「日光より」中の問題の一節をはじめとして、さきにも引いた「長田村にて」の末尾や評論集『病中放浪』の序文などに見られる、およそ敬虔なる忠君愛国主義者にしてはふさわしからざる天皇制に対するイロニーのためだ。彼の主宰していた文芸雑誌『天鼓』一九号（一九〇六年三月）に発表された「風濤記」の冒頭の次のような一節も、そのようなイロニーの一つである。この文章は第二回目の渡清（北清事変への従軍も数えれば第三回目の渡清）をした嶺雲が一九〇六月一月、正月休みに九州島原に帰ってきた時の航海記だ。

「何も敢て、此《この》せゝッこましい日本の、法律と警察とが執念深い怨霊《をんれう》のやうに附纏ふ窮屈千万な土地が恋しい懐しいといふ訳でも無けれど、僭上《せんじやう》に避寒と養痾《やうあ》を兼ねて、それでも真逆《まさか》に槎《いかだ》に乗つて海の上にも住はれねば、矢張《やはり》有難連の申す祖国とやらへ窃《そつ》と舞戻る、但し同じ日本は日本なれど、西の西の其陲《はて》の、王化に遐《とほ》き火の国や……」

さらに言えば、『数奇伝《さつきでん》』（一九一一年六月以降）の中の第一回目の渡清を追懐した「上海の一年は予に無意味では無かつた、支那人に日本語を教へる其事には余りに感興も起らなかつたが、併し予が思想の上に或変動を生じた事は、予にとつては一の大事であつた。従来予は一種の偏狭なる国粋主義に感染してゐた。明治二十年頃の欧化主義に対する反動の思想が一時を風靡した其頃の空気の中に予等の思想は育て上げられた者である。（中略）然るに上海は支那の一開港場といふ名の下に、実際は方幾里かに縮図された小世界《コスモス》である、世界の民を集めて成つた一の小共和国である。（中略）予は上海によつて独り支那を観得たのみならず、朧げながらにも世界を観得た。（中略）予は世界の大を教へられ、世界の広きを教へられた、人は国民として以外、世界の人類のために、天下の人道のために竭《つ》さゞる可からざる者たることを教へられた」という一節や、「数奇伝補遺」（一九一二年八月以降）中の「予は皇城の前を過ぐる毎に、必ず竊《ひそ》かに脱帽して衷心の敬礼を捧げた忠君愛国主義者であった。若し其以後の予の思想に多少なりとも異つた色彩を帯び来りたりとすれば、それは所謂官僚主義の偽忠君愛国の圧迫に対する一種の反抗からであらう」という言葉も、その傍証の一つである。

まず前者から取り上げると、たしかに、この文は一見したところ、ただ嶺雲が「偏狭なる国粋主義」から解放されただけのことを告げているように見える。しかし単にそれだけのことを嶺雲が告げたいのなら、なぜこの短い引用文の中で二度にわたって「或変動」だとか「一種の偏狭なる国粋主義」だとか、まことに歯切れの悪い、もたもたとした、語義曖昧な表現を用いているのか。それに一年間の上海滞在が単に「人は国民として以外、世界の人類のために、天下の人道のために竭《つ》くさゞる可からざる者たることを教へ」たに過ぎないものなら、それはすでに彼の思想的な立場であり、何も上海行きを待つまでもないと言えるからだ。

次に後者だが、ここでも一読したところ、たしかに嶺雲はただ「所謂官僚主義の偽忠君愛国の圧迫」に反対しているかのように見える。しかし、ここでも「多少なりとも異つた色彩」だとか「一種の反抗」だとか、はなはだ要領をえない言葉が、この短い文章の中で二度にもわたって使われている。一体、この批評家は具体的には「皇城の前を過ぐる毎に、必ず竊《ひそ》かに脱帽して衷心の敬礼を捧げた忠君愛国主義者」から何に変ったのか、さっぱり不明である。したがって読者はこれを筆者の韜晦と見て、彼は確然と定立されている右のものの反対物、つまり「皇城の前を過ぎても決して脱帽して衷心の敬礼を捧げない非忠君愛国主義者」になったと解釈するほかはない。以上がわたしの二文に対する判断であり、さきの根拠とあいまって、嶺雲が晩年において反天皇制的革命主義者であったことはほとんど疑いなく、しかもその転機となったのは一八九九年五月から翌年六月までの上海滞在であったと考えるようになったのである。

たしかに嶺雲は日露戦争の直前に一見、熱烈なる天皇制主義者ではないかと思われる文章をいくつか発表している。しかし、ここではそれについて具体的に触れる余裕がないので、ただそれは、彼の戦術であって、さきの一年間の上海滞在で親交を結んだ唐才常の上海自立軍の構想や、あるいは北一輝の天皇観とほぼ同型の思考の産物であるとだけ言って次に移りたい。

ところで、その後何年かして、第一回目の渡清を転機として嶺雲が敬虔なる忠君愛国主義者であることを止めたとするわたしの主張をさらに裏づける有力な資料が出てきた。一九〇三年一月に起きた、いわゆる哲学館事件を論じた「学理に対する政権の迫害　教育上に於ける偽忠君の弊」（『中国民報』同年二月三・五・六日）という文章がそれで、その中に次のような言葉が書きこまれているのだ。

「曲謹矯偽《けうぎ》、一形式なる忠君愛国旨義を以て国民の思想を拘束するは、畢竟《ひつきやう》是れ島国的根性の然らしむる所にして、独り国民の気宇を偏狭にし、雄大の気魄を喪《うしな》はしむるのみならず、此がために学術討究の自由を箝制《かんせい》するに至りては、国家文運進歩の上に及ぼす所の害、洵《まこと》にいふ可らざる者あり、普偏永久なるべき真理を地方的《ローカル》な一時的《テムポラル》なる或偏見を以て圧し去らんとするが如きは、自由の思想未だ発達せざる未開時代の遺風にして……」

表立っては「偽忠君」の思想を批判の対象にしているけれども、彼によって「地方的なる一時的なる或偏見」とされているものが、ほかならぬ天皇制信仰であることは明らかだろう。天皇制信仰を「地方的なる一時的なる或偏見」と考えている敬虔なる忠君愛国主義者――いくら、この世に不条理が満ちているとしても、こんなものはありえまい。とすれば、一九〇三年二月において嶺雲がすでに敬虔なる忠君愛国主義者であることから遠くきてしまっていることは、もはや疑う余地はないだろう。

またそれとほとんど時を同じくして、さらにわたしの主張を補強する「忠孝観念の前途」（『ハガキ文学』一九一〇年七月）という注目すべき文章も現われてきた。文章といっても正確には談話筆記だが、そこで冒頭、嶺雲は「時代の進歩と共に倫理的観念は変つて行くのは当然である。忠とか孝とか言ふ観念も亦今後余程変つて行くだらうと思ふ。（中略）孝と言ふ観念は親に対する子の自然の情から出て居るのであるから、変る事は変つても忠に対する観念程激しい変りやうはなからうと思ふ。で我々は忠孝の観念の変遷に就ては、極端な考へを持つて居るが、言論の自由を奪はれて居るから今茲《ここ》にそれを率直に言つて了ふと言ふことは出来ない、依つて甚だ窮屈なる範囲に於て、当り触りの無い程度丈けを述べよう」（談話筆記とはいえ、嶺雲はここでは何と大胆に語っていることだろう！　恐らくは談話筆記であるために、このような言葉が活字となって残っているのだろう。因みにいえば、親しく交っていた幸徳秋水が大逆事件容疑で湯河原で逮捕されたのは一九一〇年六月一日のことで、この文章が収められた雑誌の発行月は七月だ。とすると、この談話筆記が行なわれたのは、その前であろうか、その後であろうか）と断って、大要次のように述べているのだ。

「物質的文明」が進むにしたがって「個人の自覚」というものが出てくる。ところが従来はそれがなかったので、国民は盲従的に君に忠を尽さねばならぬ、あるいは親に孝を尽さねばならぬと考え、服従してきた。しかし「個人の自覚」が起きてくると、そうは行かず、君のために忠を尽すのでも、親のために孝を尽すのでも自覚的なものに変って行くことになる。盲従的服従には何の価値もないが、自覚的犠牲は「人間としての美徳」である。そして犠牲の真にして大なるものは、家のためよりも、国家のためよりも、人類のために尽すことだ。したがって親のために孝を尽すということも、何でもかんでも子が親を扶養しなければならぬという盲従的孝行から、父母に対する「自治の情」として彼らの世話をするという自覚的孝行に変って行くことになる。子が生れてくる時に親を養わねばならぬと約束して生れてきたわけではない。親が子供を立派に育てるのは親の義務であって、子に親を養う義務はない。それゆえ、子供が親の厄介になるのは恥でも何でもないが、親が子の世話になるのは恥とすべきだ。

以上が、この談話筆記の内容だが、一体ここで、彼が何を言おうとしているのか、あまりにも明白だろう。いかにも本論だけを一読すれば、嶺雲は自覚的なものにせよ、君のために忠を尽すということを否定していないように見える。もちろん、ここで嶺雲が自覚的な忠といっているのも、一応の説明がなされている自覚的孝の観念から類推すれば（この文章の構造からしてそうする以外にはないのだが）、大変な内容である。そういう言葉を使えば、それは絶対主義的天皇制、つまり戦前天皇制の否定であり、ブルジョア君主制への要求である。しかし、この本論には、さきに紹介したような前置きがついており、そこには、はっきりと「孝と言ふ観念は親に対する子の自然の情から出て居るのであるから、変る事は変つても忠に対する観念程激しい変りやうはなからうと思ふ」という言葉が記されている。とするなら、当然、嶺雲の要求はブルジョア君主制以上のものと理解されなければなるまい。そしてその点で手がかりとなるのは、そこで彼が間接話法ではあるが、はっきりと忠の観念を「自然の情」に発するものではないと述べていることだろう。「自然の情」に発しないもの——そういうものがどうして永続することができるだろうか。つまり嶺雲は、この談話筆記の中で天皇制について、その盲従的（絶対主義的）あるいは自覚的（ブルジョア的）たるとを問わず、それを原理的には否認する者であることを「甚だ窮屈なる範囲」であるが疑う余地のない言葉で表明しているのだ。

それよりも何よりも、この談話筆記で刮目《かつもく》に価するのは、そこにおいて嶺雲晩年の屈折韜晦した表現上の工夫の一つが、彼自らの言葉ではっきりと種明かしされているということだ。やはり、わたしが今からほぼ二〇年前に推断したように、嶺雲は、こと問題が天皇制及びそれに近いものに触れる時には「言論の自由を奪はれて居る」と感じて（事実、前述のように奪われていたが）「甚だ窮屈なる範囲に於て、当り触りの無い」ようにそれを論じていたのだ。それゆえ、読者は嶺雲晩年の文章を読む場合には、その点を考慮に入れて、その韜晦屈折した表現のなかから彼の真意を汲み取らなければならないのだ。

さていよいよ森銑三氏が、嶺雲が晩年においても敬虔なる忠君愛国主義者であったとする説をさらに強力にあかす資料と挙げている「無答語」（『読売新聞』一九一〇年三月三一日）中の「万世一系の我が皇室を除いて、日本は果して其誇るべき特有の何者かを有する、試みに其文物、其制度、其慣習の一切を仔細に検し見よ、其孰《いづ》れか果して模倣踏襲に非ざるものぞ、国民が有する何物か果して其独創発明に出《い》でしものぞ」という一節であるが、これも、これまでくどくど述べてきたように晩年の嶺雲特有の反語であることは言うを待たぬであろう。なぜなら、「万世一系の我が皇室」という考え方を、「地方的なる一時的なる或偏見」あるいは「島国的根性」と理解している人間が決してそれを日本が世界に誇るべき「独創発明」などと主張する筈がないであろうから。むしろ嶺雲はここで天皇制こそ「模倣踏襲」の最たるもので、あるいは発明といえば一種の発明に違いないが、ローカルで一時的な、今では全く時代錯誤的な発明にすぎず、そんなものをいただいて有難がっているようでは日本人というのは何と情けない民族ではないかと嘲笑っているのだ。

なお嶺雲とその友人たちとの関係に対する評価についても納得しがたい点が幾つかあるが、ここでは晩年における毛色の変った友人たちとの嶺雲の交友は彼の人柄、あるいは人生観によるところも大きいが、同時に戦前政府の圧迫に対応する戦術的配慮の所産であったとだけ記して筆を止めたい。

（一九七五年一一月）

連亜論

はじめに

どうやら田岡嶺雲の東洋恢復論は現在までのところ一般には日本における近代社会の発展とともに二つの帝国主義勢力において存分に利用され奉仕させられた所謂大陸浪人のそれと軌を一にするもので、その間にはどれほどの差もないと評価が定まってしまったようである。たとえば昨年六月、「朝日選書」の一冊として刊行された竹内好・橋川文三編の『近代日本と中国（上）』という本を開いて見ると、陳舜臣の「田岡嶺雲と嘉納治五郎」という文章が入っているが、その中で陳は嶺雲の東洋恢復論を次のように評している。

「彼は少年時代に杉田定一の『経世新論』を愛読し、その東洋恢復論に共鳴している。それは要するに、日本が『亜細亜全土六億万民』を率いて、『進んで雌雄を欧米諸国と全地球上に争ふ』というのだ。いわゆる大陸浪人的発想にほかならない。現実には中国分割を欧米諸国と争うことになり、大陸浪人の大部分はその駒となったのである。気宇壮大に構えていながら、帰するところは、狭い意味での国益への盲目的奉仕におちいってしまう」

誤解を恐れてつけ加えておけば、陳のこの文章は中国に対する嶺雲の態度を全否定したものではなく、むしろ右のような思い上がった、偽善的な東洋恢復論にもかかわらず、一つには彼が第一回目の渡清においてかえって中国から深く学ぶところがあったこと、また二つにはやはりその時に日本人教習として一人の中国人に生涯にわたる大きな影響をあたえたことを挙げて嶺雲が数多の他の大陸浪人とは違う「格外品」であることを強調したものである。ただし嶺雲が第一回目の渡清の時に中国から深く学んだ内容の具体だが、それを陳は嶺雲における東洋恢復論の放棄と受け取っているけれども、それは間違いで、一八九九年六月から翌年同月にかけての丸一年間の上海滞在で嶺雲が味わった思想上の変動は天皇制信仰からの解放だった。それについてはすでにやや詳しく論じたことがあるので、拙著『近代文学の潜勢力』（一九七三年五月・八木書店刊）所収の「田岡嶺雲の天皇制観」を参照してほしい（本書八五―九九頁に収録の「天皇制観」）。

また嶺雲から大きな影響を受けた一人の中国人というのは清末における近代文学の先駆者で、のちに中国古代史の研究によって世界的に有名な学者となった王国維のことだ。王の「自序」と題するエッセイのなかの「……余一日、田岡君作文集中、カント、ショーペンハウエルの哲学を引いているのを見て、心に甚だ喜んだ」（訳文は一九六七年七月・増田渉著『中国文学史研究』所収の「王国維について」による）とある一節中の「文集」の名前だが、嶺雲にはこの時期にカントの哲学を直接に引いた文章は一つもない。ただショーペンハウアーの意志論を評した際に事柄の順序としてカントの不可知論に触れた例なら一つだけあり、それは一八九四年一二月刊の『東亜説林《ぜいりん》』第二号に発表された「一九世紀西欧に於ける東洋思想」という論文においてだ。王国維がいっているのがもしこの文章であるとすれば、王が手にした嶺雲の著作集は陳の説くように『嶺雲揺曳』（一八九九年三月刊）でもなく、また『第二嶺雲揺曳』（同年一一月刊）でもなく、この一文が収められている第三評論集『雲のちぎれ』（一九〇〇年四月刊）だろう。もちろん、これは「田岡君作文集」というのを単数と見た場合で、複数と解釈すれば自ずから事情は別となる。当時、王は嶺雲の学生であるとともに、嶺雲がそこで日本語を教えていた東文学社の庶務係でもあったから、他の学生たちと比べて嶺雲と接する機会がはるかに多かった筈で、そこから『雲のちぎれ』はいうまでもないとして他の二冊の評論集にも眼を通したことは十分に考えられる。

断り書きが長くなった。本題に戻ると、では嶺雲の東洋恢復論なるものは果たして陳の主張するように所謂大陸浪人のそれと大差がなく、主観的には「気宇壮大に構えていながら、帰するところは、狭い意味での国益への盲目的奉仕におちいってしまう」底のものにすぎなかったのだろうか。そしてさらにいえば、そのような不遜で偽善的な東洋恢復論であったにもかかわらず、彼の第一回の渡清のときに中国から深く学ぶところがあるとともに、一人の中国人に生涯にわたる大きな影響をあたえることができたのであろうか。

一

たしかに彼が晩年に綴った自叙伝『数奇伝《さつきでん》』（『中央公論』一九一一年六月以降）中の第一回目渡清の動機をのべた次のような個所を読めば、一見したところ嶺雲の思想と行動は所謂大陸浪人のそれらと大差がないように見える。少し長い引用になるが、あの頃の空気の一端を活き活きと伝えていて時代の証言としても興味深いので、省略なしに写しておこう。

「自由民権論は内治に対する国民の不幸の声であつた、此の自由民権論は二十三年の国会開設と共に声を収めた、此《これ》に代つた者は対外硬の絶叫であつた、対外硬は外交に対する国民の不平の声であつた。対外の第一問題は、即ち征韓論に由来する対清処分であつた。支那、此一語は久しく志士の血を沸かした。鬱積せる国民の不平は二十七年に至つて終《つひ》に爆発し、乃《すなは》ち日清戦役があつた。遼東半島を分割せしめて日本の領土とした媾《かう》和《わ》条約が馬関で訂せられた時、予は恰《あたか》も学校生活を卒《を》へた際であつた、吾等は心竊《ひそ》かに我が活動の舞台の出来たのを喜んだ。少時から政治運動の渦中に生長した吾等には、豪放な志士的行動が寧ろ理想であつた、且つ学者として立つには吾等の頭脳はあまりに粗大で非組織的であつた。大陸に飛躍する！　漢学を専門とした吾等には支那大陸が唯一の好舞台と信じてゐた。

遼東還付は少なからず吾等を失望せしめた。吾等は伊藤（博文）侯を秦檜《しんくわい》以上の奸物《かんぶつ》の様におもつた、吾等は唯訳もなく我が外交の軟弱を憤慨した。

併《しか》し機会さへあれば、支那に行かうとの志は抱いて忘れなかつた。

其内に敗後の支那は漸《やうや》く覚醒した、康有為は南海の草廬《さうろ》を出でゝ変法自彊《じきやう》の説を以て帝者の師となつた、康は一蹶《いつけつ》して亡命の客となつたが、其首唱した範を日本に採るの説は漸く実現せらるゝ機運が熟した、陸軍や学校や新聞社に日本人の招聘《せうへい》せらるゝ者が漸く多くなつた。

予の意志は益々熟して来た。」（ルビ及び括弧内は引用者。以下同じ）

しかし『数奇伝』は、このことはこれまで何度か書いてきたことだが、この自叙伝での記述を、政治的な問題にかかわる部分はいうまでもないとして私生活のささいな側面に至るまで深く疑わず、そのまま不用意に額面通り受け取ってしまうことは禁物である。というのは、この自叙伝をはじめとして一般に嶺雲の晩年のすべての著作は第一に検閲官の目を意識して、彼自身の言葉でいえば「窮屈な範囲」で、しかも所謂奴隷の言葉で書かれているからであり、第二にそれに加えて殊に『数奇伝』のような自分を扱った作品においては外に向けられていた鋭い批判の刃がそれだけに内を刺すことによって過度にまでなった自嘲的な表現法でその文章を綴っているからだ。

いかにも陳も指摘しているように嶺雲の東洋恢復論は自由民権運動に底流していた国権論に由来している。それは何よりもさきに長々と引用した文章に見る通りだが、その文中に「少時から政治運動の渦中に生長した吾等」とある「政治運動」というのは言うまでもなく自由民権運動のことにほかならない。実際、嶺雲は一二歳の頃に嶽洋社という高知の民権運動の結社に加入し、早熟――あまりにも早熟にも「学術演説会」の名の下に「政談演説」を試みることさえあった。

またいかにも嶺雲は日清戦争を支持した。それは、かの内村鑑三と同様に日清戦争を東洋の平和のためにおこされた「義戦」であると深く信じたからだ。具体的にいえば、政府の言明通り、この戦争が第一には朝鮮の独立の保持のために、第二に遅れた中国の覚醒のためにおこされたものであると、彼自身にも認められたからだ。

たしかにここまでの限りにおいては嶺雲の東洋恢復論は所謂大陸浪人のそれといささかも変っていないといえるだろう。しかし、彼は日清戦争の勃発とともにおこった所謂戦争文学を認めなかったばかりでなく、素人作者をもふくめた軍歌制作の流行をもってわが国文学の「一変の兆」とし、「国民文学」の出現を待望した議論にも足並みを揃えず、むしろその意見に強く反対している（一八九五年二月刊『青年文』創刊号所載の「軍歌の流行」その他に拠る）。ちなみに言い添えておけば、当時、軍歌の流行をもって日本文学「一変の兆」であるとし、「国民文学」の出現を待望する議論を展開していたのは、この戦争の過程で従来の在野的な立場を捨てた徳富蘇峰たちの民友社で、たとえば、その主張の実践のためか山路愛山も民友社の機関新聞であった『国民新聞』一八九四年二月九日号に「大勝利」と題する、見るも無惨な軍歌を発表している。それではどうして嶺雲は、この戦争の勃発と同時におこった所謂戦争文学の流行を認めず、また蘇峰たちの「国民文学」の提唱にも背を向けたのか、といえば、それは単に所謂戦争文学にろくな作品がなかったからだけではなく、日清戦争がはじめから勝ちいくさで、「国民文学」を形成する条件である悲劇的な情熱の高揚が認められなかったためで、さらには正義の戦争といえども、それが戦争である限り文学とは根本的に相容れぬところがあると考えていたからでもある。

その点をもう少しいうと、嶺雲は戦争というものを文学と本質的に相容れぬものと考えていただけではなく、「正義の戦争」といえども、さらに広く人間性の要求そのものに根本的に対立する事柄であると見ていたのだ（一八九四年一一月刊『東亜説林』第二号所載の「孫子を読む」その他による）。そういう意味では嶺雲は戦争の根本的否認者だったのである。つまり、彼は一方では東洋恢復論者の一人として覇気横溢の正義の戦争肯定論者でありながら、他方では同時に衷心からの沈痛な戦争の根本的な否認者だった。そしてそうだからこそ嶺雲は、たとえば一九〇〇年の夏、北清事変に新聞特派員として従軍した際に目のあたりに戦争の悲惨さを見て「我は非戦論者たらざらんと欲するも能はざる也」と書かずにはいられなかったのだし（『九州日報』同年七月二九日所載の「兵燹《へいせん》中の天津」に拠る）、また日露戦争の時に片方では開戦論を主張しながら、他方では時流に抗して非戦論を唱えていた幸徳秋水たちの『平民新聞』に、戦争批判をふくむ長篇のユートピア論「亡是公咄々語《ぼうぜこうとつとつご》」を寄稿連載したのだし、さらに一九〇五年二月から自身の主宰して創《はじ》めた月刊雑誌『天鼓』においては、やはり一方では「人種革命」としての日露戦争の積極的意義を縷々《るゝ》説きながら、他方では「戦勝は髑髏《どくろ》の影也」として作家たちに戦争のはなやかな眩惑的な表面ではなく、勝利をもたらした裏面の悲惨と沈痛とを、深い思いやりをもって描き出すことを求めて行ったのだ（同誌創刊号所載の「局促たる莫れ」及び「悲惨を泣け」などによる）。

二

たしかに嶺雲は日清戦争を支持した。さきにも誌したように、彼がこの戦争を支持したのは、ただこれを彼が東洋の平和のための「義戦」であると信じていたからで、それ以外ではない。決して二億万両《てーる》の償金のためでも、また中国からの台湾の割取のためでもなかった。ここでさきほどの『数奇伝』から長々と引用した文章のなかの遼東還付に関する個所について触れておけば、嶺雲が所謂三国干渉による日本の遼東還付に失望し、政府外交の軟弱に憤慨したのは、決して遼東半島を中国に返すということに対してではなく、他愛もなくロシア・ドイツ・フランスの圧力に屈して遼東半島を手放してしまったことで、そうだからこそ嶺雲は三国干渉の延長線として一八九七年一一月、ドイツによる膠《こう》州湾占領という事件が起きると、早速「東亜の大同盟」（『万朝報』同月二六・二七・二八日）という文章を草し、その中でまず世界史における戦争の推移と、西欧列強によるアフリカからアジアに及ぶ侵略の現状をのべ、それに対するには、もともと西欧列強の目的が今日では東亜の蚕食にある以上、一と結んで他を排し、そうした後その結んだ一を全力をもって倒すという一大戦略があるなら別として絶対に日英同盟あるいは日露同盟を結ぶべきではないとし、ついで日清戦争の評価に移り、もし日清戦争が国家の虚栄心や領土分割のために行なわれたものではなく、真に朝鮮の独立の保持や遅れた中国の覚醒のために戦われたものとするならば、後者の目的——遅れた中国の覚醒はほぼ遂げられたと考えられ、そしてそうであるからには日本は「東亜の先覚者」として今回のドイツの暴挙から隣国の中国を救い、さらには「日清同盟」を結んで朝鮮半島からロシアの勢力を一掃し、次には「日韓清の同盟」を形成してタイやベトナムからフランス、インドからイギリスをという具合いに「白人種」を追い出し、ついには全アジアを解放しなければならぬと、陳の言葉を借りれば、その「気宇壮大」な連亜論を展開したのだ。

実をいうと、嶺雲はこれまで文化上のプログラムとしての東洋恢復論については大いに論じてきたが、政治上のプログラムとしてはほとんど語っておらず、やや体系的な形でそれを表現したのは、これがはじめてで、以後このような主張を何度か繰り返すようになる。

今その内容を簡単に紹介した「東亜の大同盟」に見る通り、嶺雲が心から求めていたのは同じ「黄人種」としての中国や朝鮮との同盟であり、それによっての全アジアの解放であり、決して西欧列強に追随して朝鮮や中国と縁を絶ったり、ましてや「白人種」とともにアジアを食い物にするということではなかった。それゆえ、この点についてもう少しいうと、彼は遅れたアジアを恃《たの》むに足らずとなし、その窮状を坐視し、あるいは西欧列強とともに却って遅れたアジアを餌食にせよと主張する所謂脱亜のイデオロギーに対しては真正面から対立し、それを次のような仮借のない言葉で批判したのだ。

「支那今日の頑迷を軽蔑して、与《とも》にするに足らずとなし。徒《いたづ》らに彼の西欧列国の強勢に畏怖《ゐふ》して、一意此が懽心《くわんしん》を買はんと是れ努むるが如きは、彼の西欧崇拝の迷夢未だ覚めざるもののみ。彼の西欧列強が、擅《ほしい》まゝに人の邦土に指を染むる今日の状の如きは豈に彼等の、啻《たゞ》に清人を与《くみ》し易《やす》しとなして、然るのみならんや。（中略）併せて我を凌辱するものなり。今人《ひと》あり。其兄弟の愚なるが為めに、之をすてゝ他人の吾家を奪ふに加担せば、即ち如何《いかん》。吾《わが》日本は果して此愚を学ぶべき乎《か》。或《あるひ》は西欧、支那を分割せば、我も亦進《すゝん》で之に乗ぜよといふ。是れ眼中正義なく、唯功利あるものの言のみ。昔者孟軻《せきしやまうか》何ぞ利をいはん、唯仁義あるのみといへり。今其《その》善鄰親好の国、同文にして同人種なる国が、危殆《きたい》に瀕《ひん》せるを見て、啻に之を傍観せよといふのみならず、更に進んで此に乗ぜよといふが如き、酷忍此《かく》の如きは、豈に義侠を以て誇る吾国民のするに忍ぶ所ならんや」（一八九八年四月刊『文庫』第九巻第二号所載の「日清同盟」から引用)。

文中の「西欧列国の強勢を畏怖して」云々の個所は当時、「日英同盟」あるいは「日露同盟」に赴こうとしていた支配層の動向を評した表現で、また「孟軻」とはかの孟子のことにほかならない。つまり嶺雲は今引いた文章のなかで所謂脱亜のイデオロギーを説く者を「西欧崇拝の迷夢未だ覚めざるもの」と呼び、そのうち西欧列強とともに中国を蚕食せよとの主張にまでおよんでいるもの、すなわち黄色い帝国主義者たちを「眼中正義なく、唯功利ある」輩として強く指弾しているのだ。いずれにしても嶺雲が客観的にはどうであれ主観的にはアジアを食い物にすること、したがって「狭い意味での国益」のために奉仕することを決して是としていなかったことは明らかであろう。この点も所謂支那浪人の東洋恢復論と大いに異なっているところだといえるだろう。

以上のように、この時期、嶺雲は始めて自身の東洋恢復のための政治的プログラムを公にしたが、単にそれを公にしたばかりではなく、同時にほんのささやかな一時的な試みであるとはいえ、そのための実践に手を染めることさえあった。その実践とは何かというと、韓国政府の対日政策の転換――それは日本政府の外交上の失態から起きたものだが――によって学費の杜絶した朝鮮人留学生の救援を呼びかけ、またそのための「慈善音楽会」を当時もまた特別に非政治的傾向が強いと一般に思われていた音楽家の協力をえて開いたことだ。

それをもう少し具体的にいうと、まず第一に、さきの「東亜の大同盟」を発表した翌月、同じ『万朝報』紙上に「不幸なる韓国の青年を救へ」(一八九七年一二月一九日)という一文を掲げ、その中でまず日清戦争の意義に触れ、この戦争がもし真に朝鮮の独立の保持のために戦われたとするならば、今日の不幸な事態の責任はあげて政府にあり、加えてそれを償う意志が当局者にない以上、国民が彼らに代って行うのが義務であるとして韓国留学生の救援を「天下の義人」に訴えたのである。ついでに言い添えておけば、当時彼は『万朝報』の論説記者であった。

ところで次は「慈善音楽会」の成立事情と内容といってもその大略だが、もともとこの会は嶺雲の再度にわたる救援のアピールに応じた上野音楽学校の教師と学生の申し出を契機に、さらには三宅雪嶺・内村鑑三・黒岩涙香らの支援の下に生まれたもので、正確には一八九八年三月二〇日、同音楽学校のホールで上記の人々によって行なわれたものだが、当日は留学生代表も出席して答辞をのべたのみならず、支援者の内村鑑三も起って一場の演説を試み、日朝の連帯のために万丈の光炎を吐いたのである（『万朝報』同年三月一九日所載の「韓国留学生扶助慈善音樂会に就て」その他に拠る）。

三

嶺雲はたしかに「日清同盟」の緊急な必要性を熱心に説いたが、当時の清の政治体制をそのままでよいとしていたのか。もちろん、否である。それでは康有為の変法自強路線を望ましい理想的な方向であると見ていたのか。さきほどの『数奇伝』中の一節をざっと読み通す限りでは、そのように受け取られかねないけれども、事実はその反対で、早くも一八九八年四月の時点において、つまりかの戊戌《ぼじゅつ》の変法がこれからいよいよその緒につこうとする時点においてそれに見切りをつけ、むしろ次のようにほかならぬ「排満興漢」の孫文派の革命運動に熱い眼差を送っていたのである。

「…竊《ひそか》に謂《おも》ふ、支那にして一たび革命を経ば、面目一新、固陋の風破れ、よく西欧の開明を取り、其進歩測る可らざるものあらんと。彼の善鄰の邦、もと盛且強ならば、西欧列強の横暴憂ふるに足らずして、東亜人種の気焰こゝに揚《あが》らん。支那を革命するは、支那の為めのみにあらず、吾邦《わがくに》の為なり、東亜の為め也。聞道《きくな》らく支那の革命党、南方に隠れて機を待つと。(中略)嗚呼南方の漢人種が、蹶起、満人の北京政府を革命する、時まさに遠からざらん、我国民は、須らく此等革命党に一臂《いっぴ》の力を副《そ》へて北京政府を顚覆せんことを要す。(中略)誰かいふ改善と。改善は姑息の策のみ、今日支那を振ふ唯革命あるのみ」(一八九八年四月二〇日刊『文庫』第九巻第三号所載の「支那を革命せよ」から)。

右のように嶺雲は「日清同盟」のためにも中国の革命を求めたが、日本自身の政治体制についてはどのように見ていたであろうか。彼は日本についても「姑息」な「改善」ではなく、根本的な革命が必要であると考えていた。もちろん、革命は革命でも中国とは違った種類の革命が。それなら、どんな種類の革命が日本において必要であると考えていたのか。嶺雲によれば、維新の変革は「自由」と「平権」の名の下に「貴賤の門閥的階級」を破ったけれども、同時に「文明開化」の名において「功利的文明」が導入され、その結果として「貧富の生計的階級」が出現し、維新の変革から早くも三〇年、今や政権は「富閥」の左右するところとなろうとしている。しかし、大多数の国民は極端な制限選挙法のあるために代議制があっても、彼らの声を政治に反映させることができず、そのうえ既成の政党もまったく役に立たないどころか「富豪」や「藩閥」の提燈持ちにすぎないから、現在日本が当面している政治的な課題は断じて部分的な改良ではなく、ふたたび「自由」と「平権」の名において「富閥」と「藩閥」を倒す、維新の変革に次ぐ「第二の革命」でなければならない、そして労働者の「同盟罷工」もそのための有効な手段の一つである、というのが、彼の当時の日本の政治的社会的状況に対する認識にほかならなかった（同年三月二〇日刊『文庫』第九巻第一号所載の「社会問題」その他に拠る）。つまり嶺雲は日本自身の革命としては中国における革命とはいくらか違ったというよりは歴史的な段階を異にした新しい革命――反「藩閥」・反「富閥」の新しい「自由」と「平権」の革命を想望し、それを切に求めていたのだ。

一般に所謂大陸浪人は国内における変革のヴィジョンを欠いているといわれる。果してそれが事実ならば、この点も嶺雲の東洋恢復論が所謂支那浪人のそれと大いに違っているところだろう。

さらにここでつけ加えておけば、嶺雲はその東洋恢復論を、ただ東洋の恢復のためにのみ説いたのではなく、やがてくるであろう人類の世界的統一のためにもそれを主張したのだ。そのところをもう少しいえば、嶺雲にとって現在は「人種競走の時代」であるとともに東西両洋文明の融合期であって、同時にまた人類が最後に到達するであろう至福の世界的共同体への過渡的な時代にほかならなかった。いいかえれば、彼にとってどこまでも「アジアは一つ」だったが、同時にまたそれは「世界は一つ」を大前提としての「アジアは一つ」であって、だからこそ彼は唯今の問題としては西欧列強を敵とし、彼らの侵略からアジアを解放することを激しい言葉で説きながら、他方では、かの「白皙碧眼《はくせきへきがん》の民」も「人類の上より見れば、同じく人たり同胞たりとして偏狭なる人種的憎悪に陥ることの愚を戒めるのを忘れなかった（前掲『文庫』第九巻第三号所載の「排外か攘夷か」その他による）。この点も田岡嶺雲の東洋恢復論が所謂支那浪人のそれといくらか違っているところであろう。

さらにいえば、以上のような嶺雲であったからこそ第一回目の渡清において生きた中国から深く学び、特に戊戌《ぼじゅつ》の政変で北京政府を追われた上海亡命中の康有為派知識人との交渉を通じて、彼をそれまで強くとらえていた天皇制信仰から解放されるという思想上の一革命を経験するというようなことも起こりえたのである。

陳の前掲の文章を読むと、衣食のために嶺雲が中国に渡ったように書かれているが、そうではない。彼が海を渡って大陸の土を踏んだのは、どこまでもそこでの「豪放な志士的行動」に憧れてのことであって、衣食は従である。そもそも嶺雲が海外での「飛躍」を思い立ったのは、これがはじめてではなく、たとえばこれまでキューバやトルコやフィリピンの独立戦争に参加しようと夢見、そのうちキューバとフィリピンについてはいろいろと画策した形跡がある。かつて彼は「鳶飛戻天《とびとんでてんにもどる》」（『青年文』一八九六年一二月）と題する文章のなかで当時の文壇の狭隘さと低調を批判して、そこはいかにもあの時代の青年らしく「嗚呼男児自ら男児の事あり、男児何を苦しんで歟《か》、今の所謂文学者なるものたらんや、人間快心の事、数へ来れば頗る多し。東西を連衡して西欧と覇を天下に争ふ、快心の事に非ずや。支那に入《いり》て今の狄《てき》人種に恨を呑む明朝の遺臣の後を嘯集《せうしふ》して、清朝を革命する、また快心の事に非ずや。剱に仗《つゑつい》て起ち、馬尼拉《まにら》の独立軍に投じて、西班牙《すぺいん》の羈束《きそく》を脱せしむる、また快心ならずとせんや。（中略）土耳古《とるこ》の可汗《こくかん》を輔《たす》けて、露を脅かし、全欧をして再び弦月旗の下に慴服《せふふく》せしむる、豈に亦快心ならずとせんや。（中略）人生五十、長しといふ可らず。快心の事をなし得ば、死して憾《うら》みなし」と書いたことがあるが、これらの言葉はすべてほかならぬ彼自身の心境告白であったといえよう。そういう意味では、彼にとっては「飛躍」の「舞台」はどこでもよかったのであって、それが中国ときまったのは、第一に当時さきに見たように「日清同盟」の緊急な必要性を説いた矢先、中国において革命の気運が次第に色濃く漂いはじめたということがあり、第二に友人の藤田剣峯から東文学社という羅振玉の経営していた日本語学校の教師にならないかとの誘いがあったからだ。もちろん、後者は生活の方便以外ではない。というのは人は何をするにしても食べ、装い、住まねばならないからだ。彼が中国人の学生に日本語を教えるという仕事にそれほどの情熱を感じなかったのは、あまりにも当然であったといえよう。

四

『数奇伝』を読むと、この第一回目の中国行で「二三の志士」——具体的にいうと文廷式・汪康年・唐才常などの康有為派の知識人と知り合ったが、その交際は「単に読書人としての交で、相結んで風雲の変を期待する志士としての交では無かつた」と嶺雲は回想しているが、果たしてそれだけのものにすぎなかったのであろうか。この点もそのままに読み過ぎることのできない個所であるが、それについての立ち入った検討は別の機会にゆずることにして、嶺雲がこの上海の一年間において一人の中国人にあたえた大きな影響の問題に移りたい。

王国維は一体、嶺雲の抱懐する東洋恢復論の何によって影響を受けたのか。この中国の近代文学の先駆となった王は嶺雲の主張によって、その眼を大きく世界の文学や哲学の世界に開かせられたのである。

それを何よりも示すのは最初の王の評論集である『静庵文集』(一九〇五年刊)に収められた諸作品、特にショーペンハウアーの哲学の観念を用いて中国古典の『紅楼夢』の近代的再生をはかった長文の「紅楼夢評論」であろう。というのはショーペンハウアーの哲学の観念を用いて伝統的な東洋文化の近代的再生をはかるというこの仕方こそすでに嶺雲が王の読んだであろう前掲の『雲のちぎれ』に収められている「荘子の逍遥游」や「松本文三郎氏の『公孫龍子』を読む」や「松尾芭蕉」等において試み、その範例を示したものであり、同時にそのような範例こそ嶺雲の文化プログラムとしての東洋恢復論——さきにも触れた「東西文明の融化」という主張の一実践にほかならなかったからだ。

もちろん、ショーペンハウアーの哲学の観念を用いてというのは一つの場合であって、その用いる媒体が近代文化の内実を具えているものなら何でもよく、問題はどのようにして東洋文化の近代的再生《ルネッサンス》をはかるかということだ。ただ嶺雲がショーペンハウアーの哲学の観念を用いてそれを試みようとしたのは、彼が青年時代のはじめに、このドイツの厭世哲学に出会い、それに魅せられ、深く傾倒していったことによる。ではどうして彼がこのドイツの厭世哲学に魅せられ、それに深く傾倒していったかというと、それはこの哲学が単に彼の青年期の厭世的感情に強く訴えるところがあったからだけではなく、そのことをふくめてこの特異な形而上学がショーペンハウアー自身も事あるごとに語っているように何よりもプラトン以来の西欧哲学の発展と古代インド哲学との綜合の上に築かれた思想体系であったためだ。つまり嶺雲にとっては、この哲学が西欧生え抜きの哲学でありながら、何よりも「東西文明の融化」の最初の輝かしい兆候として見えたのだ。どうしてそれは単なる最初の兆候ではなく、最初の輝かしい兆候として見えたのかというと、それはこの哲学が単に西欧の哲学の最新の発展と古代インド哲学との綜合の上に築かれているというだけではなく、まさにそうであることによって近代社会――それは一方では人類に民主主義と「文明開化」をもたらしながら、他方では同時に「貧富の生計的階級」と、ほかならぬ西欧列強のアジア侵略をふくむ民族間の「弱肉強食」をもたらした――への激しい根源的な形而上学的批判になっていること、したがって、そういう意味ではこの哲学は西欧近代哲学後の哲学であることが嶺雲において認められたからである。それゆえ厳密にいうと、ショーペンハウアーの哲学の観念を用いて東洋文化の現代的再生をはかるということと、一般に西欧近代思想の方法によって東洋文化の現代的再生を試みるということとは同義ではないのであって、前者はすでにその媒体となる思想が第一には東洋文化の原基的発想をふくみ、第二には西欧近代思想後の思想であることによって後者に比べて、より進んだ、文化における東洋恢復の姿にほかならなかったのだ。

ここで断わっておけば、嶺雲は深くショーペンハウアーの哲学に傾倒し、生涯にわたる大きな影響を受けたが、これまでの彼のさまざまな主張に見る通り、そのすべてをそのままに受け継いだのでは決してなく、たとえば嶺雲は世界の本質をショーペンハウアーのように「意志」とは見ず、「純情」であると考えた。嶺雲の見方では、ショーペンハウアーの「意志」とは文明とその思想に汚染された「純情」のこと以外でない。したがって世界の本質を「意志」と観じたショーペンハウアーは、およそ「意志」の塊以外ではない政治を終生嫌い、それを避けたのみならず、そのことによって時には反動的ですらあったが、世界の真相を「純情」であると見た嶺雲はまさにその反対で、常に政治的たろうとしたばかりではなく、社会の変革を望み、それればかりでなくさらにショーペンハウアー哲学の核心である「同情」の美学あるいは倫理学の要請を正当に虐げられた貧しい民衆や民族にまでおしひろげることによって、一見保守的にみえるこの哲学を逆に進歩と変革と解放のための哲学につくりかえようとさえしたのだ。

五

ここでもう一つ誤解を恐れて念のためにつけ加えておけば、「東西文明の融化」という主張において嶺雲が当面の課題として求めていたのは、どこまでも東洋文化の近代化、さらには超近代化であって、決してその西欧化ではなかったということだ。というのは恢復されなければならないのは東洋であって、西洋ではなかったからだ。したがって、彼はこの点において当初から西欧一辺倒のいわゆる近代主義者たちと鋭く対立していくことになった。たとえば、近代以前の日本文学のすべてを西欧近代の視点から機械的に全否定しようとした山路愛山たちの民友社の文学主張を繰り返し執拗に批判したのもそのためだった（一八九二年一〇月刊『亜細亜』第六一号所載の「『平民的短歌の発達』第二を読む」その他に拠る）。またそのことと無関係ではないが、西洋美学の事大主義的・機械的な移植に抗して東洋的美学の建設を叫んだのもこのためだった（一八九五年九月刊『日本人』第五号所載の「東洋的の新美学を造れよ」その他に拠る）。

さらにいえば、そのためには、かつて師であった内村鑑三の主張を批判の俎上にのせることを辞さなかった。すなわち、わが国に大文学者を出すべき一方法として聖書やダンテやシェイクスピヤやゲーテ等の研究をすすめた内村の西欧偏向の主張に対して嶺雲は、「かの惛々《こんこん》たる西欧崇拝者流に非ざる」この人にしてもこのような説があるのは遺憾であるとし、どうして西欧古典のみの修養をあげて、ウパニシャッドや仏典や楚辞や唐詩や西廂記《せいそうき》や琵琶記等の決してその価値が西洋古典に劣らぬ東洋古典に及ぶことがないのかと、この古武士的クリスチャンに激しく迫っている（同年一二月刊『明治評論』第五巻第一号所載の「文学上に於ける西欧崇拝の残夢」その他に拠る）。

ところで嶺雲が東洋の恢復をめざそうとしたのは単に形而上の分野においてのみならず、次のように形而下の領域でも東洋の復活をはかることを翹望《ぎょうぼう》していたのだ。

「……支那は形而上学のみにして実験的科学の発達なしといふ莫《なか》れ。茫々として極目際なき大陸の大平野は其《その》国民に喚起するに天文の智識を以てしたり、堯典《げうてん》を見るものは、誰か当時暦数の既に進歩したるを駭《おどろ》かざらむ（中略）いふ莫れ、古旧いふに足らずと。これを西欧中世に於ける古学の復興に見ずや、トレミーの天文説はコーペルニカスの徒を提醒して西欧今日の天文学の起源を開かしめしに非ずや、イユークリッドの算数学は猶今日の幾何学に於ける基礎たるを得るに非ずや、（中略）支那に於ける天文や、算数や、医学や其他の実験的学術、もとより疎笨《そほん》ならん、もとより迂遠《うゑん》いふに足らざらん。而れども更に深く之を研究し、之を考索す、新しき眼光を以てみる、必ず新しき光采《くわうさい》あらむ、（中略）蛤蚌《かふばう》の中猶真珠あり、鉱土金を混ず、溶かさずんば金を認難く、砕かずんば真珠を得難し。之を鎔《と》かせよ、之を砕けよ、支那幾多の実験中豈にまた幾許《いくばく》の金と真珠となからむや」（一八九六年一月刊『帝国文学』第二巻第一号所載の「漢学復興の機」から）。

現在、中国のマルクス主義者たちがいったとしても決しておかしくはない言葉だろう。

また嶺雲は以上のことを日本人に向かって説いただけではなく、ほかならぬ中国人に対しても、このことへの注意をうながすことをやめていなかった。たとえば、彼は「清国留学生の為に憂ふ」(『天鼓』一九〇五年五月)という文章のなかで、多数の中国の青年が日本に学ぶために渡来するようになっている現状を「清国開発の為め」に喜びながらも同時に彼らが「徒らに我邦進歩の皮相にのみ眩惑し、其宜しく力むべき所の、我が伝ふる西洋文明の長を採り、此を以て其自国に固有する東洋文明の粋を補足助長することにあることを忘れ」、「以て軽佻浮薄なる日本ハイカラ」とならぬように戒め、どこまでも民族の主体性を尊重し、それに徹することを強く求めたのだ。恐らく王国維も嶺雲の口からじかにこのような主張を何度か聞かされたのではないかと思われる。

たしかに王国維は生涯、政治にかかわらず、辛亥革命後も辮髪をとどめ、また清朝の敗亡に殉じて昆明湖に身を投じたといわれる。とすれば王はこれらの点に関する限り、およそ嶺雲の生き方とは正反対で、むしろショーペンハウアーに近いが、はたして王の政治観が本当に保守的なものであったかどうか、わたしにはまだ検討の余地があるように思われる。

いかにも田岡嶺雲は日露戦争の際には開戦論を唱えた。そしてそれを唱えたのみならず、古代以来の日本の朝鮮侵略の歴史を美化する文章さえ発表した(「歴史的大国是」。一九〇三年六月刊・第五評論集『うろこ雲』所収)。もちろん、それは彼の真意ではなく、彼のつもりでは政府をして戦争に踏み切らせるための戦術的修辞にすぎなかったのだが、ではそれほどのことまでしてどうして対露開戦を主張したのかといえば、やはり繰り返すまでもなく何よりも朝鮮の独立の保持のために、ひいては東洋の恢復のためには、この時にぜひロシアを撃っておかなければならぬと考えたのだ。

とはいえ、たしかにこの限りにおいては主観的にはどうであれ、結果的には政府に支持をあたえたことになり、そういう意味では彼もまた所謂大陸浪人の大部分と同じく存分に帝国主義的勢力によって利用されたといえるかもしれない。しかし、もしかりにこの期間——戦争のはじまる直前から講和に至るまでの期間の全体にわたる決算表を作ってみた場合、彼は果たして帝国主義的政府によって存分に利用されたといえるかどうか。そうはいえないどころか、むしろかれの開戦論は帝国主義的政府にとって迷惑至極のものだったのではあるまいか。

というのは、たしかに一方においては熱っぽく政府の戦争遂行に強い賛意を表していたとはいえ、他方では前記もしたように幸徳秋水らの『平民新聞』に長篇の文明批判の文章を寄稿するのをはじめとして事あるごとに帝国主義的領土拡張を不可とし、戦争の悲惨さを説くとともに、たとえば「軍神」の意図的発表など政府による新聞・雑誌を通じての、大衆操作の実態をあばき、あるいは「軍国」の名の下においての美術や文学の圧迫に抗議し、さらには自由恋愛を唱えて結婚制度に対するラジカルな批判を展開し、また社会主義を標榜して敵国ロシアに勃発した革命を「人道上の大効験」と呼ぶなど、政府がおよそ開戦論というものに期待していたものとはあまりにも隔たりがありすぎていたのだ。実際、嶺雲の開戦論は政府にとって有難迷惑以外の何ものでもなかったらしく、この時期久しぶりに出した第四評論集『壺中観《こちゅうかん》』(一九〇五年四月刊)は政府によって「安寧秩序ヲ妨害スルモノ」として、まだ発売に至らぬうちに頒布を禁じられてしまっている。

しかし、やはり嶺雲が日露戦争の時に開戦論を唱えたのは百%正しいとはいえず、そのことは後年かれ自身が例の『数寄伝』のなかで自身の開戦論について「……其理論の裏面には一種事を好み乱を喜ぶ煽動的客気と、大帝国の夢想的虚栄心とが含まれてゐた事を懺悔する、且つ世論に雷同した傾《かたむ》きが全く無いとも云へぬ。戦後の国民が徒《いたづ》らに戦勝の虚名を贏《か》ち得て、而して実際に苛税の負担に呻吟《しんぎん》する苦境に陥れる現状の如きに至るを予め慮《おもんばか》り得ざりし短見を今に於て恥づる」と、やや過剰なほどに自嘲をこめて自己批判している。事実、日露戦争の進行と戦後の現実は次第に嶺雲の眼を、この戦争の否定することのできない負に対して開かせ、早くも一九〇七年夏には——当時すでに不治の脊髄癆を病み、第二回目の渡清から日本に帰り、神戸郊外で病を養っていたのだが——次のように書いて日露戦争が解放戦争の側面を持ちながら、同時に侵略戦争だったことを明らかにするとともに、ロシアをはじめとする朝鮮や中国の独立運動や革命運動に対して深い同情と連帯の意を表明している。

「予をして露国に生れしめば、予は爆裂弾を抱くの虚無党に与《くみ》したらむ。或いは予をして清国に生れたらしめば、予は恩巡撫を斃《たふ》せる徐錫《しやく》麟の徒たりしならむ。若し夫《そ》れ予をして韓国の民たらしめば亡国の怨を海牙《ヘーグ》に愬《うった》ふる李儁《しゅん》と行を偕《とも》にしたらむ。偶々《たまたま》日本に生まれて、聖代の余沢、閑《しづか》に病余の軀《み》を養ふを得る、予に於て幸の至《いたり》、福の至り也」（「長田村にて」同年八月、評論集『病中放浪』所収）

つまり今や嶺雲にとっては「日韓清の同盟」の主張は前にも紹介したように中国のことはいうまでもないとして日韓のそれぞれの既成の国家体制をそのままにしての同盟の主張ではありえなくなっていたのだ。

朝鮮観

（一九七五年一一月）

福沢諭吉の「脱亜論」（一八八五年）は有名である。日本がアジアを脱して西欧帝国主義の仲間入りをし、彼らに見習ってアジアに接すべきことを説いた注目すべき文章で、その後の日本が一九四五年夏の敗戦まで、いやそれから三〇年後の今日に至るまで国家の体制としてはそのような福沢の説いた方向に進んできていることは言うまでもない。しかし、すべての日本人が当時においても福沢の意見に同調していたわけではなく、二〇世紀初頭の社会主義運動がそのインターナショナルな立場からアジアの連帯と解放とを唱える以前にすでに福沢の主張に根本的に対立する、そういう言葉を使えば連亜論の動きがあった。最近その全集が第四巻まで出た宮崎滔天もその一例だが、わたしが今その全集の編纂に数年前から従事している、わが田岡嶺雲もまたそのような連亜論者の一人で、例えば早くも一八九七年一一月の『万朝報』に「東亜の大同盟」という文章を発表し、福沢の主張とは反対に日英同盟あるいは日露同盟を不可とし、まず第一に「日清同盟」、次に「日韓清三国の同盟」を結成し、それを土台として西欧帝国主義の侵略から全アジアを、武力的な手段をふくめて解放することを情熱的に訴えたのだ。だから当然、嶺雲は隣国朝鮮の置かれていた政治的状況に対してもなみなみならぬ関心を抱いていたし、それだけでなく実際、日本と朝鮮の連帯のためにささやかであるとはいえ意味の深い一つの訴えと集会を組織したこともあった。

その訴えとは何かというと、今その内容を紹介した「東亜の大同盟」を発表した翌月、同じく『万朝報』に掲げた「不幸なる韓国の青年を救へ」（二月一九日）という一文のことで、具体的にいうと、それはまず冒頭、過ぎし日清戦争の目的が何であったかを問い、もしそれが中国からの台湾の「割取」でもなく二億万両《テール》の賠償金にもなく、かつて政府が主張したように真に朝鮮の独立の「扶植」にあったとするならば、現在の韓国政府の親露反日政策、そしてその結果として二八人の韓国人留学生が母国政府から学資を絶たれ、業半ばにして帰国しなければならぬ窮境にあるということは、まさにわが当局者の外交上の失策であり責任であるとのべ、さらに続けて、わが国政府にその責任の自覚もなく、それを取る意志もない時には、その責任を当局者に代って償うのは国民の義務であるとして「天下の志士仁人」に向ってそれら不幸な韓国人留学生のための義捐を呼びかけたものだ。参考のために末尾のところを写せば次のようだ。

「檄して天下の義人に告ぐ。希《こひねがは》くは憐むべき彼等の為めに奮つて資を投じて彼等をして其志を遂げしめよ、嗚呼彼等をして其志を遂げしめよ。

彼等は今留《とどま》つて神田錦町三百二十一番地井上喜美の家にあり。彼等が惣代《そうだい》たるもの魚瑢善《ようぜん》、申海永、金鎔済、権鳳洙《ほうしゆ》等数人」（句読点は引用者）

井上喜美の家へあててどれほどの金額が寄せられたか現在のところ不明だが、嶺雲の呼びかけに答えた少年園の義捐金募集には一八九八年三月末までに八〇円以上のものが託されている。当時としてもそれほど多大な金額とはいえないけれども、注目すべきことは、その寄付の内容が多くは零細な貧者の一燈であって、嶺雲の所謂「肉食者流」のものではなかったことだ。因みに言い添えておけば、このころ嶺雲は『万朝報』の記者で、同時に少年園発行の『文庫』の論説記者も兼ねていた。

集会というのは、嶺雲の第二回目の訴え――「再び天下の志士仁人に檄す」(『万朝報』一八九八年三月二日)を見た上野音楽学校教授の山田源一郎の申し出により留学生救援のため同年三月二〇日午後一時半より音楽学校奏楽堂で開かれた万朝報社主催の「韓国留学生扶助慈善音楽会」のことだ。当日は二日続きの雨で来会者の出足が危ぶまれたが、午後になって晴れ、それでも数百名の聴衆が集っている。会はまず嶺雲の開会の辞に始まり、ついで留学生代表の答辞があり、それが終ると内村鑑三の演説で、そのあとが本番の演奏会だったようだ。

ここで誤解のないように断わっておけば、北村透谷にも晩年「慈善事業の進歩を望む」という題名の文章があるように、当時は一般にまだ「慈善」という言葉は今日のように偽善的な響を持つ、見下された語としては解されておらず、むしろ貴い、価値ある言葉として発音されていたということだ。

本番の演奏会の方は後で触れることにして、そのまえに内村鑑三の演説について一筆しておくと、それは当日の聴衆に深い感銘をあたえたようで、たとえば、『毎日新聞』記者聴琴生は長文の記事「隣邦扶助大音楽会」(同紙・九八年三月二五、二六日)のなかで鑑三の講演ぶりを次のように報じている。

「……内村氏は次《つい》で演壇に現はれ、快弁を揮《ふる》つて韓国青年救助の大急務に属する所以を説きてバルカン半島の歴史に及び、ブルガリヤの独立国たるを得たるは米人サイラス・ハムリン氏が土耳古《とるこ》コンスタンチノープル府付近に設立せるロバルト大学最も与《あづか》て大に力を有し、試《こころみ》にブルガリヤ内閣員の姓名を挙げ来れば皆同氏の教育を受けたる者のみにして、一国の中心たり骨髄たる各方面の大人傑士は悉《ことごと》く氏の門下より出でたりし美談を引《ひき》て、今に当り韓国青年の教育に努力するの必要を説明し、此音楽会にして他日韓人の為にする一大校舎の設立を促すの導火線たるを得、有用の人材踵《きびす》が接して輩するの時機に達することあらんか、明治三十一年三月二十日を以て日本音楽学校に開会せられたる音楽会は世界歴史上の一記念たるを失はずと論結しぬ。幾百の聴衆は如何に感じけん、満堂の喝采湧くが如し」(句読点は引用者)

当時、鑑三もまた『万朝報』の記者だった。この近代日本の巨人の講演はかなりのものが文章化されて残され、岩波書店版の全集に収められているが、これは見当らず、また同趣旨の文章もないようだ。とすれば、右の聴琴生による記事は、この時代の内村鑑三の朝鮮観を示すものとして鑑三研究にとっても、また日朝関係史をふくむ近代思想史研究にとっても貴重な指針となるのではあるまいか。

ところで本番の演奏会の方であるが、興味深いというより驚くべきことには山田源一郎をはじめとする音楽学校の教師と学生たちの努力によってこの演奏会が維持されただけではなく、陸軍軍楽学校の軍楽隊もこの挙に参加し、四曲も吹奏楽を奏したことだ。現在の自衛隊のことを考えると夢のような話だが、いくら万事大まかな当時のこととはいえ、破天荒のことではなかったかと思われる。それはともかくとして、当時としてもやはり音楽家がこのような政治的な性質を帯びた集会に進んで参加し、演奏をおこなったのは滅多にないことであったらしく、さきの聴琴生も例の記事のなかで次のように触れ、評している。

「想ふ、従来音楽家といへば啼《ただ》香奩《れん》者流と列をなし、因循卑屈、社会の圏外に屛居《へいきょ》して文物の日進に伴ふ能はず、独り個人の利害を算《かぞ》へて斯道《しどう》の振否如何にすら考及するあらず、碌々《ろくく》無為、自ら社会の無用物たる譏《そしり》を招きて晏如《あんじょ》たるを例とし来れるは吾人の深慨に堪えざりし所、而して今や山田氏其人の出でゝ大義侠の為めに大慈善の為めに音楽会を組織せられたるに遭ふ、余輩憂心忡々《ちゅうく》、楽界の萎靡《ゐび》に対し感慨を齎《もた》らせるもの焉《いづく》んぞ歓喜せざるを得んや」（同前）

最後にもう一言つけ加えておけば、当日まえもって内閣の諸大臣のすべてに招待状を送りとどけてあったが、一人の出席もなく、また何の応答もなかったようだ。なぜ内閣の諸大臣は一人も出席せず、また何の応答もしなかったのかといえば、そこには田岡嶺雲のごとき三文文士、あるいは『万朝報』のごとき赤新聞何する者ぞということもあったに違いないと思うが、何よりもこの演奏会のうちに彼らのめざす方向とは全く相異なる性格を本能的に嗅ぎとったからであろう。

このように若き日の嶺雲は西欧帝国主義の侵略からアジアを解放するための方法、手段として第一に「日清同盟」を考え、次に「日韓清三国の同盟」を考え、そのために当然のことながら日朝両国民の連帯を考え、そしてそれを考えたのみならず、ささやかであるとはいえ意味のある右のような実践にも手を染めていったのだ。

もちろん、朝鮮に対するこのような態度は若い日だけのことではなく、死ぬまで変らなかった。たしかに嶺雲の日清戦争の現実に対する認識には甘いところがあるというより、彼の年来の理論(アジア主義)からする政府に対する希望的な観測があった。そこのところをもう少し具体的にいうと、嶺雲にとっては、さきのようなこと――さきの演奏会への招待を内閣の諸大臣がすげなく無視黙殺したようなこと――があったにもかかわらず、維新政府が同じ西欧帝国主義の侵略の脅威と圧迫に苦しむアジアの一民族の政府として対内的にはともかく対外的にはそれほどまでに――眼中に一点の「正義」もなく、ただ「功利」のみあるほどまでに腐敗し堕落し去っているとは考えることができなかったというより、敢えて考えたくなかったと思われる。それはそのような政府をいただく一国民としての彼にとってもあまりにみじめな事実であったから。つまり日清戦争そのものに即していえば、この戦争での政府の目的が実際にはただ領土の拡張や多額の賠償金にのみあって、朝鮮の独立の「扶植」というようなことは単なる体裁のいい、為めにする看板にすぎなかったとはどうしても信ずることができなかったというより、まだまだ政府のアジア政策に対して期待するものが弱くはなく残されていたと考えられる。そうだからこそ、さきの韓国留学生救援の訴えを発表した際にも、もし日清戦争の目的が中国からの台湾の奪取にもなく二億万両《テール》の賠償金にもなく、真に朝鮮の独立の達成のためにあったとするならばという意味の言葉を訴えの前置きにしたのであったし、またかの演奏会にも全く無視黙殺されたといえ内閣諸大臣の出席を求めるということを忘れなかったのだ。

このような政府に対する彼の希望的な認識は日露戦争の時にも変らず、したがってそれは、彼の年来の主張とあいまって、この戦争を何よりもまず白人帝国主義の侵略に対するアジアの義戦の開始と認めさせ、彼をして開戦論者の立場に立たせ、その結果として例えば「韓半島に向つて我国力を発展するは、我帝国神代以来の大経綸なり、大国是に侯、素戔嗚命《すさのをのみこと》の海を踏んで北に渡りしは此が為めにあらずや、神功皇后一巾幗《きんくわく》の身を以て親《みづか》ら三軍に帥《すゐ》として遠く征せるもの、亦此が為めにあらずや、降つて豊太閤が十万の兵八道の山川を蹂躙せしもの、実に此大国是が中道失墜せるを再び振はんが為めにあらざりしか、更《さ》らに降つて明治維新の初《はじめ》、西郷、後藤、副島、江藤、板垣等が其栄官を賭して廟《べう》に争ひ議せしも、亦此がためにはあらずや、日清戦役に出師《すいし》遠く遼東の野に……」（「歴史的大国是」一九〇三年六月。評論集『うろこ雲』所収。ルビは引用者）というような、虚実とりまぜて一見すると古代以来のわが国の朝鮮侵略の歴史を美化するような、いわゆる脱亜論者が好んで口にしそうな言葉さえも発するようになるが、これは彼の主観では政府をしてアジア解放の義戦の開始たる日露戦争に踏み切らせるための戦術的修辞であって、彼の真意ではない。正確にいうと、そこには彼の帝国主義観の問題もあるが、長くなるので、ここでは省略することにしたい。それはそれとして、もちろん、それらの表現がいかに主観的には戦術的修辞であろうとも客観的には十全でなかったことは、後年嶺雲自身が当時の開戦論について「其理論の裏面には一種事を好み乱を喜ぶ煽動的客気と、大帝国の夢想的虚栄心とが含まれてゐた事を懺悔する、且つ世論に雷同した傾が全くないとは云へぬ」（「数奇伝」『中央公論』一九一一年六月以降）と深い自嘲をこめて自己批判している通りである。

実際、日露戦争の開始と展開と終結は嶺雲の眼を次第に開いていったのであって、早くも一九〇七年夏には――当時すでに不治の脊髄癆を病んでいて第二回目の渡清から帰り、神戸郊外で病を養っていたのだが――いわゆる海牙《ヘーグ》密使事件について「予をして露国に生れしめば、予は爆裂弾を抱くの虚無党に与したらむ。或いは予をして清国に生まれたらしめば、予は恩巡撫を斃《たふ》せる徐錫《しやく》麟の徒たりしならむ。若し夫《そ》れ予にして韓国の民たらしめば亡国の怨を海牙に愬《うつた》ふる李《り》儁《しゅん》と行を偕《とも》にしたらむ。偶々日本に生れて、聖代の余沢、閑《しづか》に病余の軀《み》を養ふを得る、予に於て幸の至《いたり》、福の至り也」（「長田村にて」八月。『大阪日報』に掲載か。発禁評論集『病中放浪』所収のものに拠る。ルビは引用者）と書いて、自分がすでに朝鮮を「亡国」つまり日本によってその独立と主権を奪われた国なることを認める者であること、したがって今の自分は従来の自身と違ってもはや政府の朝鮮政策に対してどんな意味での支持をも決してあたえる者ではないことを広く天下に声明したのだ。文中で徐錫麟の事件が取り上げられているのは、それが海牙密使事件とちょうど同じ頃に起きて日本の新聞や雑誌にも大きく扱われた出来事だったからである。また、あの中国の女性革命家秋瑾《きん》が「秋風秋雨人を愁殺す」という辞世の一句を残して斬首刑に処せられたのは、この事件に関係してのことだ。

今や嶺雲にとって日本政府は疑いもなく日朝両国民の味方ではなく、現代風にいえば「共同の敵」となったのだ。それゆえ朝鮮問題についての嶺雲の言及は以後もっぱら日本政府による韓国「保護」政治の何たるかをあばき出し、それに強い抗議の意志を表明することに向けられていくことになる。たとえば一九一〇年四月というと、かの朝鮮の植民地化を決定的にした日韓「併合」の直前だが、その四月に嶺雲は「無当語」と題するエッセイを『読売新聞』に連載しているが、そのなかで次のように書いて日本政府派遣の韓国統監の武士道鼓吹を揶揄というより嘲笑し、まさにそうすることによって「保護」政治の何たるかを示すとともに朝鮮民族に深い同情を寄せたのだ。

「頃日《けいじつ》韓国統監が韓国に相撲を興行せしめ、以て武士道を彼地《かのち》に鼓吹するの一助とせんとすと伝ふ。一方に韓国を保護国としながら一方に韓人に武士道を鼓吹せんとす。此《か》くの如き矛盾を平然として公言する韓国統監は好個の喜劇の主人公也」

因みに言い添えておけば、朝鮮民族を見下して日本の武士道を鼓吹しようとした僭越はさておき、当時すでに韓国軍は駐留の日本軍の圧力によって解散させられ、宮殿警護の人員を除いて正規の軍隊としては全朝鮮に一兵たりとも存在していなかったのである。

日韓「併合」後も――すでに日本国内もその前々月の六月に幸徳秋水らの大逆事件が起きて「冬の時代」が始まり、表現の自由が著しく制限されるようになっていたが――嶺雲のこのような態度は少しも変っていない。ただいくらか違いがあるとすれば、時代の重圧のなかで表現がますます入り組み、韜晦し、一読するだけではなかなかその真意をはかりがたくなっていることであろう。一例をあげよう。次に掲げるのは、「併合」の翌月、その「併合」について触れた「大国民的教育」(『読売新聞』一〇年九月二一日付)という短文の全文である。

「日清戦争に克《か》てり、台湾は吾有《わがいう》となれり。日露戦争に克てり、樺太の半部は又吾有となれり、満洲の一部も吾が勢力圏中に入れり。而して今や朝鮮も亦又折れて吾が版図に帰せり。東海中の蕞爾《さいじ》たる島国たりし日本は、此《か》くの如くにして大国強邦の列に伍するに至れり。然れども哀《かなし》いかな、成金的と、成り上者也、我国民は依然として猶未だ島国根性を脱する能はず、恰かも初めて緞帳《どんちょう》役者が檜舞台を踏めるの状あり。吾人は所謂日韓併合に狂喜する我国民に向つて、先づ大国民たるべきの教育を施さんことを欲せずんばあらず」

一見すると、この短文は日韓「併合」に際して改めて「島国根性」の持主である日本の「成金的」「成り上者」的な植民地経営を戒め、それを西欧並みのものに近づけるために日本人の「大国民的教育」が必要であると訴えているだけのように見える。もちろん、これだけでも日本の植民地経営の後進性を真正面から批判した、当時としてはなかなか勇気のいる発言だが、問題は「日韓併合」という言葉の前に冠せられた「所謂」の二字であろう。それに注意してこの短文をもう一度読み直して見れば、さきに紹介した題名通りの主張のほかに、もう一つの事柄が述べられていることに気づくだろう。

つまり、この短文は日本の植民地政策の後進性を真正面から批判しているだけではなく、日本国民の「狂喜」(もちろん、この言葉は皮肉というより揶揄である)している日韓「併合」が決して政府のいうように二つが一つになるというようなものではなく、日本による朝鮮の侵略であり、支配であることを明らかにし、それに鋭く抗議しているのだ。

嶺雲はこのように日本による朝鮮の「保護」政治あるいは「併合」政治の本質について自身の態度を明らかにしただけではなく、「併合」政治のイデオロギー的補完物たる「日韓同種論」(日本人と朝鮮人は「同種」あるいは「同祖」だから「併合」は自然であり、かつ歴史的必要であるとの主張)に対しても批判の矢を放っている。たとえば、彼は一九一二年一月刊『日本及日本人』に載せた「雑鈔雑録」の中で、中国の史書に「東方に君子国あり」と記されているのを日本人は自分の都合のいいように日本と受け取っているようであるが、それは「邦人の自惚《うぬぼれ》」であって、古代中国人の考えでは「君子国」というのは「日本に先だちて開け、早く衣冠の邦なりし」朝鮮だったことは疑いを容れぬといい、また言葉に相似するものがあるところから「日韓同種」を説く主張に対しては言語というものは「必ずしも権力に伴うて行はれるものではなく、「数に於て優れる者が少数者を圧すべき」で、しかも「征服者は数に於て必ず被征服者よりも劣」っているのが普通だから、日朝間の言葉の相似は「日本における被征服者が韓と同種」であることを証明しえても、「征服者たる天孫人種」がそうであるとの証拠とするには足りないとしてその前に立ったのである。このような認識については現代における古代日朝関係史学の成果の上に立てば議論百出するに違いないが、ただ右の彼の主張において少なくとも次のことだけは明らかだろう。嶺雲が反骨稜々と戦前政府による韓国「併合」政治に対立し、同時に「共同の敵」にあたるべく遙かなる朝鮮民族に向って連帯の手をさしのべていること、このことだけは、はっきりと読みとれるのではあるまいか。

【付記】日露戦争は、嶺雲が主張したように、一面では「白人帝国主義」に対する解放戦争の性格をもっていたことは、たしかである。実際、日露戦争での日本の勝利は、「白人帝国主義」の侵略や支配に苦しんでいたアジアやアフリカや中南米の人々に解放の希望をあたえた。しかし、嶺雲も予感していたように、この戦争は朝鮮や中国東北部の植民地化への発端でもあった。

女性解放論

（一九八七年二月／八三年一〇月）

一

死ぬ四年ほどまえ、脊髄癆に倒れた嶺雲は残された人生の課題として次の四つの仕事の完成を期していた。

一つは『女子解放論』。

二つは『人の生《うま》るゝや裸体也』。それまで序論的あるいは個別的に展開してきた文明批判の集大成となるもの。

三つはショーペンハウアー哲学の代表作の訳出。このドイツの厭世哲学者と嶺雲との取り合わせは一見、奇妙にうつるかもしれないが、実は、この哲学者から嶺雲は大学時代、ほとんど決定的といっていい影響を受けた。というのは、ショーペンハウアー哲学は、その主著の『意志と表象としての世界』という題名からも察せられるように、何よりも観念論的な立場からする激しい文明批判あるいは金権社会への告発だったからだ。ショーペンハウアーは人間の本質を「物欲」と観たから社会に絶望し、政治的には保守となった。しかし嶺雲は、それを「物欲」とは観ずに「純情」と観たから結局は社会に絶望せず、政治的には革新であり続けた。民権運動参加の体験が彼をそうさせたといっていいだろう。

四つは自叙伝。

以上のうち曲がりなりにも完成を見たのは、自叙伝の『数奇伝《さっきでん》』（『中央公論』一九一一年六月以降）で、これは現在、絶筆となった補遺とともに『田岡嶺雲全集』第五巻（法政大学出版局刊）で読むことができる〔二〇二〇年に西田勝編にて講談社文芸文庫版が刊行〕。ショーペンハウアー哲学の代表作の訳出は、ついに手つかずのままに終ったようだ。『人の生るゝや裸体也』は、そのはじめの部分と推定されるものが残されている。恐らく、この程度にしか計画が進んでいなかったに違いない。

ところで『女子解放論』だが、これは半分以上が完成していたようだが、その原稿はまだ見つかっていない。その要約が、嶺雲が一九〇九年二月に創刊した個人雑誌『黒白《こくびゃく》』に連載され、完結を見たようだが、この雑誌もまだ該当部分のすべてが発見されていないので、その全体が依然として不明のままだ。

しかし、だからといって嶺雲の『女子解放論』の全容が全くわからないというわけではない。というのは嶺雲は折に触れて『女子解放論』の構想を語り、また時事問題につけてその主張を個別的に展開していたからである。

こんど、高知で「田岡嶺雲の記念碑を建てる会」が生まれ、その碑文も「女子解放は男子解放也」と決まったのを機会に私は、これまでに発見された、それらの女性解放に関するすべての文章を集め、そのタイトルも『女子解放論』として近々公刊し、没後七五年、彼の果たされざる意志を彼に代わって実現したいと考えている。

『女子解放論』は晩年の嶺雲がその主なエネルギーを傾け、完成を熱望していた仕事だった。しかし、それは、かりに完成を見たとしても、大逆事件前後のあの「冬の時代」では恐らく、その公刊は不可能だったろう。

「女子解放は男子解放也」という碑文の言葉に象徴的に示されているように、嶺雲の女性解放論の大きな特色の一つは、それが彼の文明批判の一環としてあったことだ。

具体的にいえば、嶺雲の女性解放論は単に女性を政治的に解放する、つまり女性に参政権をあたえることを主張していただけではなく、女性を経済的にも解放する、つまり女性を、これまでの男性本位の文明社会から根源的に解放することを求めたものだった。

言葉を換えていえば、それは単に封建的家族制度から男女を解放することを求めていただけではなく、近代的結婚からも両者を解放することを訴えていたものだった。

私の知る限りでは、このような意味での女性解放論は、わが国の思想史上では嶺雲のそれが初めてだ。嶺雲が最初にその主張を公にしたのは一九〇三年春のこと、平塚らいてうらの『青鞜』が創刊されたのは一九一一年九月——ちょうど嶺雲の死ぬ一年前のことであった。

二つには、それが、ほかならぬ嶺雲自身の生き方、つまり男自身の生き方にかかわる切実な課題としても展開されていたことだ。嶺雲は岡山県津山で中学の教師をしていた時、土地の芸者と大恋愛をし、子供までできたが、彼女を落籍する金がなく、結ばれなかった。その後、数年して彼は恋愛によらない結婚をするが、結局、妻を愛することができず、七年目に離婚した。その間、デカダンスも極めた。もちろん、それらの痛切な体験が一つには彼を、いま触れたような根源的な女性解放論に導いたといっていいだろう。

嶺雲の女性解放論は現代においても十分に新しい。例えば、彼は結婚幻想から解放された女性と男性の自覚的犠牲の上に立った協同を説いているが、それは現在のフェミニズムの最先端の主張と一致している。


（一九八七年一月）

二

堺利彦が一九〇三年四月に創めた『家庭雑誌』を改めて復刻版（不二出版刊）で読み返して、正確には第六巻だけは初めてそれに接して、重ねて納得させられたところ、新たに気づかせられたところ、あるいは疑問を感じさせられたところ、さまざまだったが、なかでもアッと息を呑んで、その頁を追ったのは、第六巻一号（一九〇九年四月）から連載の田岡嶺雲の「女子の解放」であった。すっかり忘れ果てていたが、実は三〇年ほどまえ、この文章の存在を知り、あちこち『家庭雑誌』第六巻を探し回ったものの、どうしても見つからず、そのままになっていたからで、さらには「女子の解放」が一篇の感想文ではなく、体系的な叙述をめざした連載の力作論文として眼前に躍り込んできたからだった。しかし残念ながら『家庭雑誌』が第六巻の四号をもって廃刊になったことは、ほとんど疑いなく、そのうえ、この力作論文が連載されている三号までのうち、その三号の該当部分が原本の保存状態が悪く、欠損していることだ。

ところで嶺雲は、ほぼ同じ時期、具体的には一九〇九年の二月から七月（?）にかけて計四回（?）

「女子解放論」と題する、やはり力作論文を、彼の個人雑誌であった『黒白』に発表している。しかし、これも無念なことに、その力作論文が掲載されている四冊のうち、創刊号と第五号とが一九八三年の六月の今日に至っても未だに発見されていないのだ。

だが、章や節の立て方やタイトルをふくめて、この二つの力作論文のスタイルを突き合わせて見ると、両者の総タイトルが違うだけで同一の文章である可能性が非常に強い。もし『黒白』の創刊号か『家庭雑誌』第三号のどちらかが新たに発見されれば、ほとんど決定的なことがいえると思うが、例えば『黒白』二、三号に載せられているのは、「女子解放論」(上)(中)(下)のうち(中)で、そのタイトルは「如何にして女子は男子の隷属となりし乎」、そして目次だけ知られている『家庭雑誌』第三号所載の「女子の解放」第三回分のサブタイトルも(中)として同題、つまり「如何にして女子は男子の隷属となりし乎」なのだ。

もし「女子解放論」と「女子の解放」が同一の文章であるとすれば、『黒白』掲載の前者は二カ月ほど遅れて「女子の解放」として『家庭雑誌』に連載されたことになる。そして同時に『家庭雑誌』第六巻創刊号と第二号とが新たに出現してきたことによって嶺雲の「女子解放論」の要約の過半を、われわれが読むことができるようになったのである。

参考のため、両者を同一の文章であると仮定して、(上)(中)の章節のタイトルを順序に従って写すと、次の通りだ。

(上)女主男従は自然也

一、人類の発展は解放の発展也　二、生物の大目的は生殖にあり　三、生殖に於て男性はワキ師也　四、男性は女性の支柱のみ　五、男性は女性に媚ぶべき者也　六、女系継承は自然也当然也

（中）如何にして女子は男子の隷属となりし乎

（一）性情の不同は不平等の原因とならず　（二）私有観念の発達　（三）恋愛は男女結合の唯一条件也　（四）強弱の関係は自然を顛倒す　（五）経済的関係は顛倒を助長す

それにしても嶺雲の「女子解放論」は一体、いつの日か、その全姿を現わすのだろうか。改めて戦前の天皇制政府が当時の民主主義的言論や活動に襲いかかった爪跡の深さを思わざるをえない。（下）に、どういうことが書かれていたのか、ということになるが、それについては嶺雲自身による紹介が自叙伝『数《さつ》奇《き》伝《でん》』の中にあるので、同時にそこには（上）（中）の要約もふくまれているので、長文だが引用すると、次の通りだ。

「飽くまで海気を吸ふ傍ら、『女子解放論』の稿に筆を執つた。／人に男女の別あるは、動物に雌雄牝《ひん》牡《ぼ》あると同じく生殖の便宜の為めに外ならぬ、然らば男女の何《いづ》れか重きやは、生殖なる其本務を標準として論ぜねばならぬ。而《しか》るに生殖の上に於て重《おも》なる部分を働くシテたるものは女子にして、男子は只ワキを勤むる助手たるに過ぎぬ。故に之を本来の自然よりいへば、女子は重く男子は第二位に位《くらゐ》すべき筈のものである。之を太古の原始的状態に稽《かんが》へ、若《もし》くは現在せる未開人種の風俗に徴するも、其證歴々として睹《み》るべきものがある。然るに此《これ》が漸次其地位を顛倒《てんたう》して、男子が女子を圧伏するに至つたのは、所謂文明の進歩と共に、経済的関係が直ちに権力的関係を生ずるに至つたが為めで、女子の不幸は

実に夫婦なる者が同棲して経済関係を有するに始まつたのである。／予は如上の見地から、三篇に別ち、上篇には自然の状態に於ける男女の関係を説き、中篇には如何にして此自然の関係が破られたるかを述べて、下篇に於て女子を現在の不自然なる状態より解放せんには当《まさ》に如何がすべきやを論ずる腹案であつた。而して予が従来の著作のやうに断片的な感情的な者でなく、生物学、人類学、社会学、経済学等の科学を基礎とした纏まつた一冊とする計画であつた。著作が殆んど上篇を稿し了つた頃、東京の笹川臨風から打電があつた、東京に新たに起る新聞へ入社をせぬかとの勧誘であつた」（ルビは引用者）

冒頭の「飽くまで海気を」云々は、病気のため第二回目の中国行から帰ってきた嶺雲が一九〇七年九月一三日より淡路島洲本在の海浜に養病生活を送っていたことを指している。また「東京に新たに起る新聞」というのは、同年一一月三日から刊行がはじまった『東亜新報』のことを指している。嶺雲は、この洲本在の海浜にあった「四洲園」という旅館（現在もある）で九月二八日から『女子解放論』を書きはじめ、翌月一六日過ぎにここを引き払っている。

もちろん、ここでいう「上篇」は、『黒白』あるいは『家庭雑誌』所載の「女子解放論」の（上）ではなく、後者は前者の要約と考えられる。雑誌掲載の「女子解放論」は（上）（中）合わせて四百字詰原稿用紙にして四三枚程度、その割合で（下）を合わせても到底、一冊の本にまとめることはできないからだ。

『黒白』第二号（一九〇九年四月）の表紙裏掲載の自家広告（つまり黒白社の）を見ると、「嶺雲著訳集」第三集までの近刊予告が出ている。第一集はゴーリキーの同題の長篇小説を訳した『三人』の第一分冊（予告定価三五銭）で、実際、これは四百字詰原稿用紙にして約一七〇枚弱を収めた四六判・本文一九一頁・定価四〇銭のフランス綴の本として同年七月に刊行されている。第二集は「嶺雲病中の漫筆」を集めるとする『養痾記《ようあき》』（この予告定価も三五銭）で、これは、のちに、正確には翌年七月、黒白社からではなく玄黄社から出され、一週間ほどして発売禁止となった『病中放浪』（四六判・本文二三六頁・序文二三頁・定価六五銭）の原構想ではないかと思われる。第三集は、このほかならぬ『女子解放論』の上巻で、ここには「本誌所掲の者の詳論」あるいは「定価仝上《どう》」の文字が読まれるのだ。つまり『女子解放論』は『三人』第一分冊程度のもので上・中・下の三冊、あるいは少なくとも上・下二冊の嶺雲としてはかなり大部で体系的な著作として、その刊行が予定されていたといっていいだろう。

ところで『家庭雑誌』を復刻版で改めて読み返してみて重ねて納得させられたのは、堺利彦が、この雑誌において家庭の近代化とともに、その社会主義化をはかるのを目的にしたとはいえ、その拠って立つ家庭観、より具体的には家庭の起源に対する見方においては当初、むしろブルジョア的あるいは観念論的なものであったということだ。例えば堺は創刊号（一九〇三年四月）巻頭にのせた宣言的文章ともいうべき「我輩の根本思想」のなかで次のように主張しているからだ。

「……昔々、其昔、女の出産前後に、女はどうしても自分で食物を得る事が出来ず、又敵が来ても思ふように防ぐ事が出来ぬので、それで男が女の為に食物を運んでやり、又女を保護して敵と戦ふ事となり、斯《か》くて夫婦親子が家を作つて共同生活を始めたのであらうと思はれる。（中略）此《この》一家から子孫が段々多く蕃殖《はんしょく》して幾つかの家になる、そうする中には、敵と戦ふ為にも、食物を得る為にも、それらの家が別々に生活して居ては、種々なる危険があり、不便があるので、是非とも一団体とならねばならぬことになる、此団体は即ち一族である。既に一家一族の団体が出来る時には、其団結を堅くする為に、一族の者は族長を戴き、総べて其指揮命令の下に服従して、進退駈引《かけひき》を便利にする事になる。是《こ》れが共同生活の第二段である。それから又是等《これら》の団体が他の団体と長く戦争する結果として、小さな団体は大きな団体に呑みこまれ、弱い団体は強団体に押しつけられなどして、結局、強く大きな団体が中心となつて、それが段々膨脹して行く事になる。すると其中心なる団体の族長が王となり、帝となり、是れが又非常な権力を以て全体を支配する事になる。それが即ち国家と云ふもので、共同生活の第三段である」

ところが、そういう見方が、それから二年九カ月、四巻第一号（一九〇六年一月）所載の「我輩の家庭主義」においては次のように労働者的あるいは歴史的なものに一変しているのだ。

「最初の共産制の時代に在つては、まだ一夫一婦の制が始まつて居らぬので、或は雑婚といふか、或は群婚といふか、何にせよ、女子が数人の夫を持ち、男子が数人の妻を持つといふ有様で、血縁の範囲が不明瞭であるので、一家族の形が甚だ大きく、その輪廓が漠然たるものであつた。即ち此の時代は謂はゆる母系制度で、明白なる親子の関係は母と子との間ばかりで、父の情は未だ全く無く（或るは甚だ少なく）其の家族制度は只《た》だ子に対する母親の本能性ばかりを基礎にして居たのである。然るに一夫一婦（若しくは一夫多妻）の制度になつて以来、家族の形は甚だ明瞭となり、その範囲も亦だ縮少せられた。それと同時に私有財産の制度が起つた。私有財産制と一夫一婦制との関係も甚だ面白いが、それは例を改めて云ふとして、ここには只だ同時に起つたものとして置く」

堺のこのような変化が、一つにはカーペンターの『恋愛の成熟期』やベーベルの『婦人論』などに接することによって起きたであろうことは、例えば四巻二号（一九〇六年二月）所載の堺の『婦人新論の序』などによって知られるが、私が思うのに、田岡嶺雲の結婚否定論も、その変化を促す一つの契機だったのではなかろうか。というのは、嶺雲は早くも一九〇三年四月、「孟浪語《もうろうご》」（『新聞いはらき』）というエッセイのなかで「一夫一婦の制」が「私有権の観念に本づける者」であることを論じ、「財産に私有なければ偸盗《ちうたう》なくして共産あり、異性に私有なければ不貞なくして恋愛あり」（ルビは引用者）と書いているからだ。また翌年三月には、そのものずばりの題名の「一夫一婦は果して天則なり耶《や》」（『新声』）という文章も発表していたからだ。

そういう意味では第六巻第一号以降における嶺雲の登場は、当然の成行きであったといえよう。「元始、女性は太陽であつた」という言葉に象徴される、雑誌『青鞜』を基底から支える女性解放の思想は、着実に用意されていたのである。

（一九八三年九月）

【付記】『女子解放論』は今から一〇年ほど前、同論についてのゴシップ記事が『読売新聞』一九二五年一二月一六日四面に掲載されていることが知られて、原稿用紙五、六〇〇枚のものとして完成していたことが分かった。詳細は「探求の途上で」中の「雑誌『黒白』創刊号の出現」冒頭部分を参照のこと。当時、嶺雲はまだ四〇〇字詰め原稿用紙を使っていたので、上・中・下の三冊の単行本として黒白社から刊行しようとしていた、としていいように思われる。なお、拙編の『田岡嶺雲　女子解放論』は一九八七年七月三〇日、法政大学出版局から刊行された。

田岡嶺雲と幸徳秋水

（一九八七年六月）

今日は飛鳥井雅道さんが最初に――あそこに表題が出ていますが、「坂崎紫瀾と坂本龍馬」という魅力的なタイトルで話すことになっていたのですが、飛鳥井さんは、僕よりも年が若いんですけれども、十数年前からたくさんの病気を持つようになって、最近、それがまた悪くなり、二三日前、電話がかかってきて、「医者がものは書くことはいいけれども、旅行するようなことは許さない。特に高知に行って、そんな坂本龍馬のような話をすれば、君は必ず興奮するから、命の保証はしないと言われた」というので、今日は残念ながら彼は高知へ来れませんでした。

彼の健康が一日も早く元通りになるように祈るとともに、またこういう機会があったら、高知で彼と一緒に話をしたいものだと思います。

ところで、私の与えられた題目は「田岡嶺雲と幸徳秋水」です。どれも非常に厄介な思想家で、それを一人だけ話すならともかく、束にして話さなければならないというのは、かなりの腕力を必要とするわけで、うまく出来るかどうか、わかりませんが、とにかく精一杯やってみることに致します。

秋水の場合は、これは高知だけではなくて、全国的に知られている大思想家、革命家であり、彼については、あまりいう必要がない。ところが、田岡嶺雲の方は「知る人ぞ知る」で、高知でもほとんど知られていない。大町桂月の記念碑は、あちこち見かけるけれども、嶺雲の記念碑はどこにもない。実は田岡嶺雲の墓が、この高知にありますが、ほとんど知られていない。嶺雲の墓は、もう一つ、分骨ですが、彼が死んだ日光の大谷川《だいやがわ》河畔の浄光寺という寺にもあります、「比翼の墓」として。白楽天が楊貴妃のことを歌った、あの有名な『長恨歌』に出てくる「比翼連理」の「比翼」、翼を比《なら》べるということですね。「連理」というのも枝を連ねるということで、こちらの方も友人同士というより男女の間の仲むつまじさを現わす言葉として使われるのが一般的ですけれども、遺族たちの手によってあえて「比翼の墓」として、生涯の友人だった白河鯉洋と一緒に葬られています。嶺雲には、そのように人をひきつける魔力のようなものがあったようです。なかなか「あだな」男であったと思います。

この分骨の方は、日光市のやや詳しい観光地図に、もう何年か前から出ているようですが、地元の高知のほうは、どういうわけか、その気配もありません。非常に残念です。

『読売新聞』に二頁の追悼特集

高知の嶺雲の墓は旭東小学校の西側に見える通称田岡山の上に立っています。この墓の場合も「色つや」のあるところですが、幼い頃の嶺雲を非常に可愛がった叔母さんの墓と並んで、他の墓とは別に東の方を向いて立っています。二〇年ほどまえに訪ねた時には草茫々、墓石も苔むして、雑草を抜いたり、苔を払ったりして大変でしたけれども、一〇年ほどまえ訪ねた時にはずっとよくなっていました。しかし反対に墓地の近くまで住宅が立てこんでいて、入り口を探すのに往生したことが思い出されます。

それで今日集まった方々に、田岡嶺雲がどんなに偉大な思想家であったかということを理解していただいて、墓だけではなく、記念碑なども建てていただいて、ぜひ、はとバスコースなどにも入れてほしい。私はもともと自分の墓は決して作ってもらいたくないという非墓主義者、記念碑の設立というのにも、どちらかといえば消極的な人間ですが、日露戦争以後主だった評論集がほとんど発売禁止になり、著作家としては、いわば「生き埋めの刑」に処せられたといっていい嶺雲の記念碑だけは一度、何とか建てたい、長い間、そう考えてきました。それで、こんなふうに皆様に訴える次第です。

それほど現在では、全くといっていいほど知られていませんけれども、嶺雲が死んだ時、『読売新聞』が何と二頁にわたる追悼特集を組んでいるのです。漱石だとか鷗外の場合に匹敵する大文豪の扱いですね。最近では小林秀雄が、かなり大きな扱いを受けましたけれども、二頁にわたる追悼記事を出した新聞はなかったと記憶します。

嶺雲が当時、漱石や鷗外なみのスペースで扱われたについては、「生き埋めの刑」に処せられたといっていい嶺雲に対する新聞記者たちの政府批判をふくめた同情も大きく働いていたと見ていいと思います。さきほども言いましたように、日露戦争以降、彼の出した評論集は次々と発売禁止となりました。

具体的に名前を挙げますと、まず『壺中観《こちゅうかん》』。これは主として彼の日露戦争以前の文明批判と社会主義についての考察を集めたものですが、一九〇五年四月二七日、発行予定日の前日に発売禁止になっています。これを皮切りに日露戦争中の評論を集めた『霹靂鞭《へきれきべん》』が一九〇七年の一〇月に、戦争以降の文章を集めた『病中放浪』が一九〇九年の七月に、それから『壺中観』の改版である『壺中我観』というのも、その年の九月に発禁になっています。

嶺雲の本で日露戦争以降、かろうじて助かったのはまず、いわゆる自由党左派の武装決起あるいは未遂事件——秩父事件と大阪事件は入っていませんが、その他の福島事件・加波山事件・飯田事件・名古屋事件などの諸事件を、関係者の聞き書きによって記録した『明治叛臣伝』。これは一九〇九年の一〇月に出ていますが、友人たちの煙幕的な序文——日本における「叛臣」はすべて「時の政府」に対する反抗であって「朝敵」つまり天皇への反逆はなかったとか、あるいは、このありがたい御代《みよ》の中で武力による反乱を奨励するのではなく、日常生活での反抗の効用を説くのだというような表現が検閲官の眼をくらましたのか発禁にならずに済んでいます。

次は自叙伝の『数奇伝《さっきでん》』。スキデンあるいはスウキデンと読む人がいますが間違いです。正確にはサッキデンと読みます。ついでに申上げますと、田岡嶺雲《たおかれいうん》のことをタオカリョウウンという人が依然として絶えません。レイウンというのが正しい読み方です。『数奇伝』は一九一一年六月以降、『中央公論』に連載され、翌年の五月に単行本になるのですが、何と三宅雪嶺をはじめ泉鏡花・徳田秋声など一六人に及ぶ先輩や友人の序文が巻頭を飾っています。量にして全体の五分の一ほどになっている。もちろん、意図的に行なわれたことで、それら名のある先輩や友人の序文のバリケードによって、この本も、どうやら危険をまぬがれることができました。

まず文芸評論家として

話が前後しますが、それら以前、一九〇五年の六月に『うろこ雲』という評論集、その翌々年の九月に『有声無声』と題する小川芋銭との共著の漫文漫画集、一〇年七月にはゴーリキーの『三人』を英訳から重訳したものを嶺雲は出しています。『うろこ雲』は、さきほどの『壺中観』が発禁になってしまったので、急遽、出版社に対する補償のためにまとめたもので、第一部には、あとでいくらか立ち入って触れますが、日露開戦論を収め、第二部以降も刺激の少ないものを集めたもので、その点、他の二点と同様、発売禁止をまぬかれています。

以上のほか、嶺雲の晩年の著作で発売禁止になっていないのは、彼が編集した「和訳漢文叢書」の仕事で、それは、やがてあの「和訳漢文大成」の仕事に発展して行くのですが、「和訳漢文叢書」の方は、いわゆる読み下し訳で、まだ完全な翻訳であるとはいえませんが、中国古典のわが国においての翻訳のはじまりとなったものです。

そこには、こういう事情があったようです。天保生まれ、文化文政生まれの人間は自在に漢文が読めたけれども、それに比べると、維新以降に生まれた人は、漢文が格段に読めなくなっている。そしてさらに日露戦争以降の青年たちになると、ほとんどといってよいほど読めない。これは後でお話しする彼のアジア解放論、東西文明融合論にとって憂うべき状況である。聖書やカントやゲーテに親しむものは、もとより必要だが、だからといって老子や荘子やウパニシャッドを読むことを蔑《ないがし》ろにするなら、どうして朝鮮や中国と連帯して西欧列強からアジアを解放することができるのか。あるいは東西両洋文明の融合、統一ができるのか。現代日本人の漢文読解力は読解力としてアジアの古典、なかでも中国の古典に容易に近づくことができる機会を作るべきではないのか。こういう動機から嶺雲は、この「和訳漢文叢書」の仕事をはじめたのであります。

この叢書は全部で一二冊出ていますが、嶺雲が実際に自分で訳したのは、そのうちの三冊です。思想家の名前でいいますと、老子・荘子それから荀子・墨子・列子というような、中国の思想家のなかでも一癖も二癖もある人々を訳しています。

これらの本は、たしかに政府の言論弾圧の対象から免れ、かなり多くの人々に読まれましたが、肝心の彼の真骨頂を示す主要な評論集が次々と発売禁止となり、それが同時代のジャーナリストたちの強い同情を呼びおこす結果にもなったのですが、同時に、ほかにいろいろ原因がありますけれども、主として彼を「忘れられた思想家」とさせる原因がともなったわけです。

嶺雲はまず文芸評論家として現れました。まだ大学に在学中のことですが、二一歳の時、中国の民衆詩人といわれる蘇東坡のわが国において最初のまとまった伝記を書きます。それから次の年にやはり、わが国最初のハインリッヒ・ハイネについてのまとまった伝記を発表します。普通には革命詩人としてのハイネを最初に紹介したのは中野重治だといわれていますが、中野より三〇数年前に、恋愛詩人としてのハイネだけではなく、革命詩人としてのハイネについても、かなり立ち入った紹介をしているわけです。東西の詩人について、それぞれ真正面からぶつかって論じようとしているのは、もちろん、さきほども触れました彼の東西文明融合論によっています。

これらの仕事が認められて、大学を卒業すると同時に、少年園が新たに発行しようとしていた投書雑誌『青年文』の主筆、つまり論説記者に招聘され、水を得た魚のように文芸時評家として大活躍をします。

そしてたちまちにして流行の批評家になりました。例えば、嶺雲が『青年文』の主筆になってから、ちょうど二年後の一八九七年の二月、『新小説』は当時、幸田露伴がその主宰者でしたが、嶺雲を「新大家」の一人として写真を掲げ、簡単なコメントをつけています。あの時代はまだ人が少なかったということもあったに違いありませんが、嶺雲の批評が衝くべきところを衝いていたからであるといっていいと思います。

『女子解放論』と『裸体神聖論』

亡くなった吉田精一さんは、その『近代文芸評論史　明治篇』のなかで嶺雲を評価しながらも、その文学理論においても鑑賞においても嶺雲は「粗大」をまぬがれなかったと書いていますが、吉田さんは嶺雲は「志士タイプの文人」だから、恐らくその文学観や鑑賞も「粗大」に違いないと予断に囚われていたのではないでしょうか。嶺雲は、たしかな文学観を持っていただけではなく、鋭い、細やかな感受性の所有者であったと私は思っています。例えば、当時、島村抱月は『新著月刊』創刊号（一八九七年四月）所載の「批評家月旦」のなかで嶺雲を取り上げ、「気骨」というものに力を入れすぎるのが難だが、つまり元気がよすぎるのが欠点だが、「着眼間々《まま》奇警（奇抜ということですね）にして、肯綮《こうけい》に中《あ》たるの言《げん》、人に先んじて出づ、此の所、最も多《た》とすべし」と嶺雲の鋭敏な作品鑑賞力を高く評価しています。

実際、嶺雲は、いち早く樋口一葉や泉鏡花の才能を認め、高く評価しています。また日露戦争の時には夏目漱石や木下尚江の仕事に、いち早く注目しています。

たしかに嶺雲には長文の作品論というものは、ほとんどありません。作家論は別で、さきほど紹介した蘇東坡やハイネの評伝は四百字詰原稿用紙にして前者が一二〇枚、後者が八〇枚ほどです。一般に彼の文芸時評は短く、下層社会の運命を同情をもって描けと主張した、あの歴史的な論説の「下流の細民と文士」も、たった三枚半の原稿なのです。

嶺雲としては異例の長文の作品論が二つほどあります。一つは「水蔭の『女房殺し』」で、二つは「一葉女子の『にごりえ』」です。それでも前者が一五枚、後者が二二枚ですが、後者はすでに一葉論の古典になっています。現在、それは角川文庫の『にごりえ』の入っている一冊の中に収められていて、簡単に読むことができます。

ところで嶺雲は日清戦争中から戦後にかけて、このように文芸評論家としてすぐれた仕事をしたにもかかわらず、ある意味ではそれゆえに一八九六年夏頃から、その主な努力を社会評論あるいは政治評論に傾けて行くことになります。つまり狭義の文芸評論家から文明批評家あるいは政治評論家へと大転換して行くことになります。

嶺雲の文明批評あるいは政治評論は理路整然、体系を成すというスタイルでは書かれていない。その表現形態は、残されている限りでいえば、感性的かつ断片的です。その点は秋水と大いに違っています。秋水は嶺雲と対照的で、どちらかといえば体系的です。徳富蘇峰の流れを継ぐ、いわゆる民友調で、対句的表現を重ねながら滔々として流れるような文章を書いています。彼は雄弁体の文章家だったと思います。そして秋水には、『二十世紀之《の》怪物　帝国主義』・『社会主義神髄』、それから最後の著書となった『基督抹殺論』など、体系的な著作も多い。ところが、嶺雲には、そういうものはなく、嶺雲の社会主義についての考察や文明批評も、その著作は発売禁止第一号となった『壺中観』をはじめとしてすべて、それまで書いた論説やエッセイを集めたものにすぎない。

彼も、ようやっと晩年になって、つまり死を目の前にしてこれではいけないというので、秋水の影響もあったと思うのですけれども、体系的な作品をつくらなければならないと考えるようになり、二つの体系的な著作を構想します。一つは『女子解放論』で、二つは『裸体神聖論』です。『女子解放論』は読んで字の如きもので、女性を単に政治的に解放するだけではなく、経済的にも解放することを訴えようとしたもので、半分ほど書かれたようですが、まだ見つかっていません。また、『裸体神聖論』の方は、人間が着物を着るようになってから今日のような人間の堕落が始まったという筋立てで、それまで事や折にふれて書いてきた文明批評の集大成を企てたものですが、これらの方は、ほとんど手つかずのまま終わったようです。ハインリッヒ・ハイネがかかったのと同じ脊髄病の進行が、それより早かったわけです。

現代の安藤昌益

もちろん、その著作の表現形式が体系的だからよくて、断片的だからダメということではありません。私は、その表現形態が断片的であっても、嶺雲は一級の文明批評家であるとともに大思想家でもあったと思っていますが、残念ながら日本では歴史学の方から家永三郎さん、文学の方から私が手がけているのを除くと、嶺雲を研究しているという学者は、皆無といっていい状態です。家永さんの研究は、岩波新書の一冊となっている『数奇なる思想家の生涯』として実を結んでいます。

ところが、どういうわけか、外国では嶺雲を取り上げる学者がソ連にもアメリカにも、また東西ドイツにも現れるようになっています。アメリカからきた学者は、博士論文に嶺雲を取り上げ、一〇年ほどまえに、それによって博士号を獲得し、カリフォルニアの某大学で教鞭をとっていますが、最初に私のところに現れた時に、単刀直入「いったい嶺雲のどこが面白いのか」と聞いてみたことがあります。「彼の文明批評は現代のアメリカ社会、資本主義社会に対する痛烈な批判としても読める。実に魅力的だ」という返事でした。もちろん、ソ連や東西ドイツの学者にも、彼等と会った時、同じ質問を出してみたわけですが、考えてみれば当然のことですが、東側の学者も嶺雲の文明批判に、それぞれの社会に対する根源的な問い返しを見ていました。西ドイツの学者は嶺雲の思想を「ミドリ的だ」と言いました。「そのほかは？」という私の質問に、ソ連の学者からは「嶺雲の文章は詩的だから」という答えが返ってきました。

たしかに嶺雲の文章は、どれを取っても一個の詩です。まさに批評を「詩」で書いた人で、私などのような散文的な人間には、到底、及びがたし、という感があります。死んだ中野重治も「嶺雲全集を迎える」（一九六九年一一月）という文章のなかで彼の社会評論や政治評論が「美として出てくるのに私は感動する。『玲瓏《れいろう》玉の如き彼の人格と、鬼才《きさい》人を魅する彼の文章と』ということは、嶺雲において言葉どおり実質的である」と書いています。

大分、前口上が長くなりました。いよいよ本題に入りたいと思います。

嶺雲と秋水は共通点がありますが、同時に当然のことですが、違った点がある。やはり秋水は革命家あるいは社会思想家だったと思います。それに対して嶺雲は文芸評論家から文明批評家あるいは政治評論家に大転換をしましたけれども、結局、文学者以外の何ものでもなかった。

さきほど、コメントするのを忘れたのですけれども、嶺雲は、いわゆる社会文学の元祖のように言われていますが、私も時にはそのように書くこともありますが、正確には嶺雲は、いわゆる社会小説の主張には警戒的で、例えば、一八九七年五月に発表した、その名も「社会小説」という論説の中で、作家たちが恋愛以外に社会的問題に関心をひろげてきたことを是としたうえで、社会を写すことを主として個人の性格を描き出すことをゆるがせにするのは大きな誤りで、詩は説明ではなく、感じさせるところにあると書いています。といっても、だから秋水が社会学的な文学観の持主だというわけではありません。あとで話しますが、秋水には、すぐれた戦争文学論があります。

ところで、まず二人の共通点ですが、何よりも生まれ育ったところが高知であった。細かく言うと、秋水の方は中村で、嶺雲の方は高知市内になっていますが、当時は土佐郡石立村でした。

ともに自由民権運動を体験

それと関係していることですが、二人とも少年時代に自由民権運動を体験している。秋水は一八七一年生まれ、嶺雲は七〇年生まれ、つまり嶺雲の方が一歳上ですが、秋水は小学校の頃、自由党の旗を作ってデモのまねごとをしていたようですけれども、嶺雲の方はやはり小学校時代、嶽洋社という立志社系のグループの一員となり、やがては小学校を中途退学して、馬場辰猪の発意になる高知共立学校に入学しています。その間、彼は村の小学校で演説をしていまして、宮武外骨の名著『明治演説史』に民権運動の最年少者の演説として紹介されています。私は御覧のように、どちらかといえば大兵肥満のほうですが、嶺雲は当時の日本人としても背の大きいほうではなかった。その点は秋水も同じだったわけですが、それがまた一一、二歳の少年、演壇に立つと、机の上に首しか出なかった。ある時、演説のなかで「三尺の童子《どうじ》も亦《また》之を知る」という言葉を使ったら、あとで仲間に「お前こそ三尺の童子ではないか」とサンザンにからかわれたと後年、自叙伝『数奇伝』のなかで回想しています。

この村の小学校での政談演説会には、名前は「学術演説会」だが実際は政談演説会と認めて常時、三人ほどの警官が臨席し、机の上に提灯を立てて嶺雲たちの演説も記録したといいます。シドロモドロで支離滅裂な自分のような少年の話まで真面目に筆記しているのを見て、ひそかに警察官を気の毒に思ったと、やはり後年、『数奇伝』の中で書いています。

比較していうと、少年時代に関する限り、嶺雲の方が民権運動に、より深入りしていたといっていいでしょう。近代日本の文学者で、民権運動に深入りしたのは、北村透谷と嶺雲の二人ではなかったかと思います。いずれにしても、秋水と嶺雲は、少年の頃、自由民権運動を体験していることが共通しています。

また二人とも中学生を中退しているところも、よく似ています。ただ違っているところは、嶺雲はやがて大学へ——選科でしたけれども、東京大学文科大学漢文学科、今の東大文学部に進みます。つまり最高学府に進みます。秋水の場合、中学を中退といっても、通っていた中学が廃校になるのですが、その後、私塾を転々として、最後に中江兆民の「書生」となります。そういう意味では秋水は最高の教師についたといえるでしょう。したがって秋水は、ほとんど学校歴というものはありませんでしたけれども、最高の学歴の持主といえないこともない。嶺雲は文科大学に入るまえに、一年ほど現在の東京水産大学の前進である水産伝習所というところに籍を置いています。それをふくめて、秋水に比べれば、嶺雲の方は学校歴に恵まれていたといえるでしょう。

次に似ているところは、両者ともジャーナリズムと深くかかわったこと。嶺雲は、さきほども申し上げましたように、大学を卒業すると同時にまず投書雑誌『青年文』の主筆となる。それから、一時期、岡山県津山の中学校の漢文の教師をしたり、中国に渡って日本語学校の先生をしたりしますけれども、黒岩涙香がオーナーであった『万朝報』を振り出しに水戸の『いはらき《ば》』新聞、岡山の『中国民報』、『東亜新報』と新聞記者を転々としています。新聞記者をやめたあとも、ジャーナリズムによって生活の糧をえています。

この点、秋水も同じで、『自由新聞』を皮切りに『広島新聞』、『中央新聞』、『万朝報』と転々とし、日露戦争の直前、自ら堺利彦とともに、あの『週刊・平民新聞』をおこします。その後も『日刊・平民新聞』、『平民新聞』、『自由思想』の編集や経営にかかわりますが、これらは『自由新聞』をふくめて、どちらかといえば運動機関紙――その点が嶺雲の場合と大きく違うところです。革命運動家ならではの秋水の軌跡であったと思います。

藩閥と富閥を倒す「第二の革命」

嶺雲と秋水がいつ知り合ったか。それは秋水が嶺雲より四カ月ほど遅れて『万朝報』に入ったその直後ではなかったかと私は考えています。嶺雲が入社したのは一八九七年の一一月、秋水の入ってきたのは翌年の二月、恐らく二人が知り合ったのは、この一八九八年の二月ではなかったかと私は推定しています。その時、嶺雲二七歳、秋水二六歳。嶺雲は、その四月、黒岩涙香の記者に対する管理の強化に反発して『万朝報』を退社してしまいます。しかし二人の友情は終らず、それから一三年間、秋水が死刑台上の露と消えるまで続いて行きます。嶺雲が湯河原で秋水と永遠の別れをする瞬間は、近代日本の思想史においても、いくつもない歴史的な劇的瞬間ですが、私の話も最後は、そこで終る予定ですので、その時のことは今しばらく、お待ち願いたいと思います。

二人の友情が文章の上で最初に確認できるのは、嶺雲が二人が知り合ってから一年目、つまり一八九九年の三月に、『嶺雲揺曳』と題する最初の評論集を、今の新潮社の前身である新声社というところから出しますが、それに秋水が、二人の友情がどういうものであったかを如実に示す詩を、序文として寄せていることです。

余談ですが、嶺雲のこの評論集は、たちまち版を重ね、次いで二番目の評論集『第二嶺雲揺曳』が編まれ、計二万部近くが売れています。文芸評論家としては異例のことで、これによって新潮社は最初の飛躍をしたといわれています。ある意味で、それらの嶺雲の評論集によって新潮社は、その出版社としての基礎を築いたといってもいいわけです。それを考えれば、新潮社こそが、採算を度外視しても田岡嶺雲全集、そうでなければせめて選集だけでも、出しておかしくないのではないかと私は思っています。

『嶺雲揺曳』及び『第二嶺雲揺曳』は、どうしてこのように爆発的な売れ行きを示したのでしょうか。それは、それらの評論集が単なる文芸評論集ではなく、社会政治評論集としても読まれたことによるのではないかと思います。つまり樋口一葉や泉鏡花を代表選手とする日清戦争後の新しい文学潮流の意味を解読する手がかりとして読まれただけではなく、文壇をふくめて閉塞しはじめた当時の社会に対する〈社会変革〉の魅力あるメッセージとして読まれたのではないかと思います。

実際、第一評論集には維新に次ぐ「第二の革命」をおこすことが必要であることを主張した文章が何本か入っています。というより巻頭の数本はことごとく新たなる社会変革を訴えたものです。

彼は日清戦争後の社会を、封建時代の貴賤の階級つまり士農工商の旧体制が基本的にくずれ去ったけれども、「功利的文明の嵐」が盛んとなり、つまり社会の資本主義化あるいは金権化が急速に進み、そのために新たな貧富の階級が生まれ、「富閥」つまり大金持たちが政権を左右しようとしている状況であるととらえ、そのために今や「藩閥」とともに、この「富閥」を倒す「第二の革命」が必要だと、それらの文章のなかで述べているわけです。

この「第二の革命」を嶺雲は、どのようにやろうとしていたのでしょうか。彼は既成の政党、したがって議会にも絶望し、今でいう無党派市民の自由な結集によってのみ、それができると考えていたようです。「べ平連」型の市民運動ですね。なかでも青年たちに期待し、一八九八年三月に発表された「青年諸卿《しょけい》に檄《げき》す」という文章のなかでは、自分がこの最初の連絡の中心になってもいいとさえ言っています。また同じ月に発表された「社会問題」という論説のなかでは、現在の国鉄の前身である日本鉄道会社の機関手たちがストを打って東北線全線を止めた事件——それは日本の労働者がはっきり組織をつくって行なった最初の大規模なストとして日本労働運動史上、まさに画期的な企てだった、その事件に触れる形で、「同盟罷工」つまり労働者のストライキも「第二の革命」の有効な手段の一つであると書いているわけです。

「誰か血性の文を成さんや」

一八九七年三月というのは、もちろん、秋水と嶺雲が知り合った、その翌月にあたります。嶺雲が、それらの評論集のなかで示している状況認識は、当時、秋水が持っていたそれと、興味深いことに、ほぼ一致しています。ただ大きく違う点は、両者ともに自由党にせよ改進党にせよ、既成の政党に絶望していながら、秋水の方が「ベ平連」型の市民運動を構想していた嶺雲とは違って、新しい変革にもやはり、そのための新しい政党を作り出すことが必要であると考えていたことです。

秋水が『嶺雲揺曳』に寄せた詩は、詩といっても漢詩で、白文です。秋水がどのように訓《よ》んでいたのか、はっきりしませんが、我流に読み下してみます。

酔来意気掃千軍
天下誰成血性文
鉄馬夜馳窮北雪
大旗暁捲極南雲
魯連踏海空存志

酔来《よひきた》って意気、千軍を掃《はら》ふ。
天下、誰か血性の文を成さんや。
鉄馬、夜馳《はし》り、北雪を窮《きは》め、
大旗、暁に捲いて南雲極む。
魯連、海を踏んで空しく志《こころざし》を存し

安石、山を出でて未だ勲《いさをし》を樹《た》てず。　安石出山未樹勲
首《かうべ》を回《めぐ》らす、百年家国の事、　回首百年家国事
張《ちやう》三《さん》李《り》四《し》、一《いつ》に紛々《ふんぷん》。　張三李四一紛々

「血性の文」は、義侠心に富んだ文章、ともとれますが、ただ単に、熱い血で書いた文章、と解釈した方が無理がないようです。「魯連」は魯仲連、「安石」は王安石のことで、ともに中国の古い時代の政治家のことです。「魯連、海を踏んで空しく志を存し」は、ある意味で明らかに嶺雲を指しているし、「安石、山を出でて未だ勲を樹てず」の方は、そこに当時の秋水の心境を託したものと見ていいでしょう。嶺雲は、さきにも紹介しましたように、文壇では早くも「大家」と見られるようになったものの、文学者であることに満足せず、転々として席が温まることがなく、他方、秋水の方は、ようやっと新進の新聞記者として脚光を浴びるようになっていたが、政治家としてはまだ何事もしていない状況にあったからです。「百年家国の事」というのは、もちろん、国家百年の大計のことです。「張三李四」云々は、その他大勢、言いたい者には言わせておけ、という意味ですね。

秋水らしい、意気軒昂とした、そして二人の友情の性格をはっきりと示している序文だったと思います。

この前後から秋水の死まで、二人の交流の歴史は、書簡や日記をはじめ、それを裏付ける資料が、かなり残っていますが、それらを逐一、取り上げて、その交流の歴史を辿ることは今日のあたえられた時

間では全く不可能なので、飛び飛びに節目だけをクローズ・アップして結論に向いたいと思います。

南京大虐殺の原型

嶺雲は当時、国内的には「第二の革命」を主張していましたが、同時に対外的には日韓清の同盟つまり日本と朝鮮と中国の同盟を作り、それによって白人帝国主義の支配からアジアを解放し、やがてはアフリカや中南米にも及ぶ、というような考えを持っていました。その点は秋水と大いに違うところで、秋水はもっと現実主義的な見方をしています。

嶺雲は、そのために『嶺雲揺曳』が出版された翌々月、つまり一八九九年五月に、その可能性を探りに上海に渡ります。そこで一方では生活のために日本語学校の教師をしながら康有為左派の知識人や志士たちと交流します。翌年六月、身体の調子が不調で、いったん帰国しますが、この一年間の上海滞在は、嶺雲に一つの大きな思想的な変化をもたらしました。それは、嶺雲が天皇が絶対であるという天皇制信仰から決定的に解放されたということです。

ところで、嶺雲が当時『九州日報』——今の『西日本新聞』の前身ですが、その主筆をしていた友人の白河鯉洋の博多の家で身体を休めていたとき、ちょうど義和団事件とも呼ばれる北清事変が起ります。この民衆による外国人排斥運動は、現在の中国では単なる排外運動ではなく、中国における民族解放運動の先駆として位置づけられていますが、嶺雲は鯉洋に乞われて、しかし本人も大いに乗り気で、こんどは『九州日報』特派の従軍記者として再び中国に入ります。そして記事を送るのですが、「軍機保護法」——今の国家機密法案のルーツですが、それによる軍の検閲で、少しでも内容のある記事は、ほとんど送れず、派遣軍司令官と衝突して日本に帰ってきます。

帰ってきてから、その送れなかった原稿を『九州日報』に発表しはじめるとともに、それまで掲載した分もふくめて「戦袍余塵《せんぽうよじん》」としてまとめ、その年の九月に宮崎来城との合著で『俠文章』として出版します。「戦袍余塵」——直訳すれば「軍服にまだ戦場の塵が残る」ですが、現代風にいえば「戦場から帰って」というところですか。『俠文章』の「俠」は、「弱きを助け、強きをくじく」の任俠の「俠」で、もちろん、ここでは「弱き」は中国を指しています。

嶺雲は、この作品のなかで、帝国軍隊の非市民的な体質を告発し、批判しているだけではなく、日本軍をふくめた列強の派遣軍による中国人の住居に対する放火、略奪、婦女子への暴行、男子をもふくめての非戦闘員に対する無差別な虐殺を明らかにし、結論として、自分はもともと戦争は革命と同じく世界の進歩をうながす点において必要だと思っていたが、こんど目のあたりに戦争のむごたらしい姿を見て、「非戦論者」にならずにはいられない、と書いたわけです。

その点を、もう少しいいますと、嶺雲は、戦争と人間性あるいは戦争と文学とは根本的に相容れぬものだとして戦争の絶対的否認者でしたけれども、同時に「正義の戦争」は、これを「必要悪」として肯定する立場に立ち、事実、日清戦争の時には、それを内村鑑三の場合と同様に、朝鮮の独立を助け、遅れた中国を目覚ませる「正義の戦争」としてとらえ、この戦争を支持しました。ところが、北清事変への従軍は、彼のような立場を根底からゆるがすことになったのです。

嶺雲は、その年の七月二九日付の『九州日報』に発表した「兵燹《へいせん》中の天津」という記事のなかで、日清戦争の時も同種の略奪や婦女子への暴行があったことに言及していますが、すでに南京大虐殺の原型は北清事変や日清戦争の時にあったのです。

戦争文学論の古典

私は「戦袍余塵」を近代日本文学における最初の、しかも飛び抜けて、すぐれた戦事記録文学、反戦ルポルタージュだと思っています。独歩の『愛弟通信』は有名ですが、戦争のむごたらしい部分、暗い面には、ほとんど触れていません。「戦袍余塵」に比べて思想的にも芸術的にも数等、劣ると私は見ています。ただし『愛弟通信』と同時に、ひそかに独歩によって書かれていた『欺かざるの記』の日清戦争部分は、ちょっと違いますけれども。

ところで秋水は、その年の八月七日付の『万朝報』に「非戦争主義」という論説を書き、そのなかで北清事変にふれ、今こそ「平和論」あるいは「非戦論」が叫ばれなければならない時はないと主張しています。そして興味深いことに、嶺雲のルポルタージュに符号を合わせるように、こういうことを、そのなかで言っています。

「平和論者は何ぞ戦地人民の不幸を説かざるや、愛々たる彼等人民は突如とし飛来せる悪魔の為めに、其家《そのいへ》は焚《や》かるゝ也、其財は奪はるゝ也、其妻児は姦せらるゝ也、而して其身は草艾《そうがい》（雑草ですね）を苅るが如くに殺さるゝ也、当年薩長氏に脅かされたる江戸時代の人民は知らん、奥羽の故老は知らん、人間の生命財産は茲《こゝ》に至つて殆《ほとん》ど一蜉蝣《いちかげろう》を値《あたひ》せざることを、洵《まこと》に言ふに忍びざる者有る也」

秋水のこの論説は、彼がその非戦論を最初に公にした文章とされていますが、私は、これは秋水が、さきほどの嶺雲の記事に触発されて書いたものに違いないと推定しています。あるいは秋水は、それらの記事だけではなく、それらの記事にも表現できない、もっと生ま生ましい事実の報告を嶺雲から受け、それも合わさって秋水を、このような主張に赴かせたのではないかと私は想像しています。

それから一カ月ほどして秋水は、こんどは、この論説の延長線上に「所謂戦争文学」というエッセイを雑誌『日本人』に発表します。この秋水の文章を私は秋水が書いた文学評論中の大傑作であるだけでなく、近代日本文学中の戦争文学論の古典でもあると考えています。というのは一つには、それまで積み重ねられてきた近代日本における戦争と文学の関係についての経験を発展的に受け継ぐとともに、二つには、そのことと無関係ではないのですが、すぐれた戦争文学を生み出すためには戦争をどう扱ったらいいのかについてのハウ・ツーがそこには具体的であると同時に包括的に示されているからです。

その点を、もう少し言いますと、日本における最初の平和運動は、北村透谷たちが始めた「日本平和会」の運動ですが、文学と全く無関係なこととして透谷は平和運動に加わって行ったのではなく、その表現を彼が文学に求めた、ほかならぬ「内部生命」の強いうながしによって「平和会」の運動を起こして行ったのです。戦争、つまり相互に人を殺し合い、傷つけ合い、憎しみ合うということは「内部生命」と根本的に相容れないことであり、その本質的な希いは、まさに形而下的にも「平和」だからであります。

日清戦争が始まると、戦争に便乗した際物的な、当時の言葉でいいますと「軍事小説」が氾濫し、庶民から将軍に至るまで軍歌作りが流行することになります。それを見て「文壇一変の兆《きざし》」としてとらえ徳富蘇峰たちの『国民新聞』は、日本における「国民文学」の出現を待望します。それに対して例えば幸田露伴は、戦争は一時のこと、文学は永久をめざす仕事、文学者は文学者本来の仕事に努めるべきだと冷淡な態度をとります。嶺雲も、さきに触れましたように日清戦争は支持しながらも、戦争に浮かれた作品に、すぐれた芸術的価値が約束される筈がなく、また初めから勝つとわかってはじめた戦争によって「国民文学」が出現する可能性もないと蘇峰たちの主張を批判するとともに、戦争が民衆の生活にもたらした暗い部分に光をあてた詩や小説を高く評価しています。

つまり秋水は、このような近代文学においての経験の積み重ねを踏まえて、そのエッセイを書いているのです。例えば、当時の戦争便乗文学を批判して秋水はこんなふうに言っています。

帝国主義に対する見方

彼等は戦争の勇しさを謳歌するが、むごたらしい殺し合いの姿を描かない。彼等は敵国の憎むべきことはいうが、その兵士たちが私たちと同じ愛すべき人間であることは言わない。彼等は戦利品の多いことは言うが、略奪が罪であることについては少しも語らない。凱旋《がいせん》将軍の栄誉については筆を費やすが、その栄誉のために多くの兵士が戦場に散ったことには触れない。また戦死の名誉なことはいうが、その名前がすぐに忘れ去られてしまうことについては沈黙を守る。領土の拡張はいうが、戦争によって経済が衰退して行くことについては語らない、と。

こんなふうにのべたあと、秋水は、ホーマーの偉大なのは「アキレスの憤怒と凱旋」を描き出したところにあるのではなくて「ヘクトルの苦悩と死」を描き出したところにある、ギリシャ文学のすばらしさは「タイルチアスの散逸せる軍歌」にあるのではなく、その「悲劇」に対する「同情の深さ」と思想的なつきつめである、今、わが国文学が必要としているのは「百のキツプリング」でなくて一人のトルストイだというわけです。

この時期、二人がそれぞれ、このような反戦文学の傑作を発表したのは興味深いことだと私は思います。それはとにかくとして二人は、この時点では戦争に対する態度に関する限り、立場を同じくしていた。ところが、日露戦争に対しては二人の立場は大いに食い違うことになります。嶺雲は日露開戦を主張しますが、秋水は、それに真向から反対する。

嶺雲が日露開戦に加担したのは、彼が日露戦争を、日清戦争と同じくアジア解放戦争の性格を持つものと考えていたからですが、一つには秋水とは違った、帝国主義に対する彼の見方にも原因があったとしていいのではないかと思います。では二人は、その帝国主義に対する見方において、どのように違うのか。それを知るのに、まさにお誂え向きの、さきほども触れました秋水の『帝国主義』に対する嶺雲の批評があります。『帝国主義』の出た直後に『中国民報』に書かれたものと思いますが、現在のところ、正確な日付がわかりません。嶺雲はそこで、こういうふうに書いています。

「吾が友幸徳秋水、頃日《けいじつ》（近頃ということですね）『帝国主義』なる一書を著はし、大《おほい》に帝国主義を排す、其言《そのげん》、痛切よく時弊《じへい》に中《あた》る者也。

吾も亦尊王の名を藉《か》つて、専制の実を行はんとする、今の所謂愛国者なる者を悪《にく》む者也、一国の財帑《さいど》（金庫《かねぐら》ですね）を竭尽《けつじん》（空っぽということですね）して、軍人の功名心に犠牲とする所謂軍国主義なる者を悪む者也、人を殺して国を竊《ぬす》み、侵略と略奪によつて其版図（領土ですね）を拡大せんとする所謂帝国主義なる者を悪む者也、予の自由の敵、文明の敵、平和の敵、人道の敵として之を悪むこと、猶《なほ》秋水の之を悪むが如きものある也、但《ただ》吾の見る所の少しく秋水の見る所と異なるものは、吾は所謂帝国主義の流行を憂ふること秋水の如く大ならざる而巳《のみ》」

ロシア革命への評価

註釈つきで原文を読むというのも煩瑣になって聞きづらいと思いますので、続きは私なりに要約して紹介することにします。嶺雲によれば、世界は必ず統一される日がやってくる。単に国土だけではなく、文学においても宗教においても、また言語や習慣においても必ず統一される日がやってくる。それをもたらすのは交通の発達である。見様によっては帝国主義は、人類がその世界的統一に向って行く階段といっていい。それは「一国の野心を利用し、帝国主義の名の下に働かせて、知らず識らずの間に」世界を自分の欲するところへ誘導しようとする天の狡智ではなかろうか。とすれば帝国主義は「自由、正義、平和、文明のユートピアに到る逕路《けいろ》」に横たわっている険しい大きな岩であり、またそのために払うべき一種の「関税」だといえるのではないか。そういう意味で自分は必ずしも帝国主義の流行を心配していない。自分は終局の上から楽観し、秋水は現実を見て悲痛を感じているのだ。秋水と自分とは志すところは一つである。

以上ですが、そうであるからこそ嶺雲は日露戦争の時に、他方では、これに支持をあたえながら、他方では、それに反対する幸徳秋水たちの『週刊・平民新聞』の寄稿家になることを承諾し、創刊号から一四回にわたって、千年後のユートピアから当時を回顧するというスタイルで帝国主義をふくめて近代的文明を縦横に批判するという「亡是公咄々語《ぼうぜこうとつとつご》」というエッセイを連載して行くわけです。それだけではなく、その頃、嶺雲は岡山にいたのですが、そこで秋水と同じく大逆事件に巻き込まれた森近運平らと「岡山いろは倶楽部」という社会主義結社を作り、活動しています。

嶺雲は一九〇四年一一月に『中国民報』を退社して東京に帰ってきますが、しばしば有楽町の平民社を訪問していることが『平民新聞』の記事に出ています。ただ訪問しただけではなく、その年の一二月、木下尚江の長編小説『良人の自白』の合評会があった時には、それにも出席しています。

ところで、また十分には明らかになってないことですが、戦後に出た笹川臨風の回想録『明治還魂紙《すきがえし》』などによりますと、秋水が『週刊・平民新聞』をおこそうとした時、最初にパートナーにしようと思ったのは堺利彦ではなく、嶺雲だった。嶺雲が断って堺利彦と一緒にやるようになったようですが、嶺雲が断った理由は結局、これまでお話したような日露戦争に対する評価が大きく食い違っていたということにあったようですけれども、その運動方法についても、秋水の考えていた反戦運動があまりに平和主義的であることに嶺雲が飽き足らぬものがあったということも、その原因の一つではなかったかと思います。

実際、秋水は日露戦争のさなか、『平民新聞』紙上に『与露国社会党書《ろこくしゃかいとうにあたうるのしょ》』(一九〇四年三月)という論説を書き、そのなかでロシアの社会主義運動に連帯の挨拶を送りながらも、その運動方法はどこまでも「武力」に訴えるものであってはならず「平和の手段」によるべきだと強く主張していますが、嶺雲の方は例えば「革命の血滴」という『天鼓』第二号(一九〇五年二月)にのせた論説では「血の日曜日」事件を、いち早く取り上げ、自分はもし、こんどの戦争でロシヤが負けたら必ずツァーリズムの圧制から自らを解放するであろうと予言していたが、その通りに進んでいるようだ、文学にとってもすばらしい素材ではないかと、武力革命に移行しつつあったロシヤの革命運動を高く評価しているのです。

両者の食い違いは食い違いとして当時、秋水たちが、その反戦運動において、あくまで「平和の手段」に徹して、それを行なっていたことは、それ自身、非常に賢明な選択だったと私は思っています。

二人の交流ふたたび密接に

さらに、もう少し言いますと、嶺雲は日露戦争を強く支持しましたけれども、そうだからといって、そのすべてを認めたわけではありません。それどころか、戦争のもたらす非人間的なもの、あるいは非民主的なものにきびしく目を向け、それを批判しています。

『週刊・平民新聞』に連載した『亡是公咄々語』もその一つですが、もう二、三、例を挙げますと、例えば『天鼓』誌上で、作家は勝利の栄光よりも、それをもたらした戦争の悲惨に泣け、と訴えたり（「悲惨に泣け」一九〇五年二月）、与謝野晶子の反戦詩「君死に給ふこと勿れ」が大町桂月によって「国賊」的であると攻撃されると、芸術の独立の名において、これを擁護したりしています（「桂月対晶子」）。秋水との関係で言いますと、嶺雲はやはり『天鼓』に発表した「顕れたる名、隠れたる功」（同年八月）という評論のなかで、人が名声を獲得するのは偶然の機会によることが多いことを論じ、このエッセイの主な狙いの一つは明らかにそこにあったと思いますが、あの広瀬武夫中佐が、他に同様の功績をあげた軍人が何人かいたにもかかわらず、彼だけが軍神と祭り上げられたのは、たまたま帝国議会で多額の軍事予算を通過させなければならないために世論操作をした結果ではないのか、と新聞の役割に鋭くメスを入れています。秋水は、嶺雲のこの文章を『週刊・直言』——『週刊・平民新聞』の後継紙上で高く評価しています。

さきを急ぎます。一九〇五年九月、戦争が終り、一応の任務が終って平民社が解散——秋水は外国の労働運動の視察と休養とをかねてアメリカに渡りますが、そこで彼の思想の大転換が起ります。すでに渡米以前、獄中にあった時から始まっていたのですが、第二インター系の社会主義からアナーキズムへの大転換が決定的となります。

革命の手段も平和的な方法が否定され、労働者の直接行動によってのみ日本における社会変革は可能であるという、いわゆる直接行動論を唱えるようになります。そういう意味では嶺雲の主張に近づいてきます。しかし秋水のそのような変化によって、生まれたばかりの日本社会党は政府によって解散に追い込まれ、運動は分裂し、衰弱して行きます。一九〇七年一〇月、病気療養をかねて郷里中村に帰りますが、翌年八月、途中、新宮に大石誠之助、箱根に内山愚堂を訪ねたりして東京に戻り、平民社を再建します。

他方、嶺雲の方も、戦争が終わると同時に、『天鼓』の経営だけでは生活ができず、またまた中国に渡り、こんどは蘇州の江蘇師範学堂の日本語の先生になります。しかし身体の調子が悪くなり、これは後で脊髄癆の初期の兆候であることがわかるのですけれども、そのために一九〇七年五月、中国から帰ってきます。嶺雲は、この間、日露戦争が国民に強いた犠牲の大きさを思い、自分のこの戦争に対する態度が誤りではなかったのかと考えるようになります。その点は嶺雲の方が秋水に近づくことになります。そして帰国と同時に、さきにも触れました、彼のライフ・ワークの一つとなる筈だった『女子解放論』を淡路島で書きはじめますが、一〇月、それを途中で放棄して上京、新たに創刊された『東亜新報』という新聞の編集に従います。しかし翌月、病気が急に悪くなり、ほとんど歩くことができなくなる。そのような状態に彼がなっている時に、秋水が中村から東京に帰ってくるわけです。そして、これ以後、二人の交流が以前にもまして密なものになって行きます。

もちろん、この間も、かなり頻繁に手紙の往復があったようですが、見つかっていません。ただ、こんな悲痛な内容の、秋水の上京をうながす嶺雲の葉書が一枚だけ残っています。日付は一九〇八年六月一三日。

「未だ死せず　但《ただ》脚廃して歩する能わず　雲」

「雲」は、もちろん嶺雲の「雲」です。

「吾徒の議論は哀誠より出づ」

嶺雲は、その年の九月以降、暑寒を伊豆や日光に避けながら著作に従うが、翌年二月、世界主義の立場に立つ『黒白』という雑誌を創刊します。その創刊号の表紙に刷られた「宣言」と題する文は、この時代の嶺雲の思想的・文学的立場を実に短い言葉で、よく現わしているので、読み上げたいと思います。

「吾徒《わがと》は平等と平和とを理想として、正義と人道との上に立脚す。

吾徒の眼中には宗派なく、党派なく、国家の内外なく、人種の異同なし、唯《ただ》類を認むるのみ。

吾徒は人生の帰嚮《きかう》（帰趨ですね）は道徳にありと信ず、宗教も、政治も、文学も、芸術も、苟《いやし》くも人生と相渉るものは、皆道徳を準拠（基準ですね）として之を断ずべきものなるを信ず、但《たゞ》吾徒の所謂道徳とは、儒酸なる学究的道徳（つまり儒教道徳ですね）、偏固なる尚古的道徳（つまり伝統的な倫理ですね）の謂《いひ》に非ず、現時を超越し、現所を超越し、伝習と権威との繫縛《けいばく》を超越せる、至正至公絶大絶高の道徳（つまり良心の命令ですね）を謂《い》ふなり。

吾徒は干《もと》むる所なく、阿《おも》ねる所なし、吾徒の論議は哀誠より出づ、黒白截然《せつぜん》、鬼神来《きた》り嚇《かく》するも、敢て其《その》言ふ所を渝《か》へじ」

「鬼神」という表現のなかに当時の政府の言論抑圧が含まれているのは言うまでもありません。『黒白』は第七号が発禁となり、それ以降、廃刊となっていますが、まだ七号のうち、四冊しか見つかっていません。

ところで秋水は、その年の一月、精魂をこめて訳したクロポトキンの『麵麭《パン》の略取』を出しましたが、ただちに発禁の処分を受けます。しかし、そのことを初めから予期していて、その前に全国の同志に秘密配布を終えていました。五月、何とか運動を再建しようとして、こんどは、同じく大逆事件の首謀者として絞首台上の露と消えた管野すがと『自由思想』という新聞を出しはじめますが、二号まで連続、発売禁止になっただけではなく、管野すがが、その発行名義人として起訴され、一カ月半ほど未決監に入れられます。

当時は秋水の家の前にはテントさえ張られ、刑事が数人、監視の目を光らせていたようですが、嶺雲の家のまわりにも、秋水がしばしば訪問したせいか、二人ほどチョロチョロしていたようです。しかし、それにもかかわらず、嶺雲は、できるだけ、この『自由思想』の秘密配布に手を貸しています。

その創刊号の「人さまぐ〵」という雑報欄には、田岡嶺雲の近況として、こんなことが書かれています。

「谷中天王寺に隠居して病を養へり。『黒白』紙上《(ママ)》の『女子解放論』の完結の後、来月より、『裸体神聖論』を草すべしと。近頃、世間甚だ物騒なり、発売禁止の厄に罹ること勿れ」

この『黒白』誌上に連載された「女子解放論」というのは、さきに触れた『女子解放論』の要約ですが、この方も、さきほどのべた事情で、そのすべてが見つかっていません。「裸体神聖論」が、その後、『黒白』に果してのりはじめたかどうかも、わかっていません。

また、『自由思想』第二号の「ぬきが記」という管野すがの日録には、五月一八日の記事として、こんなことが綴られています。

「先生と共に田岡嶺雲氏を訪ふ、不治の病床に呻吟し乍ら『女子解放論』に健筆を揮《ふる》はる、感慨無量」

「先生」というのは、もちろん、秋水のことです。

最後の別れ

翌年三月、秋水は政府のきびしい弾圧の下に手も足も出なくなって、友人たちのすすめで静養しながら『通俗日本戦国史』の編纂をするために、管野すがを連れて湯河原温泉の天野屋という旅館に居を移します。しかし『戦国史』編纂の計画はオジャンになり、そのため罰金四百円が払えず、五月一日、管野すがだけ、入獄のために上京しますが、秋水はひとり天野屋にとどまって、メタファーで天皇信仰を根底から批判しようとしたといわれる『基督抹殺論』の執筆に専念します。

いよいよ私の話も最後に近づきました。二人の交わりの終りについて話をしなければならないところにきました。

嶺雲は、五月二五日、療養を兼ねて、秋水のいる湯河原にやってきました。その夜は中西屋という旅館に泊りますが、騒がしいので、翌日、秋水のいた天野屋へ、しかも秋水の部屋の隣り部屋に引越します。

そして、あの六月一日の朝を迎えるのですが、それ以前、信州明科で社会主義者が爆弾製造中を逮捕されたという新聞記事が二人の話題となり、その時、秋水が「困ったことをしてくれた」といったので、彼は事件とは直接に無関係と思ったが、前日の温泉につかりながらの話では、あと一四、五枚も書けば『基督抹殺論』は完成するとのことだったのに、その日、急に上京すると秋水が言って宿を出て行ったので、気がかりだったと嶺雲は、あとで回想しています。

秋水は、門川駅前の茶屋で午前八時三〇分の上りを待っているところを、東京からきた検事に同行した神奈川県警の警部らに拘引され、駐在所に連れて行かれます。一〇時頃、宿の主人が、そのことを知らせにきて間もなく、こんどは、その警部と駐在所の巡査が嶺雲に任意同行を求めます。それで仕方なく彼は人力車に乗って駐在所に行き、勝手口から台所に上がると、奥の細長い部屋に秋水が制服巡査に守られてポツネンと坐っている。台所は板敷なので、嶺雲は蒲団を敷いてもらって、持ってきた『琵琶記』という中国元代の戯曲を読む。そしてお茶も煙草も飲み飽きたが、何の取り調べもない。初夏の晴れ渡った日で、蜂のうなり声だけが聞こえてくる。膝掛を取りに行った女中の話で、秋水だけではなく嶺雲の部屋も家宅捜索を受けたことが判明する。そして昼すぎになると、検事ら一行が駐在所に帰ってきて嶺雲に二、三、訊問して、宿に帰ることを許される。秋水に挨拶して帰ろうとするが、遮られる。すると、秋水が障子越しに「錆《さ》びた底力のある声」で「さようなら」と声をかけてきた。

それが二人の永遠の「さようなら」になるのですけれども、この時の情景は『数奇伝』にも出てきますが、最初は秋水の求めで、『基督抹殺論』に寄せた序文のなかに写し出されています。「最後の別れを懐《おも》ふ」というのが、その序文のタイトルなのですが、実に名文で、嶺雲が書いた最上の文章中の一つだと私は思っています。冒頭の部分と最後の一行だけを読んでみます。この文章が書かれたのは一九一一年一月一九日――秋水たちが死刑の判決を受けた翌日です。嶺雲が極度に言論の不自由な中で、これを書いているのに思いをやって聞いていただきたいと思います。では読みます。

「此の一巻の『基督抹殺論』は、想ふに秋水の絶筆であらう。大逆罪の犯人として既に死刑の宣告を受けた渠《かれ》は、果して印行（出版ですね）せられた此書《このしよ》を生きて看得《みう》るや否やも疑問である。国家は法律の命ずる所によりて渠を死に処し、渠は其自から信ずる所に殉じて死するのである。国家としては渠を死せしむる正当であり、渠としては死するに何の恨みも有るまい。而し渠の友人としての一己《いつこ》の私情よりしては、永遠に此世界より渠を失ふて、再び渠と相見、渠と相語る得可からざることは、悲痛の極みである。此の『基督抹殺論』の一巻を長く天地の間に留めて、渠の身は絞首台上の露とともに消えゆくのである。此の存ずる限り、渠の名は滅びざるべきも、友として何時《いつ》までも懐かしきは渠の音容（声と形ですね）である、渠の言笑（話したり笑ったりすることですね）である、渠の名では無い。而《し》かも今より後《のち》、渠の形見として、此一巻を渠の音容、渠の言笑として見る外は無い」

そして、さきほどの湯河原での情景描写が、これに続いて、最後の一行となります。

「想ふに病臥《びやうぐわ》（病の床に臥《ふ》すことですね）既に三年、僕の余命も幾何《いくばく》もあるまい、願くは地獄で会はう。」

近代思想史上、稀に見る友情

秋水が処刑されたのは一月二四日——嶺雲が、この序文を書いて六日目の朝でした。まだ三九歳の若さでした。そして嶺雲が日光で死んだのは、それから数えて一年八カ月目の一九一二年九月七日のことでした。彼もまだ四一歳の若さでした。

話が前後しますが、『基督抹殺論』が出版されたのは、嶺雲が危惧《きぐ》していたように、秋水が処刑されたあとでした。それだけでなく、嶺雲のこの序文も、三宅雪嶺の序文ともども政府の圧力によって『基督抹殺論』には収められませんでした。雪嶺のをふくめて、この二つの序文が一般の目に触れるようになったのは戦後で、現在は岩波文庫に入っている『基督抹殺論』で簡単に読むことができます。

嶺雲のこの序文も、『数奇伝』中の同様の記事も、あの時代——「大逆罪の犯人」との関わりなど、できれば抹消したいと考えられていた、あの時代にあえて、その主犯とされた秋水との親しい交わりを明らかにすることによって野蛮な政府に対して強い抗議の姿勢を示したものですが、嶺雲には、もう一つ、大逆事件を扱って、それを根底から批判し去っている文章があります。それは嶺雲の死ぬ一カ月ほどまえ、『新日本』という雑誌に発表された「洪水」というエッセイで、「明治四十三年、湯河原に操泉《そうせん》中（温泉療養中ということですね）二つの事件があつた」という一行から始まっています。このあと、その八月、東海地方から関東地方にかけて各地で集中豪雨があり、湯河原でもその勢いは強く、座敷をかったり、夜もオチオチ眠れなかったことなどが述べられ、こんなふうに結ばれています。

「此洪水で最も先きに流された家は、河の流域を埋立てて平生人間が天晴れ自然を征服し得たと信じてゐる場所に建てられたそれであつた。

＊　＊　＊

今一つの事件は、同じ天野屋に行つてゐた幸徳秋水が、洪水の二個月程前に湯河原から捕へられて行つたことである。

＊　＊　＊

人間の思想にも亦《また》洪水がある」

つまり嶺雲はここで間接話法ながら、はっきりと、今の絶対主義政府は秋水たちを絞首台に送って「天晴れ」人間進歩の歴史を防ぎ止めたような気になっているようだが、ひとたび「洪水」がくれば、いっさい流し去ってしまうだろうと言い切っているのです。実際、それから三〇年余、嶺雲の予言通り、まだ十分な「洪水」とはいえませんが、とにかく大「洪水」が起り、きょう、こうして二人について自由に話せる時を迎えているわけです。

こうして二人の友情を振り返ってみますと、田岡嶺雲と幸徳秋水の友情は、近代日本の思想史あるいは文学史において実に稀な、互いに堕落し合って行くのではなく、切磋琢磨して行った美しい友情ではなかったかと思います。

随分と長くなりました。御清聴を感謝します。

【付記】高知市で開かれた日本社会文学会第二回秋季研究大会第二日(一九八六年一一月二三日)午後、公開講演会「自由民権の系譜」が高知共済会館で開かれた。当初の予定では、以下の内容だったが、飛鳥井雅道が健康上の原因で旅行できず、欠講することになった。西田勝「田岡嶺雲と幸徳秋水」、飛鳥井「坂崎紫瀾と坂本龍馬」、岡林清水「板垣退助と文学」。本文は、この折の速記録に、後日、修正加筆したものである。

『明治叛臣伝』の意義

（一九五三年一〇月）

田岡嶺雲[1]の『明治叛臣伝』（菊判・序文一六頁・本文二〇七頁・定価五五銭・日高有倫堂）は、一九〇九（明治四二）年一〇月一八日に発行された。この書の誕生の具体的事情については、田中貢太郎の回想文[2]があり、興味深いので、少々長いが、それを引用することにする。

「私が達観[3]の編輯をよして間もなく、奥宮〔健之〕先生はじめ、創立者側の者は皆手を引いたので、雑誌は岡上〔徂水〕一人の有となつたが、間もなく改題して黒白[4]となつた。それと同時に嶺雲先生がその雑誌の主筆となつた。

それは四十二年の春の比《ころ》であつた。嶺雲先生は何時の間にか激烈な脊髄病に罹つて、病勢は治まつてゐたが、もう歩行の不自由な不具者となつて、麹町三番町の岡上の家に、何処かの温泉から帰つて来たばかりの体を横たえてゐた。（中略）もう春の末で、輝かしい陽が照つたり沙埃を吹きまくる激しい風が吹いたりした。雨もよく降つた。嶺雲先生は谷中天王寺に移つて黒白を編輯してゐた。生垣のある平家で、夏の夕暮は軒に蚊柱が立つた。

その比湯島の男坂下に日高有倫堂といふ書肆があつて、嶺雲先生の慰問集(5)を出版してゐた。それはむら雲と題する大部な文集で、嶺雲先生の友人が発起して、文壇知名の士から原稿を得て編纂したものであつた。ところで、その時集まつた原稿が非常に多くて、むら雲一冊に載せきれなかつたので第二集を編纂することになつてゐた。そして、いよいよ編纂することになつたが編輯する人がいないので、嶺雲先生の友人として桂月先生が書肆の主人から依頼を受けて私を推薦してくれた。そこで私は毎日書肆に通つて、千波万波といふ続文集を編纂したが、未だそれでも原稿が載せきれないので、他に寄る波といふ小冊子まで作つた。（中略）その日嶺雲先生は、黒白に明治叛臣伝といふものを書きはじめた。河野広中か何人かの短い伝記も載つてゐた。私も奥宮先生から藩閥政府に対する自由党員の種々な隠謀の話を聞いてゐて非常に興味を持つてゐたので、帰つて書肆の主人に『出版してはどうです、』といつて話して見ると主人も乗気になつた。

そこで嶺雲先生に相談すると、『君が関係者を訪問して、書いてくれるなら、引受けても宜い、』といつた。私も小遣に不自由してゐたから、伝記の方を受け持つことにした。

私は暇ひまに福島事件の河野広中、加波山事件の河野広躰《ひろみ》、飯田事件の川澄徳次、静岡事件の中野次郎三郎などを訪問して原稿を作ると嶺雲先生がそれに眼を通して書肆の方へ送つて来た。奥宮先生の名古屋事件の記事は一番に出来た。

すこし原稿が出来かけたところで、嶺雲先生は日光へ避暑した。なんでも小杉未醒の手で借家を探してくれたとのことであつた。一方書肆の方では、原稿が出来るに従つて印刷に廻してゐたが、私が懶《なま》けたり嶺雲先生の方で校閲が遅くなつたりして原稿がとぎれた。主人は私が嶺雲先生に頼まれて、関係者を訪問して事実を確かめに往つてゐる位に思つて、まさか原稿を作つてゐるとは思はなかつたであらう。主人は私に嶺雲先生へ催促の手紙を書かした。私はなんだかくすぐつたいやうな気がした。それに巻頭に入れる嶺雲先生の論文が出来ないので、主人はそれを急いでゐた。そのうち原稿料の残額を渡す時が来た。私は日光へ往つた。書肆を出る時は、『金は渡してもいいが、先づ持つてゐないといつて、論文が出来てゐるかゐないかを確かめたうへで、出来てゐるなら渡すがいい、』と主人がいつた。……

室に通ると嶺雲先生は、『金を持つて来たかね』と訊いた。事実を話さうと思つてゐるうちに、うつかり主人のいつたやうなことをいつてしまつた。嶺雲先生はべつに疑はないで、『それぢや論文を持つて行きたまへ、』といつた。私は甚だ都合が悪いが詮方なしに、『実は金を持つてゐるのです』といつて事実を打ち明けた。嶺雲先生は顔色を変えて、『嶺雲は犬ぢやない、論文は置いて、帰つて主人にさういつてくれたまへ、』といつて怒つた。私はばかばかしいが詮方がないので、原稿はそのままにして東京へ引返した。これには主人も驚いて、嶺雲先生にあやまつて金を渡したうへで、論文をもらつて来いといふので、二三日して復た日光へ往つたが、その時は一泊した」（亀甲カッコ内は引用者。以下同じ）

これ以上、すなわち『黒白』に連載された『明治叛臣伝』が量においても質においてもどのようであったのか、などということは、いまの私にはわかっていない。とにかく、貢太郎文はこの書の「総叙」だけが純粋に嶺雲の筆に成るものであり、伝記文は貢太郎の筆に成った後に嶺雲がそれを校閲したこと、さらに此の書の原型と起源は『黒白』に連載された嶺雲文にあるということを証しだてている。したがって、伝記の方は田中貢太郎によって書かれたので、そのために通俗的大衆性を帯びることになった。貢太郎が手足となって働いたという事実については、当時すでに嶺雲が歩行の自由を失い、筆をとることも相当努力がいるような脊髄病に罹っていて、史料の蒐集などはとても不可能な状態にいたことを考慮しなければならない。

一九〇九年一〇月、拳骨がうちおろされている下に「明治叛臣伝」と筆太に書かれた表紙をつけた『明治叛臣伝』が、「吾国に於ける古来一切の叛臣は、一も朝敵たるものなく……」と始まる白河鯉洋の序文、「聖明の世、敢て嘯集を唱ふるに非ず。処生の道に於て唯《ひと》り之を言ふ」と終っている「謀叛論」と題する笹川臨風の序文、「予は敢て此書を以て今の青年にすすむ、聖代豈に復敢て当年不詳の事を学べといはんや」を含む自序でカムフラージュして、それ自身皮肉を帯びて出版された（傍点は引用者）。もちろん、このカムフラージュは発売禁止をおそれて検閲の眼を逃れるためのもので、それは「予をして露国に生れしめば、予は爆裂弾を抱くの虚無党に与したらむ。或は予をして清国に生れたらしめば、予は恩巡撫を斃せる徐錫林（ママ）の徒たりしならむ。若し夫《そ》れ予にして韓国の民たらしめば、予は亡国の怨みを海牙《ヘーグ》に愬《うった》ふるの李鑴《りしゅん》と行を偕《とも》にしたらむ。偶々日本に生れて、聖代の余沢、閑《しづか》に病余の軀《み》を養ふを得る、予に於て幸の至《いたり》、福の至り也」（「長田村にて」〇七年八月、神戸に於て）という天皇制国家への自嘲を借りた痛烈な批判的精神に通ずるものである。そして更《さら》に此《こ》の『明治叛臣伝』そのもの全体が痛苦にみちた天皇制国家批判となっているのである。その批判が痛苦にみちたわけは、嶺雲の著書が一九〇五年からそれまで発売禁止をうけつづけであり、具体的にいえば評論集『壺中観』（一九〇五年四月）も彼の中国民報主筆時代（一九〇〇―〇四年）の社会主義研究中現実にふれない純理論的なものを選んで集められたが刊行以前に発売を禁止され（それを改訂した『壺中我観』（一九〇六年三月）も一九一〇年九月に発売禁止された）、評論集『霹靂鞭』（一九〇七年一〇月）も雑誌『天鼓』に載った中の検閲に咎められなかったもののみを集めたのであるが、即時に発売禁止されるという始末で本格的評論を書くことができず、過去になぞらえて現代を批評するという方法を採用しなければならなかったからである。当時を回想して嶺雲は自叙伝に次のように書いている。

「……我等が憲法に依《よつ》て附与せられた言論の自由なる者の、至つて狭隘であることをしみじみと感じた。

予に若し今少しく豊かなる想像と、華かなる文藻とあらしめば、予は寧ろ議論の筆を捨てゝ、自分の思想を小説に現はしたらんにと思つた。何時もくヽ、出版さへすれば発売禁止に遭ふ、我れは只筆を折つて黙するの外はない。同じ思想でも若し之を軟かな小説に書き現したならば、その人を動かす危険の程度は却つて大なるにせよ、検閲官は何等の危険なきものとして之を看過するであらう(6)」

そして、そのもくろみの手始めであったのか、「人道の惝怳に於て、有らゆる賤陋なる者に敵たらんが為に、予は人間の相貌を有する各個が、真に人たらんことを望む（ゴルキー）」という文章を扉にしるした『三人 巻二』（ゴルキー原著・嶺雲訳・一九〇九年七月）が黒白社から自費出版され、その序に「其四辺の境遇に応じて変化する主人公の心理的経過を細叙してゆく」ところが面白かったと書かれている。自由民権運動を改めて分析し評価することはほかに重要な目的があるのだけれども、『明治叛臣伝』もまた検閲官の眼には危険なく、人を動かす危険は却って大きい手段として選ばれたものであったにちがいない。一九〇九年の七月と一〇月のことであり、これは注目に価しなければならない。そしてとにかく『三人』と『明治叛臣伝』は発禁をまぬがれているらしいのである。らしいというのは後者は後述するように大逆事件と直接の関係を持ち、発禁になっているかもしれないのであるが、いままでの調査ではわかっていないからである。雑感集『病中放浪』（一九一〇年七月）も田中貢太郎が嶺雲から「危険のないやうな奴を見てくれたまへ」と頼まれて新聞雑誌から切抜いて選んだものであり、自序に「昭代に文運豈にまた予が死損ない《ママ》の紀念の一小著を容るゝの余地なからざらんや」としるしたのであったけれども即時発売禁止となり、嶺雲は笑って「やっぱり根本が悪いらしいね」といった事実、そして老子、荘子などの漢文和訳と「娼狂の態」[7]を借りた自叙伝『数奇伝』のようなものだけが発禁をまぬがれているという事実が一面からこのような手段をとらなければならなかった嶺雲の晩年のスタイルを照らしだしている。

さて、『明治叛臣伝』の、自由民権運動の史料としての価値をいまここでは問わないとして、当時の社会と文学界においてもった史的意味はどんなものであったか。その史的意味を当時の歴史的諸条件と密着しながら究明するという方法をとり、始めに一九〇九年には田岡嶺雲がどのような位置にいたか、彼がどのようにしてやってきたかを簡単に描いて置こう。

一八九四年五月、「近代的・人間的要求の明確な内面的把握、それに根ざした文学概念の形成、近代文学の目的と方法の提示」（小田切秀雄）、すべてこれらを精力的に展開し、島崎藤村その他『文学界』

同人ばかりではなく内田魯庵・樋口一葉・小島烏水らに、更には紅葉門下の若い世代川上眉山・泉鏡花・広津柳浪・江見水蔭らに強い刺戟と影響を残して北村透谷は若くしてその多産な生涯を自ら絶ったが、その激しい活動は一八九五年になってようやく深刻小説・観念小説・悲惨小説などの「悲哀文学」として実り始めた。(8) 田岡嶺雲は労働問題や下層社会問題を激発させた日清戦争後の現実の中で主に雑誌『青年文』(一八九五年二月―九七年一月)『江湖文学』(一八九六年一一月―九七年六月)その他『東亜説林』・『日本人』・『明治評論』などに拠ってこれらの「悲哀文学」を日本文学においての「新光彩」として評価し、(9) 樋口一葉・泉鏡花・川上眉山・広津柳浪・江見水蔭・中野逍遥・徳田秋声たちを励まし勇気づけた。以上の作家たちを評論しながら、彼は北村透谷の内部生命論・国民の花園への要求として現われた共和国と国民文学への模索を、美育論・「想化」という創作方法・シルレル的理念国家と人民の佶屈《きっくつ》を伸べる国民文学への要求に高め、これらの作家たちの活動を理論づけ、一方では新しい文学の障害となっている紅葉・篁村などの文学が死滅していくことを論証し、没理想論争を「啓蒙時代」の遺物として終結させ、他方では「人間なるものの最奥琴線に触接するを要す」(『文学と民心』一八九六年六月)とするして漸進的改良主義的『国民之友』派の「社会小説」の主張を批判的に深化させ、更には「社会小説」に反対した高山樗牛らの「日本主義」的国家主義的国民文学の主張に対立しながら、これらの作家たちがようやくマンネリズム化して悲劇を「狭斜」にかかりたり、失恋・不具者・奇僻の人間をのみ描写するにとどまっていることに警告し、更に暗い社会の隠微や階級的に虐げられている人民の悲劇に文学者のユマニテをおしひろげていくことを要望した。

かくて嶺雲が提示した近代文学の目的と方法をいつわることなく忠実につきつめていった時、そこに彼が見出したのは階級的に虐げられた人民の惨めな生涯であった。これらの虐げられた貧しき人々の佶《きっ》屈《くつ》をどんな手段によって伸ばしたらいいか、これがその次に彼に解決を迫ってきた問題であった。彼は政治を見た。けれども議会は中等以上の富める者の機関にすぎないことを見、それに絶望した。次に宗教を見た。けれども宗教は貧者を餌にしての宗教家の偽善にすぎないことを見、これに絶望した。そして彼は文学だけが民族の主要部分を占める貧しい虐げられた人々の佶屈を伸べる事業であることを確認したのである。しかしこの確認に、果たして今日の文学者はこれらの事業を遂行できるであろうかという懐疑や現状に対する絶望がつきまとわないではいなかった。「筆を焚くの記」(一八九六年二月)等にその激しい苦悩が滲みでている。けれども依然として硯友社は紅葉を領袖としており、その上ようやくそれら戯作文学を克服しようとする新しい作家たちが登場してきたとはいえ、事業展開のためには弱々しいものにすぎなかった。彼は新しい世代の登場を要望し、「偉人出でよ」(九六年八月)「人才の壅塞」(同年九月)等を書き、同年一一月最も期待していた一葉が死ぬや更にラジカルとなり、「新春の第壱喝」(九七年一月)をしるして文界のコロムエル(クロムウェル)生まれよ、といい、反硯友社文界革命を提唱した。この提唱は同時に硯友社文学を必要とする社会機構の革命というアイデアに彼を導いた。かくして嶺雲は一八九七年暮れから九八年の春にかけて『文庫』その他に藩閥政府打倒の団結を提唱した「青年諸卿に檄す」(九八年三月)、富閥と藩閥を打倒する第二革命が到来し、その革命には労働者階級のストライキも一法であると主張した「社会問題」(同上)を書いたが、嶺雲自身は二葉亭が「文学」を捨てて「実行」の中に詩を求めていったように放浪の旅にでていき、一九〇五年まで文壇に戻って来なかった。けれども、それまでの文章を集めた『嶺雲揺曳』（新声社、一八九九年三月）は半年の内に五版を重ね、二万余部が売れ[10]、同じ年『第二嶺雲揺曳』、『雲のちぎれ』が相当の数量売れていることによって知られるように青年文学者のすくなからぬ部分に影響を残し、魯庵・宙外・月郊・風葉・蘆花・尚江らの三〇年代文学の芸術的には洗練されなかったが、傾向的人民的な潮流がつくりだされたことに無視しえぬ役割を果たしたのである。しかしながら、「実行」の詩としての反戦ルポルタージュ「戦袍余燼」（『侠文章』所収、一九〇〇年）、天皇制官僚に対する抵抗の記録『下獄記』（文武堂、一九〇一年）が生まれたとはいえ、二葉亭についていわれるように[11]、嶺雲は文芸批評から離れてはならないばかりか、透谷のように身を燃えつくすまで闘い抜くべきであった、といわなければならないかもしれない。とにかく嶺雲の数年間のブランクは日本近代文学の展開にとって非常にマイナスであったということは疑うことが出来ない。

だが、一九〇三年暮れから、嶺雲が『平民新聞』の寄稿家としてあらわれ、具体的には一九〇四年一二月二四日平民社楼上で開かれた木下尚江を囲む『良人の自白』上篇合評会に参加し、人民的美の追求にむかって革命文学運動の源流となった「火鞭会[12]」運動の発生に力を貸していくようになったのは必然的な成行きでなくてはならなかった。彼はその事業の一環として徳田秋声・小杉未醒・佐藤芝峰・樋口悶象・鹿島桜巷・桐生悠々・笹川臨風・樋口龍峡などと雑誌『天鼓』（一九〇五年二月—〇六年三月、一九冊）を発行し、「島国的規模」をつき破る近代的社会的客観的ロマンを含む文学を翹望して文芸批評を開始したのである。彼は家庭小説・百字文・家庭劇・壮子劇を批判しつつ、その流行の原因を天皇制国家の教育と資本主義がもたらした卑俗な功利主義に求めた。青年男女がこれらの卑俗な恋愛小説に赴くことを慨歎しながら、政府がこれらのものを行政的処分にすることに対しては「芸術の自由と独立」のために反対し、小杉天外の『魔風恋風』や小栗風葉の『青春』などの風俗小説についてはそれらが劣情挑発のためのみでなく描写に新生面を与えたことを認めているが、作家の主体にそれを照らしだす批判的理想のないことを指摘したのである。更に小説家・詩人のテーマの拡がりを要求して、戦争の苛酷な様相、榎本とうの貰子殺にみるような資本主義社会の悲惨、日比谷騒擾のような国民的運動の形姿を紹介し、その意味を解明し、小説家にその描写に進むことがトルストイ、ゴルキー、ユーゴーその他の世界文学にいたる道だと説明し、具体的には「作家ならざる二小説家」として夏目漱石と木下尚江とをあげて彼らの中にその理想を展望した。したがって与謝野晶子の「君死に給ふこと勿れ」をめぐって、これを「国賊」と罵しる大町桂月にむかっては晶子を擁護し、更に反戦に進みでることによって詩が高い理想を獲得することを述べ、小杉未醒の『陣中詩篇』などを高く評価していき、角田剣南子の帝国主義的国民文学の要望に対しては既成文学の批判と破壊の上に新文学を肯定し建設する「革命家の態度」による国民文学論を対置し[13]、その分析の矛先きは日本帝国主義の代言人となった徳富蘇峰と『国民新聞』の御用性の暴露に進み、帝国主義者がいかに自身の利益のために素朴な人民の「愛国心」を利用するかを議会における軍神・愛国者の製造過程に密着して論評したのである[14]。けれども著書は発禁をうけるなど生活は困窮し、そのために二度目の渡清をし、一九〇七年五月激しい脊髄病に侵されて帰国するまでふたたび文学界を離れなければならなかったのである。そして生活の困窮と日本文学においての文芸批評による闘いの経験は、彼を文学それ自身の価値に対する懐疑、日本近代文学そのものへの懐疑に導いたのであった。彼は『波のしぶき』(一九〇六年二月)に書く。

「……人生の真理といふものが朧げにうつされたりとて文学は高きものなりや、人生の帰趣が覚束なく説明せられたりとて哲学は尊きものなりや、さらば実行の上に此《この》憐れむべき人類を救ひ、実践の上に更に善き社会を造り出さんとすることは更に高く更に尊き者ならずや。……迷路に彷徨せる予が耳辺に囁《さゝや》くものあり、汝覚めよと、予は遽然《きょぜん》として、今覚めたるを感ず。聞け、吾等の四下には哭《なげ》きと悲しみの声満つるに非ずや、予は是を救はんが為めに急がんと欲す」

また次のようにも書いている。

「……而して今の予は復た往日の静観黙想の人たり得ず、久しく風塵の裡に飄零《へうれい》したる予が眼には、予の濁り人の哭《なげ》き、醜悪悲惨なる世相の様々、あまりに多く、あまりに明かに映ず。今の予の念に懸るものは、形而上のものに非ず、超絶の事に非ず、眼前即下の此欠陥ある社会を如何にして拯《すく》ひ、此不幸なる人生を如何にして済《すく》ふべきかにあり。予の問題は今や空想より現実に、哲学より社会の上に移れる也。予は此に関して亦自ら窃《ひそか》に観る所なきに非ず、而かも嗚呼予は老いたるかな、亦当年少壮自ら気を負ふの概なし、自ら顧慮し、自ら踟躕《ちちゅう》し、憚つて敢て言ふこと能はず。予が胸は思ひに満つ、而かも是を言ひて只恐る、前人の唾余《だよ》に過ぎざらんことを、若し否《しか》らずして或は些《いさゝか》の新見あらんか、却て又所謂識者に嘲られんことを。今の我は実に其自ら信ずる所を自ら信ずる能はざる迄に迷へる也。此《か》くの如く恐れ、此くの如く惑ひ、此くの如く躊躇狐疑するの間に、嗚呼一刻復《また》一刻吾生の終焉は近きつゝあり、哀れ復《ま》た此末了の志をも齎《もた》らして、墓穴に入るは、予がほとんど忍びざる所、能ふべくんば更に万感の書を読破して博引確証、以て我説を立《りつ》するを得んことを」

かくて嶺雲は「少数者の上に興会ある」だけの日本近代文学に対する疑問、階級的に虐げられた人々の人生に相渉る文学への要求を再認識しながら、再び日本に帰ってきたのだ。

ここで当時の社会と文学界の趨勢を一瞥すれば、外債と重税に拠った日露帝国主義戦争の終結が東京暴動によって迎えられた後、時局産業の閉鎖、軍隊の復員、戦時税の恒久化、失業者の増大、東北関東の大凶作、不景気、性的頽廃が国を襲い、それに抗議する普選運動や小作争議が頻発し、一九〇六年二月には日本社会党が誕生するに至り、それらの情勢を反映して「火鞭会」文学運動が成立、『破戒』(三月)『運命』(三月)『千鳥』(五月)『漾虚集』(同上)『其面影』(一〇月)など、自然主義文学を中心にさまざまな戦後文学が登場してきた。桂内閣に替った西園寺内閣が鉄道国有法案などの資本保護政策をとったために一九〇六年の暮れから翌年にかけて日本資本主義に猛烈な好景気が現われ、工業部門では重工業・鉱業・化学工業などの著しい発展、貿易方面では輸出・輸入のバランスの逆転を惹起したが、一方ではプロレタリアートの増大と自覚と団結を生み、労働条件改善・賃金値上げの自然発生的なストライキが従来にない勢いで爆発し、特にストライキは基幹産業に著しく、その上限には足尾騒擾・別子暴動などの形態をとるにいたった。これは長い間封建的軍事的に抑圧されてきた労働者の本能的自然発生的反抗であったが、ロシア革命を含む国際労働運動の影響とあいまって、第二インターナショナルの影響下にあった日本社会主義運動に権力顚覆・革命の問題を日程に組入れることを要求したが、運動はいまだ革命の科学をもっていなかったために一九〇七年二月一七日、社会党大会は直接行動か議会政策かという機械的対立に導かれ、更に権力によって非合法に追いこまれても立ち直ることができなかった。労働者が反逆したように小市民が長い天皇制の封建的倫理、家のますます深まる抑圧に耐えかねて本能的自然発生的な反逆を始め、ニイチェや自然主義の主張に触発された「意識下の反逆」は「彼等の入れられてゐる箱の最も板の薄い処」(啄木)である性的頽廃の面に盲目的に突進しはじめ、そのエネルギーはようやく戦後文学に世界苦・自然主義のカラーを染めだし、藤村『並木』(一九〇七年六月)花袋『蒲団』(同年九月)白鳥『紅塵』(同上)四迷『平凡』(同年一〇月)を生んでいった。ほかに、その刺戟の中から白柳秀湖らの社会主義文学は労働者の反逆をテーマとした『駅夫日記』(一九〇七年一二月)を生み、わずかではあるが、社会主義レアリズムへの模索が始まった。とするうちに、アメリカから始まった戦後恐慌が日本資本主義を引込むや、西園寺内閣は倒れ第二次桂内閣が一九〇八年七月に成立するが、農業危機の開始、紡績・毛織・石油その他に資本の集中と独占の成立、小作人・淫売婦・失業者の激増、軍事的警察的支配の強化と人民的諸運動の中世的弾圧とが一九〇七年を入口として惹起されたのである。そして石川啄木が俊敏にも「時代閉塞の現状」(一九一〇年八月)で書いたように「我々青年を囲繞する空気は、いまやもう少しも流動しなくなつた。強権の勢力は普く国内に行亘つてゐる。現代社会組織は其隅々まで発達してゐる。——さうして其発達が最早完成に近い程度まで進んでゐる事は、其制度の有する欠陥の日一日明白になつてゐる事によつて知ることが出来る」のであった。この無意味な流動しない重苦しい空気の中に一九〇八年一月金旺会事件、同三月赤旗事件、〇九年一〇月伊藤博文暗殺、一〇年六月幸徳事件がそれへの反逆として稲妻のように閃いた。このような社会情勢の中、一九〇九年自然主義文学の最盛期をむかえ、藤村は『春』（〇八年四月）から『芽生』（〇九年一〇月）・『家』（一〇年一月）へ、花袋は『一兵卒』（〇八年一月）・『生』（同四月）から『妻』（〇九年二月）・『田舎教師』（同年一〇月）へ、白鳥は『何処へ』（〇八年一月）から『落日』（〇九年九月）へとむかい、風葉・青果・霜川・泡鳴らも円熟の境地に到達した。一方では自然主義との対立・滲透の中から鷗外は『ヰタ・セクスアリス』（〇九年七月）・『青年』（一〇年三月）、秋声は『新世帯』（〇八年一〇月）・『足迹』（一〇年七月）、漱石は『それから』（〇九月六月）・『門』（一〇年三月）をそれぞれ書いた。ほかに鏡花・天外・柳浪・水蔭たちも書いており、家庭小説も盛んであったが以上の潮流には比すべくもない。けれども自然主義文学も抱月の戦闘目標喪失宣言[15]によって知ることができるように、盲目的突進はようやく「諦め」にいたり、「情」に囚われ「元禄回顧」（啄木）にむかい、完全に閉塞したのである。その閉塞打開への模索は荷風『ふらんす物語』（〇九年三月）・『冷笑』（同一二月）・『すみだ川』（同上）や、森田草平『煤煙』（〇九年一月）、小川未明『悶死』（八月）、白秋・勇・杢太郎の「パンの会」や『スバル』の新世代となって現われ、その中から石川啄木が「時代閉塞の現状」（一〇年八月）にむかって進み、自然主義との滲透を続けてきた社会主義文学の流れも徳富蘆花『寄生木』（〇九年一二月）木下尚江『労働』（六月）、白柳秀湖『食後』（一一月）上司小剣『人形』（二月）などとして現われ、啄木のコースと微妙に交錯していったのである。したがって、一九〇九年前後の文学界の趨勢の特徴は自然主義の自然発生的本能的性格を見究め、その批評にたってその必然的に向かわねばならぬ目的をつきつめていった石川啄木の苦悶が最も深刻に最も徹底的にこの特徴を明らかにしていることはいうまでもあるまい。すなわち啄木の自然発生性から目的意識性への転化は、自然主義が旧道徳等に反抗した同じ理由で国家権力に懐疑の鋒尖を向けねばならぬという事実の確認（「性急な思想」一九一〇年二月）、更に文学的努力が実人生に対してもつ価値が懐疑され、自然主義の最初の主張と文学の本質が顧慮される必要があり、二葉亭・独歩・魯庵について考えねばならぬということの確認（「硝子窓」一〇年六月）、そして帝国主義的矛盾への反抗として生まれた自然主義自身を閉塞した時代閉塞の現状（二つの帝国主義の併存）に宣戦し、自然主義を捨て、盲目的本能的反抗を罷めて全精神を明日の考察に傾注しなければならぬという確認（「時代閉塞の現状」一〇年八月）という過程にほかならない。

さて嶺雲は自然主義に対してどうであったか。嶺雲が雑誌『天鼓』の活動で要求した理想は、啄木が自然主義の中で苦悶して得た結論によってくまなく照明されることはもう述べる必要はあるまい。結論的にいえば、ただ一九〇九年前後の現実において嶺雲が自然主義との批判的滲透の中で得たものと啄木が盲目的突進から覚め、その実感の批評を通して得たものとが、そのスタンスにおいて異っているとしても本質において同一であったと認めればいいのである。そして、それは次の文章によって確証されるのである。

「今の人は囚はるゝを厭ふ、固より人は自ら主たるを尚《たつと》ぶ、伝説旧習の奴隷となるは固より恥づべき也。然れども自己の主義によりて立ち、自己の信念の上に立つて渝《かは》らざるは之を囚はれたるものなりとはいふ可からず。而かも今の人は朝に東に往き、暮に西にゆき、操守なく本領なきを以て囚へられざるものなりと誤り、却て其自己の主張によりて渝らざるものを固陋なりとす。所謂囚へらるゝ所なりとは豈に守る所なきの謂ならんや、而かも今の人は守る所ある人を罵《のゝしり》て囚へられたりといふ、殊に知らず、其自ら囚へらるゝことを陋《いや》しとする彼等自ら西欧の輸入思想に囚へられて流転するものなるを。……而《し》かも今の文壇の識者を見るに、徒らに西欧の流行を生呑活剝《なまのみいきはぎ》し、一方自然主義を唱へて、伝習の打破を説き乍ら、一方に現実主義と号して、『神《かん》ながら』の御幣主義を説くの矛盾を敢てする者あり。是れ畢竟するに彼等に徹底せる自己より出でたる主義なきに由る也」（「豆南の客舎より芸陽に復す」〇九年三月）

かくて、「徹底せる自己より出でたる主義」とは、「最も性急ならざる心を以て、出来るだけ早く自己の生活その物を改善し統一し徹底すべき努力」（啄木）に通じ、それは文学の価値の懐疑に導き、文学は「悲しき玩具」であるという命題に進ませるのである（啄木にとって歌だけが悲しい玩具であったとのみ説く俗流的見解は完全に本質を見失っている）。そして嶺雲は書く。

「芸陽君足下。十又五年前僕が初めて筆を『青年文』に執りし時に当りてや、僕猶年少気鋭自ら信ずること厚く又自ら任ずること高く、文学を生命とし文章を事業となす、渾身の心血を此に傾注す……爾《じ》来《らい》風塵に奔走して稍々《やゝ》世故《せこ》の辛酸を嘗むると共に、其頭漸く冷《ひやゝか》に、其眼弥《いよい》よ白く、……文学なる者に興味を感ずること亦往日の如くならず、今の僕には文学は一種の閑事業、遊戯文字として観らるゝのみ。僕の今の心を動かす者は社会の不平等也、人類の悲惨なる運命也、即ち実世界の欠陥也。吾は批評家として一篇の小説を是非せんよりは、先づ飢寒に泣く者に一椀の粥を与ふるの途を講ぜんことを欲す、哲学を論じて真理の茫漠たるを探究せんよりは寧ろ今日の文明の弊害を根治するの策を求むるの急なる

を信ず」（前掲文）

それは、『浮雲』時代とははっきり異なった時期、自然主義文学との交渉の中で発せねばならなかった二葉亭の言葉――「何となれば、文学哲学の価値を一旦根底から疑つて掛らんけりや、真の価値は解らんじやないか。ところが日本の文学の発達を考へて見るに、果たしてさう言ふモーメントが有つたか、有るまい。今の文学者なんざ殊に西洋の影響を受けて、いきなり文学は有難いものとして担ぎ廻つて居る」（「私は懐疑派だ」〇八年二月）と通ずるものでなければならない。これら四迷・啄木・嶺雲をして発せしめた意味深長な言葉は何をさしているのか。実行と芸術の問題は、のちにプロレタリア文学の時代に「芸術の武器から武器の芸術」へという機智のこもった言葉の下に価値論争として展開されたものの先駆的現象にほかならない。けれども当時の価値論争はプロレタリアートと文学の関係で論じられたに結果的にとどまり、それが日本近代文学が国民文学であったか、なかったか、にまで進まなかったということは確認されなくてはならない。という意味からすれば、これら三人の文学者の意味深長な発言は、近代文学としての自然主義の全体的偏向――「植民地性・近代主義」（竹内好）の指摘でなければならない。この三人のうち四迷は発言のまま「国際問題」に見果てぬ夢をもとめて飛び立った。けれども、啄木と嶺雲は、一人は肺病で倒れるまで、もう一人はすでに半死の病人で激化した脊髄病で倒れるまで自然主義文学の国民文学への転回のために奮闘したのであった（更に啄木が大逆事件に触発されて社会主義に向っていったとすれば、嶺雲は当時幸徳秋水の平民社再建運動を援助していたのであり、その点で微妙に重なり合っていたのであるが）。それで嶺雲は自然主義文学の飛躍を望んだ。

「自然主義が『一切の虚無』の見地の上に立つて、伝習を排し、権威を排し、信拠を排し、一切の拘俗尚古の成心偏見を破して思想の自由の上に一大革命を与へた其功労は固より没すべきではない、旧きものを破するは新しき者を信ずるがためではなくてはならぬ、若し旧きものを破して其破するに住《とど》まらば、其破するは真の破するではない、自然主義は予備運動であるべき者である。自然主義は一転歩すべき者にして而して其一転歩する所に始めて自然主義の真価があるのである」（「客観的真主観的真」〇九年一〇月『東京二六新聞』）

いままで見てきたように一九〇九年の嶺雲の希望は文学を硯友社から解放したにもかかわらず、その得られた成果をもって再び解放前の地点に立ち戻ろうとする自然主義からの解放であった。それだから、彼は前掲の復芸陽文の中で極めて謙遜にその仕事の目論見を語ったのである。それは第一に『女子解放論』の執筆続行、第二に『人の生るゝや裸体也』という著作の作成、第三はショーペンハウアーの全哲学体系の訳出、第四は『数奇伝』の執筆である。第四はいうまでもなく二葉亭の『平凡』にあたるものともいえるが、真剣な文学者としての自叙で、自身がどうして今日かような見解に至ったかを歴史的に究明する筈のものであったが、出来上がったものは検閲を考慮しているうち「エピソードの集成」（佐々醒雪『数奇伝』序）となって成功したとはいえなかった。第三は写実主義の後に来るべきミスチシズムが日本においてもワグネル、ニイチェ、イプセン、ヴェルレーヌを生むように⒃体系的ショーペンハウアーの哲学の訳出が必要であり、日本人の便宜主義的な断篇的紹介と翻訳に対する批判の上に企図されたが実現しなかったらしい。第二は人間の堕落は着衣以後に始まるというモチーフで「倫理的・社会的・政治的」に文明批評をしようというもので「無政府共産主義」の思想を展開するものであったらしい。第一は明瞭に自然主義が反抗した「家」を取扱い、直接自然主義者がどこに目をつけねばならないかを説明するものであったらしい。そのアイデアは自然状態の男女の関係は生殖を標準とし、女子が重く男子が第二位にすぎず「之を太古の原始的状態に稽《かんが》へ、若くは現存せる未開人種の風俗に徴するも、其証歴々として睹《み》るべきものがあ」り、「此が漸次其地位を顛倒して、男子が女子を圧伏するに至つたのは、所謂文明の進歩と共に、経済的関係が直ちに権力的関係を生ずるに至つたが為で、女子の不幸は実に夫婦なる者が同棲して経済関係を有するに始ま」り（以上『数奇伝』）、それから女子は男子の獣慾の奴隷となり、男子圧制に対する消極的武器として詐欺・猜疑・浅慮・虚栄という奴隷根性をもつに至ったのである（「長田村にて」〇七年八月）、したがって女子を解放するためには、「家族制の牢獄」・「夫婦制」を破壊し、男女を「自由なる恋愛関係の上」にたたさなくてならない（「芸陽に復す」〇九年三月）、あるいは「家は国家成立の基礎」といい、家族制の破壊は国家の破壊と危険視するものがあるが（「孤島の秋」〇七年九月）、国家も私有財産制も破壊される運命にあるという主旨のものである。けれども第一と第二は書かれたらしいが[17]、発表されなかった。たとえ発表されたとしてもそれらは『数奇伝』のように不具になってしまうか、「従来の著作のやうに断片的なものでなく、生物学、人類学、社会学、経済学等の科学を基礎とした」（『数奇伝』三四六頁）ものを望むなら一層発禁をまぬかれえなかったにちがいない。

かくして、嶺雲の「明日の考察――我々自身の時代に対する組織的考察」の雄大な目論見も石川啄木のそれと同様に結果的に挫折してしまったが、この方向のみが日本近代文学が国民文学として成立する唯一の道であったことはゆるぎなく確認されなければならないであろう。そして、『明治叛臣伝』の成立の史的意味は、嶺雲のかかる「明日の考察」の一部をなすところにすべて求められるのである。この書の成立の単なる技術的な面は前述した通りであるが、嶺雲をして叛臣の伝記をつづらしめた動機は何か。以上述べきたった原因は勿論根幹をなしているということはいうまでもない。だが、それは第二の要因に離れがたく結び合っている。第二の要因とは「予は皇城の前を過ぐる毎に、必ず窃《ひそか》かに脱帽して衷心の敬礼を捧げた忠君愛国主義者であつた。若し其以後の予の思想に多少なりとも異つた色彩を帯び来りたりとすれば、それは所謂官僚主義の偽忠君愛国の圧迫に対する一種の反抗からであらう」(「数奇伝補遺」、『中央公論』一九一二年八月)に通ずるものである。この文章の第二の命題に多少のカムフラージュがあり、特に、偽忠君としるして二様の意味をもたせているが、第一命題を読んだ人間は「皇城に脱帽は決してせぬ」という言葉を第二命題の中に書かれた言葉の下に読むにちがいない。また彼の思想の転換は「一共和国」(『数奇伝』)上海居住の経験とその後の天皇制官僚と闘争しての下獄の経験、社会主義研究に拠るものである。第二の要因は嶺雲の人間的資質という第三の要因につらなっていくのである。これについて「自影相に題す」という詩があり、それにいう。

手は戟《げき》せんと欲し、足は頓せんと欲す。
眉つねに軒《あが》る、何をか憤る。
眼つねに白し、何をか疾《にく》む。

肩聳ゆ、此の背天下を荷ふを辞せず。
頭仰ぐ、此項《うなじ》豈に権勢の為に屈せん哉。
五尺の短軀、痩せて峻嶒《しゅんそう》たり。
唯叛相あつて仙骨なし。

嶺雲は大学在学中バイロンがギリシャ独立戦争に参加したように、キューバ独立戦争の際はそれに参加しようとしており、また義和団北清事変に従軍しており、かかる詩人的革命的傾向の資質をもっていたのである。けれども、以上の要因は必ずしも自由党左派の暴動・武装蜂起を取り扱うということにはならない。ではその動機は何か。結論的に推定をたてるとすれば、幸徳秋水ら社会主義直接行動派「無政府共産主義者」が模索していたと同じく、自由党左派事件の研究を通じての権力顚覆の手段の模索が、ほかならぬ『明治叛臣伝』の成立の動機ではあるまいか。それは現在は完全に明白な証明を持ってはいないが、大逆事件と事件関係者の獄中手記によって逆証明を与えられていると考えられるからである。

一九〇八年六月二二日の錦輝館赤旗事件は直接行動派社会主義者に、当時の一層暴力化する天皇制警察国家を顚覆することを志向させるにいたった（大逆事件判決書などに拠る）。同年八月、幸徳秋水は上京して巣鴨に新しい構想にたって平民社を再建し始めた。〇九年二月、田岡嶺雲は修善寺温泉から雑司ヶ谷へ帰り、雑誌『黒白』の編集を始めた。秋水は完全に非合法においやられ、尾行をつれての嶺雲との交友がしげくなり、議論も活発に取り交わされた(18)。二月一七日秋水のゴルキー『同志よ』の訳文が載せられる筈であった嶺雲慰問文集『叢雲』が発行される。三月、秋水は『平民評論』を発行する。この頃から『黒白』に『明治叛臣伝』が連載される。この月に『中央公論』に「芸陽に復す」が載せられた。六月、秋水は『自由思想』を発行し、秘密配布をするが、嶺雲はこれに援助を与える。七月、ゴルキー原著『三人』第一巻が黒白社から出版された。九月、嶺雲は日光に養病にいく。一〇月、『明治叛臣伝』が出版される。一一月、嶺雲は西大久保に居を構え、秋水も千駄ヶ谷に移る。一〇年三月、秋水は管野すがを連れて歴史編纂のため湯河原に赴き、五月初め二人は上京して嶺雲の家に一泊した。その月、嶺雲も湯河原にいき、秋水と同宿した。六月三日秋水は大逆事件容疑者として門川駅で検挙され、嶺雲も旅館から連れ出されたが釈放された。駐在所での「左様なら」が「断金十五年の交はりの最後の『左様なら』」（『基督抹殺論』跋文「最後の別れを懐ふ」）となった。

以上が秋水との交友の現在知れる限りの日誌であるが、秋水門下の、「天子・金持・大地主、人の血を吸ふダニがをる」という俗謡をつくった内山愚童はすでに一九〇八年一〇月、『無政府共産』などという秘密パンフレットをこしらえてばらまき、宮下太吉などが街頭宣伝につかっているという底流がその下に渦巻いていたのである。また『明治叛臣伝』の対象の一人であった奥宮健之[19]は大逆事件に連座させられ死刑となったが、彼の獄中手記「公判廷ニ於ケル弁論概記」には「但シ昨年（一九〇九）九月頃ト覚ヘマスガ、幸徳ガ一日若シ何人カ陛下ニ危害ヲ加フル者ガ在ツタラ其結果ハ如何デアロウト突然問フタ事ガアリマシタ……」また「昨年ノ十月頃ト覚エマス。一日幸徳ノ宅ヲ訪問シマシタ折、幸徳ガ言フニハ吾輩ハ頻リニモンブ（爆弾ノ事）ノ研究ヲシテ居ルガ未ダ十充其製造方ガ明白デナイガ、君ハ往年自由民権ヲ唱道サレタ当時爆裂弾ヲ使用シタ実験ガアロウト思フガ其製法ヲ聞カシテ呉レヌカトノ尋《たづね》故、吾輩其事件〔名古屋事件〕ニハ爆裂弾ヲ使用セザレバ、其製法ハ知ラヌト答エタレバ、誰カ君ノ知人ニ実験家ハアルマイカト云フカラ、（中略）加波山ノ河野広中ハ君モ知人ダロウカラ自身聞キ給ヘト云ヘバ、吾輩ハ出入共探偵ガ尾行スル故何卒君聞テ呉レヌカトノ事デアリマシタカラ……」（ルビは引用者）という文章があり、更に、『明治叛臣伝』そのものが奥宮の大逆事件連座の有力な傍証として検事に使用されたが、その弁明の『上申書』（一九一〇年一二月二七日）には「平沼検事殿ハ自分ヲ以テ一種ノ権謀家ナリト断定シ、斯《かか》ル権謀ノ人ハ世ノ騒擾ニ乗ゼズンバ成功セヌモノ故、奥宮ノ如キハ其騒擾ヲ利用シテ自己ノ欲望、野心ヲ遂行スルニ過〔ギ〕ズ。……平沼検事殿ハ何ノ拠ル所在ツテ斯ル御推測ヲ成サレ候ヤ、其消息ハ了知シ兼候得共、自分ノ推察ニテハ飯野ヨリ御伝聞ナリシカ、又タ太田黒検事殿ヨリノ話ナルカ、或ハ『明治叛臣伝』（田岡嶺雲ノ著作ニシテ、自由党時代ノ五、六人物ガ実歴ヲ書キタルモノニシテ、現ニ予審廷ニ押収シアリタルモノナリ）中ニモ自分ノ事ヲ陰謀家ノ如ク評シアリタル故、[20]彼是ヲ綜合シ斯《か》ク御判断ヲ下シタルニハアラザルカ……」（同上）という文章がある。そしてこれらの事実は、秋水嶺雲談話の中から『兆民文集』が生まれた（前掲貢太郎文）ことなどとあわせて、新しい革命にそなえて過去の日本における革命の研究が爆裂弾研究を含めて始められていたのではあるまいかという私の推定を傍証してくれているのではなかろうか。

さて『明治叛臣伝』が内容としている自由党左派の諸事件は現在までの研究によって、勤労農民・労働者階級・都市勤労小ブルジョアジーを階級的基礎にもつ自由民権運動の激化と敗北の過程・形態であることが確認されている。[21]したがって、それらの階級が始め自由党の左派を形成しながらブルジョア民主主義革命に原動力として参加してきたのであるが、その革命のヘゲモニーを歴史的に把握しなければならなかったわが国のブルジョアジーの殆んどすべてが絶対主義権力の弾圧と買収によって（一八八二年板垣外遊に続く自由党解体によって明らかなように）自身の変革的任務を放棄し、変革の原動力＝同盟予備軍を裏切り、寄生地主型のブルジョア的発展の道を選び、絶対主義権力との妥協＝屈従を選んだためにこれら妥協的上層部分と対立しなければならなくなったこと、更にそのために原動力として自然発生性にしたがい資本主義発展の本源的蓄積過程においての半封建的負担、農村を掘り崩す高利貸資本、その上にたつ絶対主義権力に直接対立、その清掃をもとめて挙兵を含む暴動という闘争型態をとるにいたったが、運動指導者の展望の不足、焦燥による挙兵主義のために巨大な権力＝軍隊と警察によって末梢化し局部化し蹂躙されたこと、そしてその悲劇は世界史的に帝国主義化しつつある国際条件・妥協的ブルジョアジーと未成熟なプロレタリアートしかもちえなかった当時の日本資本主義の後進性・それらの上にたつ巨大な絶対主義権力の形成という史的条件に基本的に規定されていること等も確認されている。これらの確認はこの運動が悲劇的に敗北したけれども、またフランスにおけるように革命的産業ブルジョアジーの利益を貫徹し、徹底した封建制の廃除、完全な民主的国家形態＝共和制を勝ちとれず、またそれへの明確な展望を持たないことがみとめられるにしても、そのことによって植木枝盛『民権自由論』その他、児島彰二『民権問答』、大井憲太郎『自由略論』その他、中江兆民『政理叢書談』その他、宮島健之『共和政体論』『共和原理』その他等々によって明らかとなっている徹底した封建制からの全的な人間解放の要求、共和制への模索が指導的理論としてそれらの運動の上にあったということは否定されてはならない。そして、その放棄されたブルジョア民主主義の貫徹は、その後の社会主義運動・労働者農民運動・今日の民族解放革命にひきつがれ、要求されているものにほかならない。このような現在の研究の成果の上にたてば『明治叛臣伝』において嶺雲のこれらの諸条件に対する評価は充分に科学的といえないかもしれない。けれども、明治維新評価において天皇の扱い方を慎重に行ないながら、その根本的対立を王室と人民との闘いにおき、「国民的統一」と「国家的統一」とを微妙にわけ、更に自由民権運動を民主的革命の連続として文章の背後に読ませていくなど、嶺雲の「総叙」が隠れ蓑に身を蔽いつつ巧みに天皇制の非人民的性格を明らかにしていっている仕方を見逃してはならないであろう。そしてそれは二〇世紀初年代の社会主義者または革命的民主主義者の自由民権運動に対する評価・見解として私たちの前にあたえられており、逆に革命運動理論の位置を語るということにもなっているのである。

『明治叛臣伝』の史料としての価値は、これが出版された時、飯田事件・静岡事件を含み多くの事件がまとまっていることで、また、個人に即して叙述されたため、その伝記的照明によって、いまだ板垣退助監修『自由党史』(一九一〇年)が刊行されていなかったから極めて貴重なものであったにちがいない。しかしながら事件の資料は、そのディテールに及ぶならば当時の新聞記事、渡辺義方編輯『福島事件高等法院公判傍聴筆記』(一〇冊・絵入自由新聞社・一八八三年)、上村昌義『福島事件高等法院裁判評録』(同年)、『大阪国事犯公判傍聴筆記』(正文堂・一八八七年)などの裁判記録その他があり、一九〇九年までに草民野島幾太郎編著『加波山事件』（三六八頁・栃木宮川書店・一九〇〇年）、関戸覚蔵編『東陲民権史』（五九六頁・常陽養勇館・一九〇三年）――前者は栃木県側からの加波山事件の照明で、後者は茨城県側からの加波山事件の照明を主として、福島事件・群馬事件・大阪の獄・飯田事件・静岡事件に触れている、これは『明治叛臣伝』作成にあたって参考とされている――などがあり、これらの方がはるかに詳しいのである。けれども、それらはすべて純然たる記録を出ておらず、素材のまま投げだされているか、悲憤慷慨調の漢文崩しで叙述されているのかのどちらかで、当時の知識人や若い読者にこれらの内容を伝えるには『明治叛臣伝』のようなルポルタージュ風なスタイルが必要であったにちがいない。そして伝記を聞き書きでとるという操作の中から生まれた文学性と史実との融合は此の書の特徴の一つとなっているのである。これは、文学としてなお未成熟であるが、それが内容としている末梢化し押し殺されていく自由党左派の闘いから身をもぎ離し、それを押し殺した現実と闘いの主体に対する批判を通じて北村透谷が建設した近代文学の目的と方法とを、偽ることなく忠実に徹底的につきつめた個性からうまれたという不思議な運命をもち、歴史の屈折する複雑な発展の姿をみせることになっている。

この発展の道は国民の全生活より離れて折れ曲がっていった日本近代文学の主流に比すれば、傍道として続いていったのであるけれども、今日私はこの書の、中野次郎三郎とその妻の物語などを読んで明日の国民文学運動の上に、ネクラーソフ『デカブリストの妻』やトルストイ『復活』やバルザック『みみづく党』やゲーテ『ゲッツ・フォン・ベルリヒンゲン』等々の規模の史詩・ロマンを夢みることとしきりである。

注

（1）田岡嶺雲の略伝については、『歴史評論』第六巻第七号（五二年一一月）所載「愛国者田岡嶺雲の生涯」を参照のこと。

（2）回想文は「田岡嶺雲、幸徳秋水、奥宮健之追懐録」といい、『中央公論』第二九年第一三号（一九一四年一二月）に現れたもので、後に「逝ける先輩の印象」と改題されて単行本『貢太郎見聞録』（四六判・五九七頁・二円八〇銭・大阪毎日新聞社）に収められた。この回想文は、幸徳大逆事件を中心に秋水・健之・嶺雲の姿を伝えている文献として極めて貴重なものである。

（3）この雑誌は、奥宮健之・森隆介・山口弾正・石塚三五郎などの旧自由党左派が経営・執筆をしていたらしいが、私は見ていない。

（4）雑誌『黒白』については私はこれを見ていない。知る人がいるなら、教えてもらいたい。けれども、『東京二六新聞』一九〇九年八月三一日号の『文壇茶話』に、「田岡嶺雲氏の主筆たりし雑誌黒白は今回組織を一変すると共に体裁等にも刷新を加え来九月一日第六号を発行すべく田岡氏は客員として執筆するさうだ」との記事があり、一九〇九年二月から八月まで『黒白』が刊行され、また嶺雲が主筆であったことがわかる。第六号以後どうなったか、わかっていない。

（5）慰問文集には、『叢雲』（菊判、五二六頁、定価一円五〇銭、一九〇九年二月一〇日、桂月・臨風・鯉洋・龍峡合編）、『寄る波』（菊判、一三六頁、定価五五銭、明治四二年六月二五日、桂月・龍峡共編）、『千波万波』（菊判・三七八頁・定価一円二〇銭・明治四二年七月一〇日、桂月・龍峡共編）があり、その扉に「此書を病床の田岡嶺雲に呈す　友人一同」としるされている。夏目漱石は「夢十夜」、泉鏡花は「柳小島」、内村鑑三「非戦論」というように、嶺雲の慰めとなるような文章を、三宅雪嶺・佐藤紅緑・志賀矧川・江見水蔭・藤岡作太郎・藤井乙男・登張竹風・戸川秋骨・徳田秋声・得能文・千葉秀浦・沼波瓊音・小栗風葉・小柳柳々子・高浜虚子・真山青果・高須梅溪・中内蝶二・上田敏・姉崎嘲風・佐々醒雪・斎藤弔花・長田秀雄・小川芋銭・小杉未醒・佐藤生巣・井上哲次郎・新渡戸稲造・徳富蘇峰・柳川春葉・小杉天外・芳賀矢一・久保天随・木下尚江・広津柳浪・国府犀東・三島霜川・小川未明・馬場孤蝶・桐生悠々・西村酔夢・伊藤銀月・佐々木信綱・大野洒竹・久津見蕨村・正岡芸陽その他が寄せている。幸徳秋水は『同志よ』（ゴルキー作）を寄せたが収められなかった。編集者が発禁を恐れたらしい。日夏耿之介は『中央公論』で未発表文献としてこれをあげていたが、これは少し前『日刊平民新聞』に載せられたものである。

（6）『数奇伝』（玄黄社・一九一二年五月）三五二―三五三頁。

（7）山口孤剣『明治百傑伝第一編』（洛陽堂・一九一二年一月）所収「多情多恨の田岡嶺雲先生」から引用した。

（8）小田切秀雄『日本近代文学研究』（東大協組出版部・一九五〇年四月）所収「北村透谷と内田魯庵」を参照。

（9）『第二嶺雲揺曳』（新声社・一八九九年一一月）所収「日本文学に於ける新光彩」（『日本人』一八九五年七月）に拠る。

（10）『第二嶺雲揺曳』の扉に編者の言として「『嶺雲揺曳』を出して漸く半歳、一版つき二版つき三版四版忽ちにしてつき、今や第五版亦将に絶えんとす。人は称して近時の出版界稀に看る所となす。……誨淫媚俗の書にあらざれば歓迎せられざるの今日、計らざりき天下の青年趨走して皆之を求め、世に敷くこと二万の多きに及ばんとは。混濁の世尚に一道の光明ある乎」とあり、単に広告的とはいえないであろう。

（11）小田切秀雄著『文学の端緒』（世界評論社・一九四六年六月）所収「二葉亭問題」を参照。

（12）拙稿「雑誌『火鞭』の成立について」（『文学』一九五三年一〇月）を参照。

（13）「非難主義非か」（『天鼓』一九〇五年三月）に拠る。のち『霹靂鞭』の中に収められた。

（14）この論評とは「顕れたる名、隠れたる功――河口慧海と能海寛師」（『天鼓』一九〇五年八月）のことであり、幸徳秋水は『直言』誌上の「平民日記」でこれを高く評価している。

（15）抱月著『近代文芸之研究』（早大出版部・一九〇九年六月）所収「序に代えて人生観上の自然主義を論ず」のこと。

（16）雑誌『天鼓』第一七号（一九〇六年二月二日）所載「神秘主義を論ず」に拠る。

（17）小杉未醒などの証言によると、発表されなかった遺稿は多量にのぼって行李一杯あったそうである。おそらくこの中に入っていたのではあるまいか。

（18）前掲田中貢太郎文に「親しい間柄の嶺雲先生と秋水先生とは、それからそれと話題を移して往つた。秋水先生の唇にはひつきりなしに嘲笑が浮かんで消えた……」と書かれている。

(19) 奥宮健之と大逆事件との関係については神崎清編『大逆事件記録1　獄中手記』（実業之日本社・一九五〇年六月）の奥宮健之の項の「解説」（三五九—三六八頁）を参照のこと。

(20) 日高有倫堂版『明治叛臣伝』一四四頁に「奥宮は（中略）陰謀反乱の黒幕には誂へ向きに出来て居る」と書かれている。

(21) 平野義太郎著『日本資本主義社会の機構』（岩波書店・改版一九四八年一〇月）所収「ブルジョア民主主義史」特に第二節第一次第一款三「自由民権運動における変革的ブルジョア民主主義」また服部之総『明治の革命』（日本評論社・一九五〇年八月）第一部その他を参照。

（一九五三年七月稿）

〔附記〕注（4）で「雑誌『黒白』については私はこれを見ていない。知る人がいるなら、教えてもらいたい」と書いたが、その後『黒白』の一部が家永三郎氏の手で発掘された（『文学』五五年六月号所載の『田岡嶺雲の「黒白」』を参照のこと）。私もまた所蔵者藤沢衛彦氏（今は故人となった。藤沢はかつて「文雪」と名乗り『黒白』執筆者の一人であった）の好意によってその二、三、六号の三冊を見せてもらったが、嶺雲が執筆連載しているのは『女子解放論』（一号から四号まで。推定）であって、意外なことに『明治叛臣伝』の執筆は親友の白河鯉洋である。それでは、本稿の冒頭に長々と引用した「……その比《ころ》嶺雲先生は黒白に明治叛臣伝といふものを書きはじめた。」とする田中貢太郎の回想は全くの間違いなのであろうか。いや、そうではない。鯉洋もまた貢太郎と同様に嶺雲が歩行不自由で史料の探索がほとんど不可能だったので、嶺雲の意をうけて踏査をおこない、その結果を『明治叛臣伝』として『黒白』に発表し続けていたのである。鯉洋は、その第一回の「はしがき」の中で次のようにいっているのである。因みにいえば、単行本『明治叛臣伝』の扉につけられた「吾国に於ける古来一切の叛臣は、一も朝敵たるものなく……」とはじまる鯉洋の序文は、この「はしがき」の前半の部分を一字一句をかえずにそのまま転用したものである。

「嶺雲が『明治叛臣伝』を著はすに意ある、此に於いてか旨あり。而かも嶺雲今病んで蓐中に在り、東西奔走して史料を探索する能はず、是れ先づ本稿を公にし、明治叛臣の事跡の断片隻語《せきご》なりとも、汎《あまね》く世の識者に投寄を請はんとする所以也。庶願《こひねが》はくば嶺雲をして他日其の志を成さしめんことを」

(『黒白』第二号、五頁)

このように貢太郎の回想は根もなく葉もない全くの虚構ではなく、むしろこの間の経緯によく通じていた人の証言であったとあらためて了解されるのである。鯉洋の『明治叛臣伝』は二号、三号と連載されて、福島事件の河野広中の伝記が取り扱われている。しかし六号には載っておらず、五号にもその形跡がなく、四号もはっきりしないが、もし「(黒白に)河野広中か何人かの短い伝記も乗つてゐた」という田中貢太郎の証言が誤りないとすれば、四号まで連載され、その段階で田中が日高有倫堂の編集委員として嶺雲を訪れ、それを本にまとめる契約が成立し、それで鯉洋の方は中断ということになったのかもしれない。

また私は嶺雲が晩年において目論んだ仕事のうち、『女子解放論』と『人の生るゝや裸体也』について、これらは「書かれたらしいが、発表されなかった」と書いたが、前者は右に触れたように、一応の概要とはいえ、雑誌『黒白』の創刊号から四号にかけて発表されていたのである。一応の概要というのは嶺雲の計画では『女子解放論』は少なくとも二冊以上の著作の形で完成を見るはずだったからである。『黒白』第三号を見ると『女子解放論』上巻の近刊予告が出ている。

次に『人の生るゝや裸体也』であるが、その草稿ともいうべきものが、一昨昨年の夏、京都に住む嶺雲の遺子田岡良一氏のところで発見された。それはイソップ風の寓話小説の形をとってあらわれたけれども、内容その他からいって私は『人の生るゝや裸体也』の草稿であると推断したい。それについては拙稿『田岡嶺雲の遺文』（『図書新聞』一九六四年九月五日、一二、一九日）及び『田岡嶺雲未発表遺稿』（『文学的立場』創刊号・六五年七月）を参照してほしい。

（一九六七年九月）

探究の途上で

文学的予言力

（一九七七年八月）

田岡嶺雲は一九一〇年代に入るまでは大体において漢文読み下し体、それ以後はなおいくらか佶屈《きっくつ》な漢文読み下し体の面影をとどめた口語体で文章を綴っていたことから、現在でも一般には自然主義以前の批評家のように誤解されているが、その嶺雲が実は日露戦争直後における自然主義の到来を、ほぼ一〇年ほど前に予言していた、と書けば、読者はそれを信ずるだろうか、それとも疑うだろうか。

問題の文章というのは、嶺雲が一八九七年一一月中旬からその論説記者をしていた『万朝報』に、翌年の一月二二日から二月一一日にかけて四回連載した「明治戊戌《ぼじゅつ》の新文壇」と題する記事のことだ。それは、いくらか細かく言うと、それぞれ独立の論説としても十分に読めるが、やはり併せて読んだ方が意味が完全となる二つの項目、つまり「試みに戊戌の文運を卜《ぼく》せん歟《か》」と「喜劇的小説果して起る可き歟《か》」とから成り立っていて、掲載の順序をいうと、前者が、はじめの二回分、後者が残りの二回分を占めている。日露戦争直後における自然主義の到来を直接、予言しているのは後者だが、今のべたように後者は前者をまって意味が一層明らかになるのだから、まず前者の内容から紹介してみよう。

嶺雲はその最初の論説のなかで冒頭、「世運」は進歩するというが、それは「不断の向上」というよりは「一高一低」する「波動状進行」で、その高調と高調の間は大きい単位の方からいうと五百年か、あるいは千年、小さい場合では百年、さらに細かく見ていくと十年の場合もあるという。そう言って嶺雲は「太古は邈焉《ばくえん》、攷《かんが》ふ可らず、之を泰西にみれば希臘《ギリシャ》の文華より五百載にして羅馬《ローマ》の最盛あり、其最盛より五百載にして羅馬滅び、羅馬滅びて後殆んど千年、希臘滅びてより千五百年にして古学復興《レネーサンス》あり」云々とのべて、大きい方の単位の五百年乃至千年の東西の実例をいくつか挙げる。それを丁寧に見ていくと、そこに自ずからこの批評家の特異な世界歴史に対する観点が現われていて興味深いのだが、ここでは省略することにして前に進むと、嶺雲は維新以来、わが国の「世運」は「三小変」したという。つまり一番小さい単位の一〇年で計りうるというわけだ。

嶺雲によれば、西南戦争が終焉し、それとともに「封建の遺風」が全く衰退し、以後欧化主義が風靡するに至った一八七七年が第一の山、第二の山は一八八六年から八七年の交で、伊藤博文による官制改革、井上馨による条約改正の試み等において極まった「欧化の風」がようやくにして収まり、国民主義的自覚の波が次第に起こりはじめた時期であるとする。第三の山は言うまでもなく一八九四、五年の日清戦争の時で、日本はこの時、清に勝って「国粋保存の説」とともに高まってきた「自尊の心」が頂点に達したというのが嶺雲の考えで、彼によれば、なかでも、この第二と第三の山が「明治の世運に於ける二大高潮」であるという。

ところで嶺雲は「文運は世運に伴ふ」と主張する。したがって、この批評家にとっては「明治の文壇に於ける二大高潮」は、この「世運に於ける二大高潮」に呼応するものでなければならない。

彼によれば、新文学の萌芽が現われてきたのは一八八一年から八二年にかけての交で、それは八七年以降の「欧化的華耀《くわえう》時代」に至って成熟し、小説家としては坪内逍遥・山田美妙・幸田露伴・尾崎紅葉等がこの間に出たという。しかし文運は次第に下り坂になり、谷底を極めた九四年になって日清戦争が起こり、これを転機にして新進の作家や批評家が続出し、この時期の最盛は一八九六年にほかならなかったとするのが嶺雲の維新以来三〇年にわたる文学的現象に対する総括である。

このような総括の上に立って嶺雲は向う一〇年間の文運を占うわけだが、彼によれば、次の高潮期は「十年内外の後」で、ここ数年間は「沈滞の期」あるいは「休止の期」であるという。とはいえ、その沈滞休止の時期は決して絶対的な意味での沈滞や休止の季節ではなく、来るべき向上に備えての「蓄積の時代」あるいは「素養の時代」であって、それゆえにこそ今後の文壇に向かっては絶望をもってではなく、このような覚悟と希望をもって進んでいかなければならないというのが嶺雲の結論である。

はたして嶺雲の予言の通り、わが国の近代文学はそれからほぼ一〇年後の日露戦争直後の時期において第一、第二に劣らぬ、いやそれらに倍する第三の高潮期を迎えたのであり、またそれ以前の七、八年間は一面においては沈滞と低調の時代でありながら、同時に他方では第三の高潮期を迎えるべき準備と蓄積の季節に相違なかった。

これだけでも嶺雲の文学的予言力は、並みではない、すぐれたものとしなければならないが、しかし、これはどちらかといえば大ざっぱな形式的予言で、当るも八卦《はっけ》、当らぬも八卦というような嫌いがないわけではない。

ではいよいよ本題の第二の論説「喜劇的小説果して起る可き歟」で語られている、第一の論説に比べればずっと内容の面に立ち入っている予言の方に移って行くことにしよう。

この論説は言うまでもなく一面では当時、悲惨小説の流行に対して起こった滑稽文学要望の声（例えば一八九七年一一月三日刊『早稲田文学』第七年第二号所載の坪内逍遥の「何故に滑稽作者はいでざるか」など）への嶺雲の応答であり、同時に批評でもあった。

それはとにかく嶺雲はこの論説のなかでまず、さきに紹介した第一の論説での時代区分を踏まえながら、維新以前にまで遡って、それまでの新文学の歴史を、こんどは、その内容や様式にまで立ち入って素描を試みる。

この批評家によれば、「小説に於ける写実の風」はすでに幕末に端を発していて、維新以来、潮のように入ってきた「欧西写実の風」を迎えるのに十分な素地を形成していたという。その素地というのは具体的には何かというと、為永春水らの人情本で、それらは「幼稚」なうえ、まだ勧善懲悪の観念の支配から完全に解き放たれていないが、天保の馬琴らの強固な道徳意識の束縛に比べれば、いくらかの「思想自由の地歩」を拓いているというのが嶺雲の判断にほかならなかった。つまり、こういう素地のあるところへ坪内逍遥の『小説神髄』が現われ、この画期的な著作に動かされた青年文学者の手によって小説は一進歩を示し、ここに維新以来の新文学は第一の高潮期を迎えるに至ったと嶺雲はまとめているのである。

しかし彼によれば、たしかに第一の山は小説においては「写実の一新生面」を開いたとはいえ、その構成は単純、性格は似たり寄ったり、ただ幕末以来の人情本に比べて少しばかり写実が精緻になっただけで、相違するところがあるとすれば、それは春水たちが「狭斜の所謂人情」を写しているのに対して新しい作家たちがたわいもない、底の浅い「才子佳人の恋愛」を扱っているにすぎない。それゆえ、それはすぐに読書界に飽きられ、その反動として侠客小説が起こり、次いで一八九四、五年の交に至って「悲惨小説」が出現することになったのだという。

以上やや詳しく第二論説の前半を参考のために紹介してきたが、これらの論点についてもまた、嶺雲の指摘が特別に鋭くて独自的であるというわけではない。幕末の人情本の中に近代写実主義の源流を見る説も、また第一の山が全体として底の浅いものだったとする指摘も嶺雲がはじめてではない。

何よりもこの論説で注目されるのは後半部分で、嶺雲は、その最初のところで「社会の発達も亦猶個人の如し」として次のように記しているのだ。

「人、成童以前は憒々《くわいくわい》として無知なるのみ。唯仰いで師表とする所に模擬するあるのみ。冠する比《ころほひ》や青年の血気心ただ外馳す。果敢《はか》なき虚栄浮華に浮かれて悦楽するのみ。既に而立《じりつ》に及べば放心漸く収り、内省内観初めて人生の意気を疑ふ。希望は実行に摧破《さいは》され、理想は実際と衝着す、之を疑ひ之を疑ふて自ら安んずる能はず、人生の悲観於是乎《ここにおいてか》起る。既に実際の着力其功を熟し、円満老練の域に入りて之《ゆ》くとして可ならざるなく、恬澹《てんたん》和楽《わらく》、天を楽しむは初老以後の境涯なり」（句読点は引用者）

つまり嶺雲の維新以後一〇年位は「憒々として無知」な「成童以前」、第一の山は「欧化の糟粕に酔」った時代として「血気心」が「ただ外馳」し「果敢なき虚栄浮華に浮かれ」た青年期、第二の山は欧化の夢さめて国民が「自尊を覚悟する」とともに、「悲観に傾」いた時代として「内省内観初めて人生の意気を疑」い「人生の悲観」が生ずるに至る三〇歳以降に相当するというのだ。

そしてここから嶺雲の第三の山についての内容的予言が語られることになる。

第三の山は嶺雲にとって当然「既に実際の着力其功を熟し、円満老練の域に入りて之くとして可ならざるなく、恬澹和楽、天を楽しむ」社会の初老期でなければならない。ではそのような社会の初老期に必然の文学形態は何かというと、それは「喜劇的小説」以外ではない。というのは、この批評家の理解においては本来の「喜劇的小説」とは「人生に於て之をいへば苦辛を嘗尽《なめつく》して到れるの蔗境《しやきやう》、悲観を経過せるの楽観、厭世を超脱せるの楽天」以外のなにものでもないからだ。そして彼はその本来の「喜劇的小説」の気運が熟するのは、この第二の論説では細かく一八九八年から数えて七、八年後だと推定している。

要するに、彼は一九〇五年、六年の交に、わが国の近代文学は本来的な「喜劇的小説」の登場によって第三の高潮期を迎えるようになるだろうことを、ほぼ一〇年ほど前に予言したのだ。嶺雲の「喜劇的小説」とは、彼の説明について見れば、疑いもなく今日の言葉でいう本格的なリアリズム小説のこと以外ではない。

実際、わが国の近代文学は嶺雲の予測とは一年ほど遅れて一九〇六、七年の交に自然主義の出現、言葉をかえていえば本格的なリアリズム小説の一応の定着によって第三の第一、第二に劣らぬ、いやそれらをはるかに上回る高潮期を迎えるに至ったのだ。

たしかに嶺雲の予測には一年の誤算があった。しかし神ならぬ人間の犯したこのような誤算が以上のようなすぐれた予言の価値を高めこそすれ、低めるものでないことは言うまでもあるまい。むしろ、このような場合、一年の誤差もなく正確に言い当てることの方が奇怪といえよう。

なおここで注目すべきことは、嶺雲が、この第二の論説の最末尾に「嗚呼吾国人《わが》は早熟か軽浮か、文運十年にして概《おほむ》ね一変す。力を蘊蓄《うんちく》すること少し、故に発して煥然《くわんぜん》たる能はず。彼の西欧の文運の擬古《クラシック》よりローマンチシズムに移り、ローマンチシズムより写実に移れる、其間年月を要せしこと幾何《いくばく》ぞ。而して我は二十年にして殆んど之を経得《へえ》たりとせば嗚呼々々是れ果して喜ぶべき歟、将《は》た憂ふべき歟」と書いて、やがて到来すべき「喜劇的小説」が十分に伸び切らないうちに終るのではないかとの危惧を表明していることだろう。事実、わが国の自然主義文学は一方では先行の浪漫主義の尻尾をひきずるとともに、他方ではそれ自身を十分に伸ばし切ることができず、やがて私小説の方に全体として屈折して行くことになる。嶺雲は、この点においても、あの一八九八年の時点で実に鋭く、深くみていたといわなければなるまい。

そしてそうだからこそ彼は木下尚江が「良人の自白」を世に問い、夏目漱石が「吾輩は猫である」を発表しはじめた時、「作家ならざる二小説家」という文章を、彼の主宰していた『天鼓』第四号（一九〇五年五月刊）に書き、この「作家ならざる二小説家」つまり既成の職業作家ではなかったこの二人の小説家の中に、いち早く「文壇の新傾向」を見るとともに、二人の前途に日本文学の未来をのぞき見たのだ。

（一九七四年三月）

反語

人に教えられて『中央公論　歴史と人物』新年号（一九七四年）掲載の森銑三氏の「田岡嶺雲の逸文」を読んでみると、さきに氏が発表した嶺雲論を評した私の「田岡嶺雲の天皇制観」（同誌七二年七月。本書所収の「思想家としての田岡嶺雲」中の「天皇制観」）に応えたものだった。残念ながら真意が正しく伝わらなかったようだ。

私は右の拙文で嶺雲が、いわゆる真正の社会主義者であることを「力説」した覚えは少しもない。ただ森氏が、さきに発表した嶺雲論の中で、彼の社会主義が幸徳秋水や堺利彦らの社会主義運動と気脈を通じないそれであり、また死ぬまで敬虔なる忠君愛国主義者であることを止めなかったと書いていたので、それは事実と違う、嶺雲の社会主義は秋水や枯川らの社会主義運動と決して没交渉とはいえない、また天皇制に対する態度においても第一回の渡清（一八九九年五月〜翌年六月）以前はともかく、それ以後は、もはや昔日の敬虔なる忠君愛国主義ではありえなかったということを、新たに発見された資料に基づいて述べたまでのことにすぎない。

その際、嶺雲の俳句に言及しなかったのは、それを無視したからではなくて、森氏の論に特別に問題を見出さなかったからにほかならない。嶺雲の俳句は早くも中学時代、叔父の以桑から手ほどきを受けたことからはじまっている。そして文科大学在学中、正岡子規と知り合い、彼が伊藤松宇や内藤鳴雪らと新たに開いた俳句会に出席するに及んで病みつきになり、本格的になった。俳号は爛腸といい、子規を通じて夏目漱石や高浜虚子らとも知り合ったが、一八九五年の中頃から、それとは別に大野洒竹・佐々醒雪・国府犀東・笹川臨風らと運座を持つようになったのが筑波会の濫觴だった。そういう意味では嶺雲は近代俳句のパイオニアの一人だったといえるだろう。しかし、この批評家が俳句を熱心に作ったのは一八九六年の中頃までで、その後は雑誌『天鼓』（一九〇五年二月〜翌年三月）を創刊した頃、いくらか作った程度である。嶺雲の俳句は決して悪いとは言えないが、俳論の方がよく、「俳諧管見」（一八九三年一二月）や「芭蕉」（九四年二月）等は一級の作品に属していると私は考えている。

森氏のエッセイを読んで驚くのは、氏にとって社会主義者とは俳句はおろか、およそ伝統的なものには全くかかわりのない人間存在のように映っているのではないか、ということだ。しかし、そんな社会主義者は、この地球上のどこにも見出せないに違いない。かの幸徳秋水は俳句を嗜まなかったが、漢詩は作っている。そして秋水の漢詩は決して悪くない。むしろ、すぐれている。しかし、だからといって秋水を社会主義者でないという人はいないだろう。尾崎士郎が「熱烈奔放」と呼んだ山口孤剣も、すぐれた万葉調の歌を詠んでいる。だからといって孤剣を社会主義者であることを止めたという人はいないに違いない。

氏は嶺雲の「国母論」（森氏は『読売新聞』の一九〇七年の分に載っていると書いているが、正しくは一一年一月以降）を取り上げて、嶺雲の「わが皇室に対する忠誠心の一般国民に異なるもののなかった」証拠というのだが、はたしてそうだろうか。前記の拙文に記した通り、晩年の嶺雲が反天皇制主義者であったことは全く疑う余地がない。したがって、この「国母論」も、前回、氏がやはり嶺雲の「わが皇室に対する忠誠心」の現われとして挙げた、「万世一系の我が皇室を除いて、日本は果して其誇るべき特有の何者をか有する、試みに其文物、其制度、其慣習の一切を仔細に検し見よ、其孰《いづ》れか果して模倣踏襲に非ざるものぞ」とはじまる「無当語」第一回（『読売新聞』一九一〇年三月。これも森氏は一九〇七年に発表されたように書いているが間違い）と同様の文脈をもって読まるべきなのだ。つまり、前記の拙文にも述べたように、右の「万世一系の我が皇室を除いて」云々の語は嶺雲の皮肉であって、正しくは「万世一系の我が皇室をはじめとして」云々と黙読されなければならないように、「国母論」もまた、この批評家特有の反語的な諷喩と解されるべきで、嶺雲は、この何回かにわたった議論の中で「国母」という中国伝来の文字が日本にどう正しく、あるいは誤って伝わって行ったかを執拗に明らかにすることを通じて、「万世一系の我が皇室」をはじめとして日本における一切の文物、制度、慣習等が、どんなに外国文化の「模倣踏襲」にすぎないのかを抉り出しているのだ。また、その時、嶺雲の眼に「我が皇室」が「万世一系」と映っていなかったのは、言うまでもない。というより「国母論」は嶺雲にとって「無当語」第一回における天皇制批判の一展開でもあったのだ。

では自叙伝『数奇伝』に寄せた白河鯉洋の序文中の「吾徒は（中略）社会主義者たる為には、余りに仁義忠孝であった」の一節は何かといえば、これは鯉洋の勧進帳にほかならない。嶺雲は第四評論集『壺中観』（一九〇五年四月）が発売禁止になって以来、その著書が次から次に闇に葬られて行った。そこで鯉洋が今、引いたような一節をさりげなく、その序文中の対句的表現の中に挿入することによって嶺雲のこの自叙伝を、天皇制政府の言論抑圧から守ろうとしたのだ。『数奇伝』に、普通の出版では考えられない、三宅雪嶺ほか十数人に及ぶ学者や小説家の序文が集められているのは、一つには同じような配慮によるもので、実際、『数奇伝』は、これらの先輩・友人たちの人垣によって何とか発売禁止の厄から逃れることに成功しているのだ。

鯉洋には嶺雲と違って社会主義的色彩など全くなかったと森氏は書いているが、決してそんなことはなく、若い日の鯉洋は嶺雲や犀東とともに、維新に継ぐ藩閥と富閥を倒す「第二革命」の必要を高唱したことがあるし、そしてその初心は、後年、大阪選出の国民党代議士になってからも消えておらず、例えば友愛会の労働組合公認是非についてのアンケート（一九一九年三月）に対しても次のように答えているのだ。

「労働組合の公認は小生に至りては同意又は賛成と申すより寧ろ年来の宿論に有之《これあり》、寧ろ進んで同盟罷工をも労働者の権利として法の上に公認せんことを欲するものに有之、現に既に小生らの大阪国民党支部は過般、この目的を以て治安警察法を改正すべきことを決議したる次第に御座候」

自由民権の息子

（一九八七年三月）

「政治小説」作家を除き、近代日本の文学者のなかで自由民権運動に実際に参加したのは北村透谷と田岡嶺雲の二人ではなかったかと思う。

透谷が運動に接触したのは満一四歳、嶺雲が嶽洋社の一支会に加わったのは恐らく満一〇歳。一一歳の時に石井村小学校（現在の高知市立旭小学校の前身）でしばしば開かれた「学術演説会」（政府の弾圧によって「政談演説」が自由にできなかったため）で、「結合論」（今風にいえば共闘論か）等の題目で演説している。宮武外骨の『明治演説史』（一九二九年四月）にも最年少者の演説として記録されている。嶺雲の透谷以上の早熟ぶりを示すとともに、当時、高知において民権運動がどのような拡がりと深さをもって展開されていたかを示す挿話であろう。

嶺雲は『高知新聞』とも深い関係があり、小学生の彼が同紙の創刊を待ちかねて、父親に強請《ねだ》って、それを購読してもらい、その紙上に連載された坂崎紫瀾の「汗血千里の駒」などを読み耽ったことが、その自叙伝『数奇伝』に回想されている。

また彼は、一八八二年五月、石井村小学校を中退し、これまでの民権運動に対する反省から「一学を修め、一芸に達」した「不羈《ふき》独立の士」の養成を説いた馬場辰猪の働きかけにより新しく設立された高知共立学校（現在の土佐女子高校の前身）に入学している。

民権運動の衰退のなかで嶺雲は共立学校を一年ほどしてやめ、こんどは大阪中学校（旧制三高の前身）に進むが、八六年春、「学校を軍隊視し、学生を兵卒視し」（『数奇伝』による）た「学制改革」に反抗して重い胃病にかかり帰国、ここも中退することになるが、この「学制改革」に対する抵抗も、もちろん、民権運動参加の中で養われた自由の精神の発露だといっていいだろう。

嶺雲とはどういう人間だったか——それを一言で要約すれば、彼は日清戦後においては樋口一葉や泉鏡花の、日露戦後においては夏目漱石や木下尚江の才能をいち早く認め、近代日本文学の内容豊かな発展を促した、感受性の鋭い文芸評論家だったが、同時に一八九六年以来、政治の改革者あるいは社会評論家としても現われ、次第にその主な努力を近代文明の金権的・機械的な性格に対する根底的な批判に傾けて行くようになった、独特の個性だった。

政治的な主張としては、国内的には彼は「藩閥」とともに「富閥」を倒す、維新に次ぐ「第二の革命」を唱えたが、それは「藩閥」は言うまでもないとして「富閥」もまた彼にとって「自由の敵」だったからだ。そして対外的には日本と朝鮮と中国の「東亜の大同盟」による欧米帝国主義からのアジア・アフリカの解放を求めたが、それも欧米帝国主義がアジア・アフリカの国々にとって「自由の敵」だったからだ。

また彼が、近代文明の根源的批判に立ち向かって行ったのも、その金権的・機械的な性格が「自由の敵」であり、当初、文芸評論家として一葉や鏡花や漱石の才能を高く評価し、近代文学の内容豊かな発展を促したのも、近代文学もまた文学世界での「自由」の追求以外ではなかったからである。

彼は今から七六年も前に「女性解放は男性解放だ」と言い切った女性解放論の先駆者でもあったが、それは男性による女性の支配が女性にとってだけでなく、男性にとっても「自由の敵」だったからだ。そういう意味では嶺雲は紛《まが》うことのない「自由民権の息子」だったといえるだろう。

ところで、嶺雲は一九〇九年一〇月、福島事件をはじめ加波山・名古屋等での民権左派の武装決起あるいはその未遂を記録した『明治叛臣伝』という書物（『数奇伝』とともに法政大学出版局刊『田岡嶺雲全集』第五巻に所収）を出している。それは嶺雲が、それらの事跡が湮滅《いんめつ》に帰し、日本における民主主義発展の歴史にとって一つの大きな跳躍台となった民権運動の総体が後世において忘却されてしまうかもしれないのを恐れての企画で、彼はその本の序論のなかで民権運動を「維新後の第二の小革命」と呼んでいる。そういう意味では彼は金文字の「自由民権の息子」であったばかりでなく、自由民権運動記念事業の第一走者でもあったということもできよう。

（一九七六年五月）

公害論

騒音というものは全くいやなものだ。無神経なピアノの練習やクーラーの近所構わぬ振動音もさることながら、電車や列車のたてる騒音、トラックや飛行機のたてる音、特に新幹線を走る特急列車やジェット機がたてる騒音というより大轟音は、いやというより、こんな騒音や大轟音を許さなければならない自分をもみじめにも情なくも思う。

ところで今（一九七六年四月）から六六年も昔に文明の利器の一つが発する騒音を真正面から取り上げて、それを人道上あるいは人権上の問題として論じた文学者がいた。夜行列車の騒音を取りあげたのだが、その文学者というのは、『明治叛臣伝』の著者である田岡嶺雲で、その論というのは一九一〇年五月、『国民評論』という雑誌に発表された「汽車の響」と題するエッセイにほかならない。

まずその内容を紹介すると、嶺雲は冒頭「さなきだに病める身の覚めがちな枕を撼《うご》かして、幾度か安からぬ夢を驚かす夜間の汽車の響ほど、今の予に厭なものは無い、静夜の閴寂《しじま》を破つて轟《ごう》々と地に震ふ其響に、可惜《あつたら》の眠を妨げられて、夜衾《よぶすま》の冷さを怨む者は、想ふに予一人ではあるまい、此の汽車の沿道で予と同じく病に苦むで居る者は少なくあるまい、中には瀕死の重態の者もあらう」（ルビは引用者。以下同じ）と前置して問題の中にまっすぐ入っていく。

当時、嶺雲は脊髄癆を病み、自分では起って歩くことができなかった。その頃、住んでいたのは東京市外の西大久保村（現在の新宿区西大久保）だったから、今では全く想像することもできないが、あの頃は、その辺りは夜はしんと静まり返っていた筈で、それだけに山の手線か甲武線（今の中央線）を走る夜汽車の音が、ことさらに病床にあった嶺雲の浅い眠りの夢を破ったに違いない。

それはともかく嶺雲は、さきの冒頭の言葉に続けて「瀕死の重態の者」が「突然と起る凄じい車輪の地響」によって死期を早めることがあるかもしれず、また夜明けを待たずに死んで行く病者のいまわの譫言《うわごと》がその夜汽車の轟音に対する呪いであるかもしれない、とのべたあと、「嘗《かつ》て国家の元老と号せらるゝ爵位高き人の病の為めには、鉄道庁は特に其門前を最急行の汽車をさへ徐行せしめた例はあるが、同じ人間でも、吾等の如き爵もなく位もなく名もなき一平民の死は、国家から見れば塵埃《ごみ》の飛ぶのと同じである、此んな特典を夢にだつて得らるべき筈はない、寧ろ吾等が最後の息を引取る時、其貧を嘲けるアイロニーの如く、殊更にけたたましい汽笛を鳴らして、地を蹴立てて馳《は》せ去るのが落ちであらう」と書いて、騒音問題が単なる物理学上の問題ではなく、何よりも政治的・社会的問題であることを暗示する。

ここで一言、つけ加えておけば、このようなイロニッシュな政治批判、社会批判のスタイルは、この批評家の晩年の文章のいちじるしい特徴だったということだ。

ところで、以上のように問題の所在を鋭く示したのち、嶺雲は次のように問いかける。汽車の吐き出す「煙毒」で上野公園の老木が枯死して行くのを「風致の上」から保護しようと唱える人はあっても、どうして夜汽車の発する轟音が「人間の上に及ぼす影響」を問題にする人が誰ひとりいないのだろうか、と。また一二時すぎて爪弾きで三味線を鳴らしても「国家の法律」はこれをとがめ、あるいは印半纏の若い者が一杯機嫌で声を張り上げても「巡査の一喝」をくらうのに、どうして夜汽車が一二時以降、しばしばすさまじい地響を立てて沿線住民の安眠を妨害しても何等の法律的制裁もないのか、「所謂文明の利器なるものの前には、国家の法律も拱手《きょうしゅ》して、其の為すに任《まか》する」のか、と。

そこで嶺雲は筆を列強間の軍拡競争に一転させ、まず一般論として現代の国家が「軍備上の機械類」の発明・改良に対してはどんな負担や保護も惜しまないが、たとえそれがどれほど「人類の幸福の上」

に役立つものであっても戦争に関係のないものならば「比較的冷淡」である事実を指摘し、次いで日本国家に及び、わが国もその例外ではなく、最近（もちろん当時における最近だが）における気球や無線電信や「潜航艇」への国家による間髪を入れない調査や採用はそれらが軍事に密接に関係しているからではないか、その証拠に政府は「東京から京都の間へ電車を通じようとする交通上至極便利な計画」さえ容易に許可しようとしないではないかと戦前国家の軍国主義的性格を鮮烈に抉り出している。

「気球の研究に浮身を窶《やつ》す我が政府が、未だ嘗て所謂単軌鉄道《モノレール》の新らしき発明に一寸でも取調をなした事を聞かない。銃砲の上には無煙火薬の発明さへ既にある、無響の汽車（！）の発明位は今日の科学の進歩からいへば訳もない事であらうと思ふ（中略）斯《か》く世界の人類の智力が偏《ひとへ》に多く軍事的方面の改良発達にのみ消糜《せうび》せらるゝ傾《かたむき》が有ることは、不経済な智力の徒費で、文化のため人類の幸福のため慨嘆すべき事と信ずる」（ルビは引用者）

もちろん、軍拡競争というのは、この批評家にとって近代文明の一つの象徴だ。近代文明は一面において功利拝金の文明であって、人間あるいは人権のための文明ではない。しかし、新しい文明の到来を信じていた嶺雲は、このエッセイを次のような言葉で結んでいるのだ。

「さはいへ、今日の様な響の高い汽車の生命も、最早長くはあるまい、予は汽車の響で人間が悩まされた事を昔話にする時代に生れ来る人間を羨ましく想ふ」

このように嶺雲は今から六六年も前に、いわゆる文明の利器による騒音問題を、まさに人権上の問題として、つまり公害として取り上げたのだ。それと同時に、それと同様、いやそれ以上に注目されていいのは、この批評家が現在でも一般に誤解されているように決して科学とその進歩を敵視せず、むしろそれらに期待し、この問題をどこまでも冷静に政治上の問題としてとらえていることだろう。

汽車の害の問題が出たので、ついでに言い添えておくと、「汽車の響」が発表されたのとちょうど同じ頃、嶺雲は『読売新聞』紙上に「無当語」と題する論説を連載しているが、その第八回分（四月二八日付）において、ここでは汽車による死傷者の問題を扱っている。汽車による死者一日平均六人弱という統計（すでに「交通戦争」は始まっていたのだ）を嶺雲は取り上げて、この数字を、「車輪に如何なる装置を施し、制動に如何なる方法を設くれば、更に人命の損傷を減じ得べきか」ということよりは、「功と利」のためにはどうしたら汽車の速度をさらに大にすることができるかを重んずる「今日の文明」の傾向からくるものだとし、そこからの脱却——文明の作りかえを訴えているのだ。つまり、ここでも嶺雲は科学それ自身を悪魔視せず、むしろそれに期待し、交通事故死の問題も政治上の問題の一つとして受けとめているわけだ。

ここまで書いてきて知ったことだが、当時の新宿辺の電車や汽車の騒音には多くの人が悩まされていたらしく、同じ頃、大久保村百人町（今の新宿区百人町）に移り住んだ荒畑寒村も、「冬の時代」のことを私小説風に描いた「冬」（一九一四年一月）という作品のなかで、それを次のように描き出している。

「私がこの郊外（百人町は当時東京市外だった）に移つたのは、てふど去年（一九一二年）の秋の末頃であつた。電車の音は絶え間無く聞え、長い貨物列車の通る時なぞは、その脈打つやうな重い地響きに、家の障子までガタガタ揺れた」（括弧内は引用者）

百人町は地図で見ると、新宿から池袋へ向かう山の手線と同じく新宿から中野に向かう甲武線とにはさまれた三角地帯、嶺雲の住んでいた西大久保よりもっと被害が大きかったに違いない。

（二〇一一年一月）

口述調書の速記を

強制された自白調書によって殺人犯とされ、一七年間の拘束ののち、ようやく無実の判決を手にすることができた菅家利和さんの事件や、ほかでもない高等検察庁の検察官が調書を裏付ける証拠の改竄を見過ごす、という問題も起きて、取り調べ室の可視化が現在、政治的な課題としても注目されるに至っているが、この「密室」での供述調書の作成を、今から一一〇年も前に「人権に対する一種の迫害」として、きびしく批判し、「速記」の採用を提案した先人がいる。

その「先人」とは、田岡嶺雲のことで、彼は樋口一葉や泉鏡花、夏目漱石などの才能を、いち早く認めた、感受性の鋭敏な文芸批評家であったが、やがて政治の改革者あるいは文明批評家としても現われ、岡山発行の『中国民報』の主筆だった時、県知事の教科書採用をめぐっての汚職を告発した。ところが、逆に問答無用の「官吏侮辱罪」に問われて逮捕され、のち投獄された。つまり、彼の調書作成法批判は単なる机上での空論ではなく、彼が実際に身をもって体験した事実から生み出されたものである（「司法制の不備」、『中国民報』一九〇三年三月）。

彼が「速記」の採用を主張したのは、供述調書は一旦、作成されれば、これをくつがえすことは、ほとんど不可能で、オールマイティに近いものなのに、その作成法に大きくいって二つの難点がある、というものだった。

一つは、調書の内容が、予審判事（現在はない）や検事の訊問と、それへの被疑者の返答とを聞き取る書記の理解能力や表現能力に当然、左右され、事実との食い違いや漏れをまぬかれ得ない、という体験から来ている。

二つは、出来上がった調書を被疑者に読み聞かせ、捺印させる時に生ずる問題で、耳で聞くだけでは調書の内容を正確に辿ることは、ほとんど不可能で、一般の市民にとっては取調室や法廷にいるだけで緊張を強いられ、到底、細部での誤りや漏れを弁別することができない、という点である。

しかし、「速記」の採用も最善のものだとは考えていなかった。「速記」も書記の記録と同様、速記者の理解能力に左右され、重大な誤りや漏れが生ずる可能性があるからだ。後年、彼は「蓄音機」の登場に接して、「速記」に代えて、調書の作成には「蓄音機」を採用すべきことを提案している（「下獄に際して感ぜし事」、『刑事法評林』一九一〇年四月）。

なお嶺雲は同時期、この調書作成法のもう一つの問題点として、被疑者の自白を迫って警察官が「痕跡を留めざる範囲に於ての拷問手段」を用いていることを挙げている（「出歯亀論」、『江湖』一九〇八年七月）。取調室での、この「痕跡を留めざる範囲に於ての拷問手段」は、戦後六五年後の今日でも行なわれているようだ。

調書の作成については「蓄音機」の採用を提案し、兵器の開発に膨大な国家予算を使うよりそれを「無響の汽車」――モノレールの研究にこそ振り向けよ、と訴えた嶺雲のことだ（「無響の汽車」、『国民評論』一九一〇年五月）。彼がもし現代に生き返ったとしたら、誰よりも早く取調室の可視化を唱えていたに違いない。

嶺雲はまた、やはり自身の体験から、刑事被告人は現行犯でない限り、犯人扱いすべきではないと主張し、「被疑者」を呼び捨てにした当時のメディアの報道ぶりを批判している。刑事被告人は判決の出るまで法的には「被疑者」であって、その無実が証明され、疑惑が晴れるかも知れないからだ。この問題は、嶺雲が、そのように主張してから、八〇年以上も経って、ようやくながら、テレビや新聞の報道で、「被疑者」を呼び捨てではなく、「〇〇容疑者」と言ったり、書くようになった。

嶺雲の調書作成法批判を「一一〇年前」としたのは、彼が最初に、これを行なったのは、一九〇一年四月、まさに刑事被告人として岡山刑務所に留置されていた時だったからである（「呻吟録」、『中国民報』一九〇一年四月。のち同年七月刊の『下獄記』に収められた）。

（二〇〇九年一〇月）

百年前の平和外交論

田岡嶺雲は樋口一葉や泉鏡花や夏目漱石の才能を、誰よりも早く認めた、感受性の鋭い、すぐれた文芸評論家だったが、のち政治・社会評論も試み、二〇世紀初頭、人種的・社会的・性的格差のない、国家を超えた、緑の世界共同体を構想するに至った。そのため、日露戦争後、その著作集のほとんどが発売禁止になったが、嶺雲は、それにもめげず、限られた表現の自由のなかで工夫を凝らして、死ぬまで、その構想を語り続けた。

ここに紹介するのは、その一つで、『東京毎日新聞』一九〇九年八月二日の紙面に発表された「有象《うぞう》無象《むぞう》」と題するエッセイだ。彼は、そのなかで、百年後の今も続いている軍拡競争を取り上げ、「矛があれば乃《すなわ》ち盾がある」「空中飛行機が漸く発明の緒に就けば、早くも既に此を射撃すべき礮銃《ほう》（砲銃）の発明に苦心するものが現れる」という具合に愚かな「鼬《いたち》ごっこ」が展開されているが、その結果は「人間の種を自ら絶やすのが落ちであろう」と述べ、続けて、軍拡競争のなかでも「人間の智力の発達」が促されるのは事実だが、その他の分野でも、それは可能な筈だし、こんな愚かな「鼬ごっこ」に「人間の努力」を浪費するよりは、それだけの苦心や労力を「戦を止むべきか」ということに傾けるほうが、どんなに人道に貢献するか知れないと主張したのである。

「人間の種を自ら絶やす」――もちろん、この時代、原子兵器はまだ想像の域にも登場していなかったが、科学技術の急速な発展は人類の自滅を充分に予感させたのである。

これより前、嶺雲は、日露戦争の直前、将来日本の採るべき道の一つとして非武装国家を考え（「寧ろ平和の一大号鐘を鋳よ」、『中国民報』一九〇三年一一月）、また戦争の最中、南米不戦条約の締結を知ると、それを軍隊や戦争のない「新世界」の曙光として歓迎している（「平和の楽境」、同・翌年七月）。

この論説以降では、一九一〇年夏、陸海軍が水害対策に出動したことを評価した上で、この「極めて不生産的なる国帑《こくど》の消靡《び》者」を平時にも恒常的に「河川の治水工事」などに活用すべき方策を講ぜよと主張し（「軍隊の利用」、『読売新聞』同年八月）、また軍事で「一等国たるは寧ろ国家としての恥辱」であるとし、日本も五万トンの商船を建造して「平和の一等国」になれ、と訴えている（「平和の一等国」、同・同年一一月）。

（一九七四年八月）

泉鏡花の手紙

ここに近代日本の硬骨の批評家田岡嶺雲に宛てた泉鏡花の一通の手紙がある。嶺雲にその波瀾に満ちた生涯を回顧した自叙伝『数奇伝』の序文を頼まれ、それをようやっと果して送った際に同封した断り状で、まだ世に知られていない上に量もごく少ないものなので、全文を写してみると、次のようだ。その前にちょっと言い添えておくと、この手紙は巻紙に墨で、つまり、あの鏡花独特の繊細なうちにも丸味のある、艶な筆で書かれたもので、末尾がちぎられている。ちぎったのは恐らく嶺雲。そしてちぎられた文字は「鏡太郎」にちがいなく、前記『数奇伝』の序文につけられた「鏡太郎」の写真版は、それが化したものではないかと思われる。

「拝啓　お約束のもの延引いたし、お引籠りの折から一倍じれつたく、嘸《さぞ》御癇癪のことゝ恐入り候。

決してなほざりには存ぜず、いろ〲あひ試み申候へども、おはづかしきのゝみかきなぐりたり、何やかやつひおそなはり候。おわび申上げ候。

お目にかけ候これとても、まことにふつゝかにて、やつぱりおはづかしく候へども申訳ばかりにさしあげ候。おん心のまゝに御取捨なし下され度《たく》、いづれ御見舞かた〴〵お目にかゝり万縷。（句読点とルビは引用者）

お引籠り云々というのは、一九〇八年春以来、すでに脊髄病のために嶺雲が歩行の自由を失い、他人の手を借りないでは全く立つこともできなかった状態を指している。鏡花が「おん心のまゝに御取捨なし下され度」としるした序文も大した量ではなく、しかもごく短い文章であるにもかかわらず、いかにも鏡花らしい、優美なうちにも力強い内容の、意味の長い文字なので、参考のために、これも全文を引くと、左の通りである。

「今むかしを問はず、思ひうちに余る時、声なく言なく、ひとへに差俯《さしうつむ》向かるゝは情の切なる也。うつくしき女はよし、男の然る風情したらむを君は如何にみそなはす。胸さへ、心さへ、筆紙のよくつくす処にあらずと、兎《と》もすれば人の云ふ。われらは爾《し》か云ふべからず。英雄は人を欺くとか。作者は、よし、みづからを欺かむまでも。情の切なれば切なるだけ、思ふこと言はむとすること、写し出ださずして可ならむや。然りながら去《さん》ぬる日、君は臥床の上にあり、想ひしよりは痩せたまはぬ、なつかしき其のおんおもてに向ひし時よ、掻巻《かいまき》の袖に我が袖して、たゞしばらくと言ひたるのみ、其の心、いかで得て筆にせむ。今も涙のさしぐまるゝを、婦女子の如しと笑はれなむ。幾度か幾度か、繰り返したる自叙伝を又こゝに繙《ひもと》く時、思へらく君は神州の男児也。手中の剱、いまだ嘗て粽《そう》のために刃をこぼさず、たとひ双の脚はまゝならずとも、居合ひ討ちに病魔を斬れ。われら見舞ひし折から空は曇りたれど、君が新宅の軒は明るかりき」（ルビは引用者）

ところで、さきの手紙の封筒だが、表側には「市内小石川茗荷谷町七十四　田岡佐代治様　いそぎ」と例の艶な筆で書かれ、裏には「十五日　麹町下六番町十一　泉鏡太郎」と記されている。序文中の「君が新宅」が、この封筒表記の住所と同一であることは言うまでもない。嶺雲が茗荷谷のこの新居に移ったのが一九一二年の桜の散りはじめた頃であり、また『数奇伝』が上梓されたのが五月一五日であるから、封筒裏の「十五日」は当然、一九一二年四月一五日と解される。とすれば、鏡花は同年の三月末から四月のはじめにかけて一度、嶺雲の病気を茗荷谷の新居に見舞い、そしてこの魅力溢れる序文を一四日か一五日にようやっと——極少の短文とはいえ鬱然とした序文の出来上りは、鏡花の断り状が決して一片の外交辞令でないことを十分に首肯せしめる——脱稿し、それを嶺雲に送ったのだ。

鏡花もしばしば回想しているように、この作家の天才を最初に認め、それを力をこめて推賞したのは田岡嶺雲であった。と書くと、この批評家が強く支持したのは反戦小説の「琵琶伝」や「海城発電」にちがいないと思われるかもしれないが、そうではなく、嶺雲が鏡花の才能をはじめて賞揚したのは処女作の「夜行巡査」や「外科室」においてであり、むしろ前二作品は不自然な作為性のいちじるしいものとして全否定に近い批判を投げあたえているのだ（「泉鏡花」〈『青年文』一八九五年七月〉など）。

では、この批評家が「夜行巡査」や「外科室」の一体どういう点を評価したのかというと、それは鏡花が「天下が軽浮なる恋愛小説に飽き、浅薄なる侠客小説に飽き、残忍なる探偵小説に飽きて、漸く沈着なる、深峭《しんせう》なるものをもとむるの時に於て出でゝ、峭抜の想に富み、深酷の筆を奮ひ、其観察は人間の皮相を徹して複雑なる人情の機微に達し、着眼は奇警にして、能く旧思想の窠臼《さうきう》を出で、別に小説界に一生面を開きたる」点にあった。つまり嶺雲は、いわゆる日清戦後文学の新しい世代の代表選手として鏡花を強く押し出したのだ。

しかし嶺雲は以上のように単に鏡花の才能を最初に認めただけではなく、いま触れた「琵琶伝」や「海城発電」での場合のように、鏡花の作品に欠陥があれば、ためらうことなく、それを非とし、全否定に近い、苛酷に過ぎる批判をも敢えて辞さなかったのである。それは、彼がこの贔屓作家の成長と進歩を虚心に願ったからだ。それのみではなく、前記のような欠陥から鏡花の作品が世の批評家から次第に冷淡に扱われ、「化銀杏」(一八九六年二月)から巻物及び「照葉狂言」をへて「化鳥」(一八九七年四月)に至る、この作家の瞠目すべき成熟の過程が見過されていた時に、ひとり嶺雲だけは観察をおこたらず、それを指摘するとともに、この作家の才能の性格が詩人的・情感的なところにあるのを見届け、たとえば、「化鳥」において新しく拓いた「仙話」的な世界をふくめて鏡花が世評のいかんに迷うことなく断然として自身の道を邁往することを求めたのだ(「鏡花の進境」〈『青年文』同年七月〉など)。

また自然主義文学の台頭とともに、ひとたび来た鏡花の時代が去り、不遇の季節が訪れた際にも、嶺雲は自身の主宰していた雑誌『天鼓』第三号(一九〇五年四月)に「鏡花の近業」と題する、やや長文の批評を発表し、そこで「風流線」や「銀短冊」や「わか紫」を取り上げて、外形のありのままの細密な描写だけが小説家の能事ではないとして自然派の砲火から鏡花の「詩的幻想」あるいは「詩的幽玄」の世界を情熱的に擁護したのである。

だから鏡花も右のような嶺雲の批評を徳とし、後年、この批評家のことを指して「恩人の気持がします」と語り（「処女作談」一九〇七年一月）、また後輩作家の長田幹彦にむかっては「実に眼のめえる」「こわい奴だった」と述懐したこともあったのだが（幹彦『文豪の素顔』一九五三年一月刊）、ここでもう一つ「だから」を重ねれば、だからこそ鏡花は恩人の嶺雲が文字通り脊髄病で倒れると、彼の病床をしばしば訪れ、またこの批評家晩年苦心の自叙伝『数奇伝』が完成すると、冒頭に紹介した手紙を添えて、同じくさきにその全文を引用した、実に極少の文章ながら鏡花の文学の小宇宙以外ではない、力のこもった序文を、この「褥の墓」に輾転反側していた知己のもとへ送ったのである。

（一九七四年四月一八日）

徳田秋聲との交遊

文芸評論家・思想家としての嶺雲の歩み

嶺雲には秋聲だけではなく藤岡作太郎をはじめ泉鏡花・得能文・国府犀東・桐生悠々など、金沢の人々と縁がありました。これは嶺雲の故郷が「自由は土佐の林間から出づ」と言われた高知だったのと、

（二〇二〇年三月）

日本における市民自治の先駆の一つだった一向一揆のあった金沢との無意識からの共振だったのでしょうか。

嶺雲は、投書雑誌『青年文』の主筆として知られています。それが彼の文芸批評家としての出発点ですが、それ以前、東京帝国大学在籍時から大変な勉強家で、英語やドイツ語が堪能、原書でショーペンハウアーの代表作を読んだり、漢訳の大部の大蔵経を読破したりしました。後者では「印度の神秘説」と題して瑜伽（ヨガ）を論じ、恐らく日本ではじめて、その多様なポーズをも紹介しました。

古代インド哲学は宗教と一体で、バラモン教と言ったり、ヴェーダ哲学と言ったりしています。その頂点は「ウパニシャッド」という経典で、その根本は「あなたは私である」というもの。それが西方へ伝わって「隣人愛」を説くキリスト教になり、東方では仏教となり、日本にも及びました。

嶺雲に、このようなグローバルな視野を開いてくれたのは、ショーペンハウアー哲学でした。そこから彼の「東西文明の融合」という主張も生まれました。

ショーペンハウアー哲学を日本で初めて紹介したのは、東京帝国大学の哲学教師だった井上哲次郎です。嶺雲は彼の講義を聞いて、この哲学の存在を知ったのではないかと思います。漱石が、そのエッセーで触れている「ケーベル先生」もショーペンハウアー哲学の学徒の一人でした。

戦前、旧制高校で「デカンショ節」というのが流行りました。「デカンショ」というのは近代哲学の代表者、すなわちデカルト、カント、ショーペンハウアーを縮めたものです。

カントは物事には「現象」と「本質」があると観ていました。われわれが感覚できるのは現象あるいは個体で、その奥に「本質」がある。現象は「個」として現われ、「個」でなければ生命はなく、人間一般としては生きられない。では、目に見えない現象の奥にある「本質」とは何か。カントは、それを何だか分からない「物自体」としました。東洋では、老子が、それを「玄の又《また》玄」と言いました。「玄」とは暗いという意味で、暗いだけでは不十分で、暗さの奥にある、さらなる暗さだと言いました。

ショーペンハウアーは、その主著『意志と表象としての世界』の題名に見るように、カントの「物自体」は「意志（欲望）」だと考え、この世界は「欲望」とその「欲望」が展開して行く姿だとしました。かのドストエフスキーも、この哲学の影響の中で、現代人のモラルを、「朝一杯のおいしいコーヒーが飲めれば、世界なんて亡びたって構わない」と表現しています。まさに現代の拝金主義、利己主義を一言で言い現わした言葉です。

哲学は一般に存在論と認識論とで成り立っていますが、嶺雲はショーペンハウアー哲学から以上のように、その存在論から啓発を受けただけではなく、その認識論からも影響を受けました。現代社会では知性や知識は欲望の道具に過ぎない。彼が評価するのは感性、より正確に言うと、その上に立った観察、つまり直観ですね。自分の眼で対象を細かく観察し、それを自分の頭で観念（知識）として組み立てる。そこにこそ本当の真実がある、ということです。それによって、嶺雲は他の人に先んじて樋口一葉や泉鏡花、さらには夏目漱石や木下尚江の才能を認め、高く評価しました。

嶺雲が水産伝習所にいた時、ひとりの労働者が日比谷公園のベンチに横たわっているのを見て、「どうして寝ているのですか？」と尋ねると、彼は「動くと体力を消耗するから」と答えました。嶺雲は、この時、改めて貧困の問題に直面します。少年時代から自由民権運動に参加した嶺雲ですが、民権運動とはフランス革命由来の「自由・平等・博愛」精神を継ぐもの。しかし、現代の日本には本当の自由も平等も博愛もないということに気がつく。近代資本主義は確かに文明の進歩をもたらしたが、同時に新たな貧困と差別を生み出しました。これを無くすには維新に次ぐ「第二の革命」が必要と考え、最終的には「国家」を超えた、差別や貧困のない「地球共同体」の到来を夢見ました。

このような考えを最初に表明したのは「異性の私有」(新聞『いはらき』一九〇三年三月)という文章で、「財産に私有なければ偸盗《ちゅうとう》なくして共産あり、異性に私有なければ不貞なくして恋愛(真の)あり」と言いました。

コミュニズムCommunismを「共産主義」と最初に訳したのは東京帝国大学初代総長の加藤弘之ですが、本来はコミュニティと同根ですから、正確には「共同体主義」と訳すべきでしょう。不平等や差別のない「原始共同体」に帰ろう、ということです。

人類史の上で農耕社会が始まり、私有財産が発生、その財産を自分の子に継がせたいという欲望から結婚制度つまり家父長制(君主制はその結果の一つ)が生まれ、それによって女性は一切の権利を失いました。エンゲルスのいう「女性の世界史的な敗北」。それは大多数の男性にとっても「敗北」で、階級社会が生まれただけではなく、性的自由も失われます。つまり結婚と売春と姦通は三位一体です。秋聲が終生、繰り返し描き出した世界です。それを東洋的な見地から鋭く突いたのが、同じ金沢出身の作家泉鏡花の「愛と婚姻」(『太陽』一八九五年五月)です。「結婚を以て愛の大成したるものとなすは、大いなる誤りなるかな」、「情死、駆落、勘当等、これ皆愛の分擘《ぶんべん》たり」と書いています。なかなか過激な文章ですが、鏡花の絢爛さは、この過激さから来ていると思います。それは秋聲がそうありたいと願いながら、出来なかった姿勢でした。しかし、そこに秋聲の独自性も生まれてくるわけですが。

二人の出会い

こうした主張を含んでいたことから、日露戦争の最中に出した嶺雲の第四評論集『壺中観《こちゅうかん》』（一九〇五年三月）は発売禁止となりました。実は最初の評論集『嶺雲揺曳《ようえい》』（一八九九年三月）と続編の『第二嶺雲揺曳』（同年一一月）は合わせて二万部近くも売れ、当時としては異例のことでした。彼が当時、著名な評論家だったことは、死後、『読売新聞』が二頁を割いて追悼記事を載せていることからも知られるでしょう。著作が次々と発禁になったことに対する同情と抗議もそこにあったのではないかと思います。

晩年には幸徳秋水と親交があり、もし脊髄癆《せきずいろう》を病んで足が不自由でなかったら、嶺雲も大逆事件に連座させられ、秋水と同じように死刑台に上がっていたかも知れません。

嶺雲と秋聲の出会いは一八九五年、秋聲が博文館にいた頃のことで、『青年文』に秋聲が投稿したことがキッカケでした。嶺雲に『青年文』の主筆になることを要請した英文学者の山県五十雄《いそお》は、私の学生時代まだ健在で、私は彼を訪ね、その時、秋聲の投稿名が「誇学生」と「善罵子」であることも確かめました。「誇学生」名の作品は、どういうわけか八木書店版の『秋聲全集』には載っていませんが、それは『帝国文学』所載の論文を取り上げ、論者の知ったかぶりを揶揄したもの、青年秋聲の心意気が感じられます。この二つの投書の後、嶺雲の求めに応じて初めて「秋聲」の名で「断片」という小説を発表します。さきの『全集』では評論の部に収録されていますが、どうしてこんなミスが生じてしまったのか。秋聲の自伝小説『光を追うて』（一九三八年一月〜）にもゴールドスミスの『ウェークフィールドの司祭 The Vicar of Wakefield』まがいの小説を発表したとあるのに。

秋聲も当時の智識青年らしく、その英語の読解力を生かして丸善からモーパッサンやゴーリキーなどの洋書を入手し、読んでいました。

ゴールドスミスは表も裏も、相対的に物事を見ながら書く作家でした。秋聲の場合も初期から、そのような傾向があります。秋聲には嶺雲同様、老荘哲学への傾倒があったようです。荘子の「斉物論《せいぶつろん》」もまさに世界の相対性を論じたものです。

「断片」では一方では「現代の文学に大家なきは読書家ありて真個《しんこ》〔の〕天才なきに因らずんばあらず」（〔 〕は引用者）として知性への懐疑を示し、他方では「人権を称道すること今の世の如く喧《かまびす》しくして、而《しか》して人権を枉屈《おうくつ》する主僕的階級の社会の到所《いたるところ》に発見さるゝは果して何故ぞや／（中略）もしわれをして世界を専制せしめば、胸間の感情を提来《さげきた》りて最も公平なる組織を民人の上に加ふるを得んか」と「主僕的階級」のない平等の社会を求めています。まさに嶺雲の主張そのものです。

嶺雲の自伝『数奇伝』（一九一二年五月）に秋聲が寄せた序文や、その翌年に死去した嶺雲への追悼談話「逝ける田岡嶺雲」（『大阪新報』同年九月）及び追悼文「故嶺雲兄」（『読売新聞』同年一〇月）などを見ると、秋聲が嶺雲の人物像を正確に捉えていたことが感じられます。

「社会小説」をめざした秋聲

私は学生時代、嶺雲との関係を尋ねたく、秋聲の遺族に会いに行ったことがありました。長男一穂《かずほ》の夫人でしたでしょうか、嶺雲の書簡はないと言われて帰ってきましたが、現在、二通の書簡の存在が確認されています。一つは一九〇八年一〇月二七日消印のもの（さきの『秋聲全集』別巻に収録）、二通目は一九一〇年一一月以降と推測されるもの（未収録。いずれも徳田家所蔵）。最初のものは、嶺雲が自身の訳したゴーリキーの『三人』について小説家としての添削や出版社の紹介を打診したもの（さきの『全集』では「論稿」となっていますが誤読。「訳稿」が正しい）で、二通目はモーパッサンなどの横文字の小説類の貸し出しを依頼したものです。この時代、二人は実生活の上でもかなり近づいていたようです。

嶺雲は「社会小説」の提唱者と見られていますが、実は当時、「社会小説」を提唱したのは、蘇峰たちの民友社でした。嶺雲は、むしろ、その主張には批判的で、「社会小説」（『文庫』一八九七年五月）という文章の中で「複雑なる社会の現象」を題材にするのはよいが「微妙なる個人の性格を描く」のを忘れたら「大《おほい》なる誤《あやまり》」、「個人の性格を中心として、其《その》境遇の変化を写すこと」が大切と言っています。秋聲もまた、それに呼応するかのように「真の社会小説」（『文章世界』一九〇六年一一月）で、どちらかといえば、自分は「社会小説」に興味はあるが、それは「小説中の人物の思想性格を詳しく明瞭に書現はさなければ、文学上の価値はあるまい」と書いています。

秋聲のめざしたのは、彼なりの「社会小説」だったと思います。これまで、秋聲の文学はもっぱら自然主義との関係から論じられて来ましたが、ソロソロそのような「早稲田文学」史観から解放される必要があるのではないでしょうか。

出世作の『新世帯』(一九〇九年)をはじめ『黴』(一九一一年)・『あらくれ』(一九一五年)・『仮装人物』(一九三八年)を経て『縮図』(一九四六年)に至る代表作を見れば、どれも一種の「社会小説」です。たしかに秋聲の文学は日本の自然主義運動に影響をあたえ、また秋聲もこの運動に学んでいますが、『あらくれ』は嶺雲の女性解放論を想起させるし、また『縮図』には、これまでの秋聲の小説には見られなかった社会批評もストレートに挟み込まれ、情報局の圧力によって執筆中止に追い込まれています。それ以前、反ファッショの「学芸自由同盟」の幹事長を引き受けています。抑えられていたものが、晩年、噴き出て来たのではないかと思います。

【付記】以上は二〇一九年一一月一六日、金沢の徳田秋聲記念館で開かれた秋聲忌記念講演会で「田岡嶺雲と徳田秋聲との出会い」と題して話した筆記録に手を入れたものである。

短歌観

(二〇〇一年二月)

田岡嶺雲は自身、若い頃、胃腸を病んだことから「爛腸」と名乗り、俳句を作るとともに、俳論も書いた。正岡子規などとともに近代俳句のパイオニアの一人だった。しかし、歌は詠んだ形跡がない。また真正面から歌を論じた文章もないが、文芸評論家として、短歌について言及している論説が全くないわけではない。

嶺雲は、短歌と俳句を、同じ主観を歌う叙情詩としながらも、芭蕉以降の後者を「天地の美中に自己を埋没して、自然そのまゝに歌はん」とする「客観詩」だとしている（「俳句は主観詩」、『青年文』一八九五年七月）。

しかし、主観を主観のままに歌う短歌においても、肝心なことは「人の智巧」（イデオロギーや技巧ということだ）ではなくて、「人の情」に訴えることだとし、その点から子規の新奇に傾いた短歌を批判している（「和歌の新調」、『東京独立雑誌』九八年六月）、また同様の観点から「詩が真情の吐露たるべき所以」を失って次第に技巧の「晦渋」や「藻艶」に陥ってきた与謝野鉄幹らの新詩社の傾向に注文をつけ、高崎正風らの御歌所派の「真情の吐露」を掲げて「俗情の吐露」でしかない詠唱を斥けながら、宮中歌会始に入選した日露戦争出征兵士の妻の稚拙ながら「惻々《そくそく》人を動かすものある」と、夫を思う哀歌を対置している（「真情之吐露」、『天鼓』一九〇五年二月）。

この日露戦争最中の一九〇五年度の宮中歌会始の「御前披講の歌」に対して当時、覆面ながら、「従来一種神聖視せられたる」それらを痛評して「御歌所に歌人なし」と言い切った人がいた。歌会始史上、空前の出来事だった。嶺雲は果たして、これを見逃さず、「学問の自由の上より観て甚だ之を喜ぶ」と書いている（「御歌所の威信」同上）。やはり反骨の人、嶺雲らしいコメントと言っていいだろう。

初めて息子と会った日

田岡嶺雲の完全な全集を編むこと、そしてその詳細な伝記を書くことは半世紀来の宿願だが、全集の方は全八巻のうち三巻を出しただけで（何と配本が始まって今年で三一年目、三一年で三冊！）、伝記の方はまだ一行も書いていない有様。文字通り「日暮れて道遠し」の感あるこの頃だ。

評論や研究はとにかく、伝記となると、日時とか場所とか、細部をおろそかにすることができなくなる。つい先達ても長崎での平和集会に出た帰り、嶺雲が蘇州の師範学堂で教習をしていた時代、冬休みを利用して保養に行った小浜温泉の宿がどこだったのか、調べに行った。一九〇六年一月一二日から三週間、そこに滞在していたのだが、宿の名前がはっきりしていなかったからだ。二〇年前も訪ねたのだが、この間の地元での郷土研究の蓄積に期待したのだ。当時の温泉場風景を伝える写真をはじめ、やはり出掛けただけの収穫があった。宿はどうやら柳川屋（斎藤茂吉も来ている。現在は伊勢屋旅館に吸収されている）だったようだが、確証はない。柳川屋でも伊勢屋でもいいような気もするが、はっきりした方がいいに決まっている。

日時の方も、そういう問題が生ずる。嶺雲は文芸評論家では飯が食えず、岡山県津山の中学校の教師となるが、土地の芸妓と大恋愛、相手が受胎したので、結婚を決意するが、芸妓の方が嶺雲の将来を考え、彼の子供（後の田岡良一・京大名誉教授）を宿したまま鉄道請負師の妻となってしまう。

（一九九八年一〇月）

鉄道請負師から良一が生まれた直後、引き渡しの提案があったが、プライドが邪魔して撥ねつけてしまった。しかし、愛児を思う気持ちは日増しに強くなり、北清事変に記者として従軍する時、出発前夜、父としての切々たる感情を吐露した「哀れなる吾児《わがこ》」を遺書代わりに書き、『帝国文学』に投稿した。

思いつのった彼が津山の知人の家で愛児と初めて会った情景は、その自叙伝『数奇伝』に描き出されているが、その日は何年何月何日だったのか。それが最近、嶺雲が友人笹川臨風に宛てた、一九〇一年三月二四日消印の手紙が出てきて、はっきりしたのだ。

「……前日曜、津山にしあり、陰《ひそか》に吾児を見申《みまうし》候。予を見て半ばおそれ、半ば親しむの風いぢらしく覚申候。其母なるものにも其際一寸会ひ申候。十分許《ばか》りにて相別れ申候へ共《ども》、親はなくとも子は育つ、予は憮然として感に禁《た》へざるもの有之《これあり》候」

会った日は三月一七日、良一は満三歳、嶺雲は三〇歳、息子の母は二四歳だった。そして、その日は嶺雲が岡山県知事の教科書汚職事件を告発して逆に「官吏侮辱罪」で起訴された予審法廷の最中《さなか》だった。

【付記】全集は、その後の出版界の不況の影響を受け、「和訳漢文叢書」中の『和訳墨子』・『和訳列子』・『和訳荀子』の三冊を割愛して全七冊となった。不幸中の幸いなことに、以上の三冊は現在、国会図書館デジタルコレクションに入り、簡単に自宅でも読むことが可能になった。

（二〇〇〇年一〇月）

詩を生きた男

田岡嶺雲は現在、全く知られていない文学者ではない。岩波の『広辞苑』を引けば、独立の項目として扱われ、「文芸評論家。名は佐代治。高知県生れ。東大漢文科選科卒。雑誌『青年文』主筆。社会問題をとらえた文学を提唱。著『嶺雲揺曳』『明治叛臣伝』『数奇伝』など。（一八七〇〜一九一二）」と書かれている。

けれども、没後五〇年は彼にとっての「暗黒期」だった。嶺雲が半世紀もの間、忘れられてしまったのには理由があった。もっとも大きな理由は、その主な著書のほとんどが戦前の政府によって発売禁止の処分を受け、人々が自由に彼の作品を読むことができなかったからだ。次の大きな理由は彼がその評論のほとんどを取っつきにくい漢文読み下《くだ》し体で書き、言文一致の口語体で書いていなかったからだ。

だが、生前は彼の名前は広く知られ、彼が亡くなった時、『読売新聞』は彼のために二頁に及ぶ追悼特集を組み、徳田秋聲や小杉放庵が文章や絵を寄せているのである。

嶺雲には、いくつかの面があった。哲学者としての彼、文芸評論家としての彼、社会変革者としての彼、文明評論家としての彼、記録作家としての彼、中国文学者としての彼、俳人としての彼。

まず哲学者として彼は青年の日、「神秘」を無我の状態として合理的に説明する「神秘哲学」の体系化をはかったが、未完に終わった。

次に文芸評論家として彼は日清戦争のさなか、誰よりも早く樋口一葉と泉鏡花の才能を高く評価するとともに、作家たちに二つのことを求めた。一つは近代資本主義文明が人間社会の裏面に生じさせている道徳的腐敗を、理想をもって抉《えぐ》り出すこと、二つは同じくそれが人類社会にもたらしている貧しい、虐げられた人々の境涯を、熱い同情をもって写し出すことだった。彼は日清戦争の直後、一〇年後に近代日本文学の最盛期が、本格的なリアリズム小説の登場とともにくるだろうと予言し、その時期がくると、時代に先立って夏目漱石と木下尚江の作品に注目し、二人の言語空間の向こうに日本文学の未来を展望した。

もともと民権運動の中で育った嶺雲には、「人類共和のコミューン」に向かっての熱い憧憬があった。日清戦争後、彼は文芸評論に飽き足らず、対外的には日清韓の同盟によるアジアの解放を唱え、国内的には「藩閥」とともに「富閥」を倒す、維新に次ぐ「第二の革命」を提唱、政党は信頼できないとして超党派の青年連合を訴えるが、挫折する。

その後、新天地を求めて中国に渡るが、体調をくずして帰国、岡山で新聞記者をしながら、ひそかに社会変革のための研究に力を傾けるとともに、「非文明」の旗印の下に近代資本主義文明に対する根源的な批判を展開する。貧富の格差や女性差別や侵略戦争や環境破壊は人類史における「私有」の観念の発展である拝金主義から来るものだとして、原始共同体の再構築を呼びかけるに至った。それは当然ながら戦前の国家体制を根幹から否定するものであり、彼の著作集のほとんどが発売禁止となり、闇に葬られる原因となった。

記録作家としては、北清事変に従軍して非戦闘員の虐殺を書きとどめた「戦袍余塵《せんぽうよじん》」をはじめとして、県知事の教科書汚職事件を告発して逆に「官吏侮辱罪」に問われ、入獄した時の記録『下獄記』、民権運動左派の武装決起事件を聞き書きして近代日本史の中に位置づけた『明治叛臣伝』、波乱に富んだ生涯を映画的方法で回顧した『数奇伝』を残している。どれもすぐれた作品だ。

中国文学者としては、近代的な見方から屈原・蘇東坡・高青邱など、特色のある中国の詩人の評伝を書いているだけではなく、老子・荘子・墨子・荀子《じゅんし》など中国古典哲学のわが国最初の日本語訳を試み、中国語翻訳の先鞭をつけた。

俳人としても彼は近代俳句のパイオニアーの一人であり、人事に重きをおいた独特の俳句を作った。

帝《ひじり》の力われに有らず午寐《ひるね》かな

以上に見るように、その活動の範囲は広く、世界の本質は「純情」と見ていた彼の観点の結果か、そのいずれもが一個の詩であり、いや人生も同様で、やはり奇才と言ってよい。

『黒白』創刊号の出現

（二〇一一年）

五日市憲法草案が或る日、東京西北の山里の土蔵から忽然と姿を現したように、歴史上の事実が或る時、本当に予告もなしに現れる瞬間がある。嶺雲についても、ここ一〇年ほどのうちに二つのことが起きた。

一つは嶺雲が最晩年の課題の一つとしていた『女子解放論』の執筆が完成していたことが分かったことだ。二〇〇九年八月、『読売新聞』のデジタル化が「ヨミダス歴史館」として完成し、以下のようなゴシップ記事が嶺雲関連事項の一つとして現れて来たことだ。

「当時の危険思想家で著作が片つぱしから発売禁止を食《くら》つた田岡嶺雲が死んでからもう十四年になる◎氏の令兄で三菱の重役木村久寿弥太《くすやた》の処には氏の遺稿『婦人《（ママ）》解放論』といふのが残つてゐるさうな◇原稿五六百枚のもので、当時出版したら発売禁止ものであつたらうが「今なら恰《ちやう》どいいかも知れない」から記念に出版しようかと木村氏も言つてゐると」（一九二五年一二月一六日四面所載）

改めて『黒白』第三号（一九〇九年四月刊）の裏表紙をみると、「本書所掲の詳論　女子解放論　上巻近刊」とある。とすると、この時期までに、すでに完成していたか、ほとんど完成していたと見ていいようだ。上中下の三巻として出そうとしていたようだが、その内容からいって、木村久寿弥太も言っているように、「発売禁止もの」に違いなく、最晩年の病床の傍らに空しく積まれていたものと思われる。

しかし、この数百枚に及ぶ嶺雲の遺稿は現在、木村久寿弥太の遺族のもとにはなく、また嶺雲の遺族のもとにもなく、どこに行ったのか不明だ。

嶺雲の『女子解放論』は単に女性の政治的解放（参政権の獲得）を主張しているだけではなく、女性の経済的な解放をも求めている、つまり女性の全的な解放を求めている、画期的な女性解放論だった。もし、それが発見されれば、「世紀の大発見」となるに違いない。

もう一つは、嶺雲が一九〇九年二月に創刊したとされる、世界主義の立場に立つ雑誌『黒白』の創刊号が、或る日、これも忽然、出現したことである。半世紀以上、その存在を探求していたものだが、日本近代文学館の館報第二九六号（二〇二〇年七月一五日刊）の「図書・資料受入れ報告　5月～6月」を何げなく見ていたら、佐々木靖章氏の寄贈図書の中に、この創刊号の文字が印刷されていたのである。『黒白』はこれまで第七号（一九〇九年一〇月刊。「不敬」の廉で発禁）まで出されていたことが知られているが、これまで見ることが出来たのは、第二号（三月刊）・第三号（四月刊）・第四号（六月刊）・第六号（九月刊）の四冊だけで、あと三冊、なかでも創刊号の出現が待たれていたのである。

この創刊号が出現したことによって分かったことの第一は、その創刊年月日が正確に一九〇九年二月二五日であることが知られたことだ。

第二は、あの格調高いマニフェスト――「宣言」が、予想の通り、表紙裏の巻頭に掲げられていたことが分かったことだ。全集では、この創刊号を見ることが出来なかったので、第六号表紙に掲げられたものを採用せざるを得なかったが、今、両者を照合してみると、ただ一個所、異同がある。創刊号所載の「宣言」の二行目は「吾徒の眼中には宗派なく、党派なく、国家の内外なく、人種の異同なし、唯人類を認むるのみ」とあって、「類」が「人類」となっている。しかし、誤植なのか、訂正なのか、にわかに判断しがたい。

第三は、創刊号が入手できなかったので、全集ではやむなく堀保子・大杉栄編集の『家庭雑誌』第六巻第一号（一九〇九年四月刊）以降、「女子の解放」の題名の下に転載されていった『女子解放論』の要約（上）をテキストとして採用したのだが、いざ創刊号所載の（上）と照合してみると、転載のものは、「序」と第一節「人類の発展は解放の発展也」の大部分、それから末尾のつなぎの部分がカットされていることも明らかになったことだ。「序」と第一節のカット部分は、内容からいって、発売禁止の処分を引き起こす恐れありとして除いたものと思われる。『女子解放論』執筆の動機が簡潔に述べられているのと、全集の補完とを兼ねて、長文とはなるが、ここに「序」と第一節の欠落部分を写しておきたい。

序

予は、男子としては、女子が一歩たりとも我が彊域《きやういき》に冒し来るを許すを屑《いさぎよ》しとせず、然れども予は又人として、同じく亦人たる女子を尊重して、其《その》現在の如き地位に沈淪せるに同情せざる能はず、ショーペンハウエルやワイニンゲルが女子を咀《のろ》へる愚痴浅薄、一知半解にして虚栄のみ強き今の情の如き女子は恂《まこと》に咀ふに値す。然れども女子をして今の如き性行を有するに至らしめたるものは、社会的圧迫の罪也、予の女子解放論は男子としての予が之を論ずるに非ず、人としての予が人道のために之を論ずる也。

（上）女主男従は自然也

一、人類の発展は解放の発展也

人生は活動を意味す、無礙《むげ》とは自由也、即ち自由《フリードム》は人生の理想也、人類は常に此理想を実現せんが為めに努力す、即ち圧迫に対する反抗あり、即ち解放《エマンシペーション》の為めの戦あり、所謂文明史は専権主義《アブソルユーチズム》に対する自由主義の衝突史にして、人類の発展は即ち解放の発展たるに外ならざる也。

文芸復興《ルネーサンス》は即ち古学の復興を名とする智識的自由の解放に非ずや、此に踵《つ》げる宗教改革は其形は一宗教信条の改革に過ぎざるも、其実は則ち信仰上の圧迫に対する心霊的自由の解放に非ずや、智識的解放あり、心霊的解放あり、人間の内的解放既に行はれて、乃ち外的解放に及ぶ、仏国革命は即ち閥閲的階級に対する政治的自由の解放たりし也、而して未だ其功を成さずと雖も、彼の所謂社会主義の運動なるものは、此仏国革命の続篇として貧富的懸隔の圧迫より経済的自由の解放を試みつゝある者也、看よ此の如くにして、人は学問より宗教に、宗教より政治に、政治より社会的に、順次解放せられ来れり、人は知識の上に自由となり、心霊の上に自由となり、貴賤貧富の上に自由となれり、人と人との間に於ける懸隔は概《おほむ》ね既に撤し去られて、剰《あま》す所は唯男女両性間に於ける懸隔あるのみ、即ち次《つい》で来るものは男子の圧迫に対する女子の解放ならざる可からず、女子の解放を経ざれば、人類自由の理想は完成せず、女子の解放は人道上当然来らざる可らざる刻下の大問題なり。

蓋し今日の社会的状態に於て、女子男子に対して平等の地位を有せざること、猶昔日の君主貴族に対する平民の如く、今日の資本主義に対する傭工の如きものあり、若し夫《そ》れ階級の上より平民其自由を解放せらるべくば、貧富の上より傭工も亦其自由を解放せらるべく、而して性別の上に於ける女子も亦当《(ま)》さに男子より解放せられるべき者也。(丸ガッコ内のルビは原典のもの)

以上だが、この『女子解放論』の要約の方も、『黒白』第五号がまだ出現しておらず、また、それが転載された筈の『家庭雑誌』の該当号も入手できないので、その(下)はまだ「歴史の闇」の中である。こちらの方も一体、いつ忽然と、わたしたちの前に、その姿を現わすのだろうか?

次いで、もう一点、この創刊号が出現して分かったことは、嶺雲が、この号に『女子解放論』の要約の(上)以外にも、鋭利で根源的な短評五つを書いていたことだ。「財政上の謬見」・「奇怪なる反対」・「徳の賊也」・「宮内省は社鼠也」・「矛盾なる世の中」がそれだが、ここではタイトルだけの紹介に留めておきたい。

(二〇二一年一月二四日)

エピローグ　嶺雲全集を完結して

構想から六七年、第一回の配本から五〇年、完結は絶望的とまで言われたが、不完全ながら最後の第七巻を送り出して、ホッと一息ついている今日この頃だ。

嶺雲全集の編纂を思い立ったのは、大学二年生の春で、なぜ嶺雲かというと、近代日本文学史の中で「民主主義」が、どのように息づき、発展して行ったのかを調べているうち、田岡嶺雲という批評家が、その「民主主義」を果敢に追求したために、多くの著作が発売禁止となったことを知り、この人の作品のすべてを掘り起こし、その正確なテキストを現代に提供しようと考えたからだった。

嶺雲は最初、日清戦後、気鋭な文芸評論家として現われ、樋口一葉や泉鏡花の才能をいち早く認めるとともに、作家たちに近代社会の負の部分——貧困や利己主義を描き出すことを求めたが、次第に社会評論や文明批判の筆を執ることが多くなった。それらの作品の中で「現代の病根」は「黄金崇拝」にあるとし、女性の根源的な解放（単なる参政権の獲得にとどまらず、経済的にも独立する）を主張し、最後的には貧困や差別や戦争もない、国家を超えた、世界共通の通貨と切手を持つ、緑の地球共同体の実現を夢見た。興味深いことに、それらの論考のなかでは「人類絶滅兵器」の出現を予想したり、また「無線通信」や航空機の発展——前者は今やインターネット、後者はジェット機あるいはドローンとなっているが、それらが地球共同体形成の一動因であると嶺雲が考えていたことだ。

一息つきながら、改めて、このような嶺雲の新鮮さに驚いているが、同時に少し休んでから『嶺雲と現代』という雑誌を年一回出すことができたら、と考えているところだ。嶺雲から何を学ぶべきか、何を学ぶべきでないか、についての論考を各分野から求めるとともに、参考資料として同時代だけではなく死後の反響も収めることができたら、と皮算用している。

（二〇一九年四月）

【付記】当初、全集は全八巻の構成だったが、途中、現在に続く出版不況を受け、幸いにも和訳漢文叢書第四編『和訳荀子』（一九一〇年一〇月）及び同九編『和訳墨子　和訳列子』（一九一一年一二月）が国会図書館デジタルコレクションに入り、パソコンやスマホがあれば、地球上のどこでも見ることが出来るようになったので、この二書を割愛することによって全七巻となった。ただし、両書につけられた、嶺雲の筆になる評論や解説、序文はすべて第六巻及び第七巻に収めた。

初出一覧

プロローグ　嶺雲と現代（原題「田岡嶺雲と現代」）　『東京新聞』二〇〇〇年一一月九日夕刊
北村透谷の発展者としての田岡嶺雲　西田勝・平和研究室刊小冊子（一九九四年五月一六日改訂5刷）
嶺雲・愛山論争の意味　『法政大学文学部紀要』第18号（一九七三年三月）
大学自由論（原題「田岡嶺雲の大学自由論」）　『世界』一九六六年五月号
天皇制観（同「田岡嶺雲の天皇制観」）　『中央公論　歴史と人物』一九七二年七月号
連亜論（同「田岡嶺雲の連亜論」）　『現代の眼』一九七五年一一月号
朝鮮観（同「田岡嶺雲の朝鮮観」）　『季刊　三千里』第四号（一九七五年一一月）
女性解放論1（同「田岡嶺雲の女性解放論」）　『高知新聞』一九八七年二月七日
2（同「田岡嶺雲の女性解放論と堺利彦の家庭観の変遷」）　『本郷だより』（不二出版）第二号（一九八三年一〇月）
田岡嶺雲と幸徳秋水　日本社会文学会機関誌『社会文学』創刊号（一九八七年六月）
『明治叛臣伝』の意義　『明治叛臣伝』（青木文庫・一九五三年一〇月）解説

文学的予言力（原題「田岡嶺雲の文学的予言力」）　『虹鱒』第二号（一九七七年八月）

反語（同「田岡嶺雲の反語」）　『中央公論　歴史と人物』一九七四年三月号

自由民権の息子（同「田岡嶺雲と自由民権」）　『高知新聞』一九八七年三月一三日

公害論（同「田岡嶺雲の公害論」）　『図書新聞』一九七六年五月一日・同八日

口述調書の速記を（同「一一〇年前の調書作成法批判」）　『高知新聞』二〇一一年一月一七日

百年前の平和外交論　『東京新聞』二〇〇九年一〇月二二日夕刊

泉鏡花の手紙（原題「恩人田岡嶺雲」）　岩波書店刊『鏡花全集』巻一〇附録「月報」（一九七四年八月）

徳田秋聲との交遊（同「田岡嶺雲と徳田秋聲との出会い」）　徳田秋聲記念館々報『夢香山』第一二号（二〇二〇年三月三一日）

短歌観（同「田岡嶺雲の短歌観」）　『高知歌人』第六三一号（二〇〇一年二月）

初めて息子と会った日（同「田岡嶺雲が愛児と初めて会った日」）　高知県立文学館編『森』第一〇号（一九九八年一〇月）

詩を生きた男　高知県立文学館編・田岡嶺雲展目録『土佐の反骨　田岡嶺雲』（二〇〇〇年一〇月二五日）

『黒白』創刊号の出現　新稿

エピローグ　嶺雲全集を完結して　『東京新聞』二〇一九年四月二日夕刊

あとがきにかえて

西田勝は、七月三一日の夕刻、静かに旅立ちました。享年九二歳（一一月一〇日で九三歳）でした。

昨年一二月二四日、膵臓がん末期で余命は長くて半年という宣告を受けました。一〇〇歳までは現役で、一二〇歳まで生きないと仕事が片付かないと日頃から言っていましたが、人生は無常、一寸先は闇、この世から去る日は、たいていは予告なくやって来るもの、願い通りには行きませんでした。

余命宣告を受け、今年中に四冊の本を出す計画を立てました。その一冊が本書です。前々から嶺雲の評伝を書くことが宿題でしたが、新たな執筆は時間と体力がもはやそれを許さず、これまで書いてきたものをまとめて一冊としました。七月に入り病状が厳しくなり、せめて初校だけでも手にしたいと言っていましたが、かないませんでした。最後まで原稿に目を通し、手を入れていました。

二〇一九年の春、五〇年の歳月をかけて『田岡嶺雲全集』全七巻を完結させたとき、『朝日新聞』の記者からインタビューを受け、嶺雲のどこが魅力かと聞かれ、「文に詩があり、余韻がある。彼は評論を詩で書いた人だ」とこたえていました。そして、人生を細分化しないで「全体を引き受けて生きた人だ」と。日本の知識人は多くの場合、転向をして次第に保守的となり思想的に萎えていくが、嶺雲は最後まで前を向いて果敢にたたかった。年齢を経るごとにラディカルに、純になっていった。そこがいい。

後味が爽やかだ、と。

二〇一一年一二月に『田岡嶺雲没後一〇〇年記念フォーラム　田岡嶺雲と現代』（植民地文化学会主催）を東京で開催しました。これほど参加者が少なかった集会も滅多になく、それだけ嶺雲が知られていない「忘れられた思想家」ということなのでしょう。そのフォーラムの案内はがきには、嶺雲の言葉とともに、著者の次のようなメッセージが記されています。

「《現代の病根は拝金主義だ》《犠牲をいとうのは近代思想の一大欠陥だ》《女性解放は男性解放だ》嶺雲は二〇世紀の初頭、人種的・社会的・性的格差のない緑の世界共同体を構想した。そのことによって、日露戦争以降、主要な評論集のすべてが発売禁止となった。この文芸評論家、思想家の生涯は、三・一一以後の私たちに何を語りかけるか――」

本書の行間から読み取っていただければ幸いです。

本書の刊行と制作に当たっては、出版局の郷間雅俊さんのお世話になりました。装丁については、生前からの著者の希望で今回も秋田公士さんのお世話になりました。校正については、寺田清市さんをはじめ、黒崎史貴さん、田中伸二さん、斎藤秀昭さんにご協力いただきました。ここに記して感謝の意を表します。

二〇二一年一〇月

谷本　澄子

◉著 者

西田　勝（にしだ・まさる）

1928年，静岡県に生まれる。1953年，東京大学文学部卒業，法政大学文学部教授を経て，〈西田勝・平和研究室〉主宰，植民地文化学会代表理事を務める。2021年7月没。主要著書に『グローカル的思考』『近代日本の戦争と文学』『近代文学の発掘』（以上，法政大学出版局），『社会としての自分』（オリジン出版センター），『近代文学閑談』（三一書房），『私の反核日記』（日本図書センター），編訳書に『田岡嶺雲全集』全7巻，呂元明『中国語で残された日本文学』，鄭清文『丘蟻一族』，葉石涛『台湾男子簡阿淘』，黄春明『黄春明選集　溺死した老猫』（以上，法政大学出版局），ゴードン・C. ベネット『アメリカ非核自治体物語』（筑摩書房），『世界の平和博物館』（日本図書センター），『《満洲国》文化細目』（共編，不二出版），『中国農民が証す《満洲開拓》の実相』（共編，小学館）などがある。

田岡嶺雲論集成

2021年11月10日　初版第1刷発行

著者　西田　勝

発行所　一般財団法人　法政大学出版局

〒102-0071　東京都千代田区富士見2-17-1

電話03(5214)5540　振替00160-6-95814

組版：HUP　印刷：三和印刷　製本：積信堂

ISBN978-4-588-46016-6